M...
Great Characters

亞瑟‧本森的「大人物」研究

蘇格拉底、米開朗基羅、華盛頓、
李文斯頓、戈登將軍……
他們沒有冠冕，卻連君主也搶著學！

亞瑟‧本森
赫伯特‧泰特海姆　著

張宏佳，陳海涓　譯

偶爾想讀讀聖賢書，卻又對艱深思想望之卻步嗎？
名人傳記的數量過於龐雜，該如何從中擇優汰劣？

本書由伊頓公學校長和劍橋大學院長聯合編撰，
受到英國各院校廣泛好評，令莘莘學子手不釋卷！

目錄

前言……………………………………………………………………………001

第一章　雅典人蘇格拉底………………………………………………003

第二章　穆罕默德………………………………………………………015

第三章　格萊福的聖伯爾納鐸…………………………………………029

第四章　吉羅拉莫‧薩佛納羅拉………………………………………049

第五章　米開朗基羅……………………………………………………063

第六章　嘉祿‧鮑榮茂…………………………………………………075

第七章　法蘭索瓦‧德‧芬乃倫………………………………………089

第八章　約翰‧衛斯理…………………………………………………113

第九章　喬治‧華盛頓…………………………………………………127

第十章　亨利‧馬丁……………………………………………………145

第十一章　阿諾德博士…………………………………………………163

第十二章　李文斯頓……………………………………………………181

第十三章　戈登將軍……………………………………………………195

第十四章　哈羅德達米盎神父…………………………………………211

前言

　　本書所收錄的人物傳記適合 15 歲到 18 歲的男孩子（即我任教的英國公學的學生）閱讀使用。據說很多男孩喜歡看有一定真實性的文學作品，可是課堂上所呈現的內容卻無法滿足他們的需求；實際上，課堂時間很有限，所以在介紹一些人物的生平事蹟時，教師如果沒有事先進行精心設計，很難保證不同內容之間的比例是否協調。但是教師經常需要在課堂上運用口頭講授和現場提問的方式配合教學，如果發現學生對某一篇傳記產生了興趣，那麼其具體的解釋和資訊補充應該有便利的獲取來源，這樣才能產生更好的效果。

　　許多教師一定都有這樣的體會，人物傳記能夠在一定程度上抓住並維持住全班學生的注意力，這是其他文學形式所不具備的。可是知名的傳記作品通常內容過於龐雜，語言表述和思想境界又過於高深，根本不適合普通學生誦讀，所以我們在編輯這些傳記的出發點是以學生為中心，是如何有利於學習者，而非講授人的感受。教師往往對自己的課程熱情洋溢、津津樂道，卻容易忽視這一重要的出發點。

　　對於專職牧師和信教的教師而言，我們希望他們也能利用這些資料幫助年輕人。我們也相應地盡量規避資料中有爭議的或者涉及教派分歧的內容。

　　我們在課堂上已經全部採用過這些內容，其實際效果也得到了某種程度上的檢驗。換句話說，那些無法調動學生興趣的一些相似內容都得到了剔除和捨棄。

　　正如前面所言，這裡的多篇傳記內容只是編輯整理的部分。我們必須要感謝史丹利所著的《阿諾德生平》、瓊斯小姐的《聖鮑榮茂的一生和時代》和《亨利·馬丁》；同時還要感謝考特·莫里森先生的《聖伯爾納鐸生平》、柯頓博士和泰爾曼先生合著的《衛斯理生平》、托馬斯·休斯先生的

《利文斯頓》、巴特勒上校的《戈登》、斯托巴特先生的《伊斯蘭教》，以及未經發表的古爾本博士關於蘇格拉底的講座資料；一併感謝柯利弗德先生的《達米盎神父》；還要透過朗曼公司的諸位特別鳴謝《芬乃倫生平》的作者，他極其熱心地准許我們使用了精彩原著中那些信函和檔案，它們的英文翻譯都非常精妙。

我們也必須向貢獻三篇內容的伊頓學院的勒克斯莫爾先生和格林威治基督城的貝內斯牧師大人致謝。

A.C.本森

H.F.W.泰特海姆

1892 年 5 月於伊頓學院

第一章
雅典人蘇格拉底
SOCRATES THE ATHENIAN

聖徒保羅在希臘雅典見到了「未識之神」的祭壇。在向瑪律斯山的民眾講道之時，他宣稱自己崇拜的天神是他們以前所不認識的，而且創造宇宙天地的神祇並不住在於人們搭建的寺廟神殿裡，因為「神從一本造出萬族的人，住在全地上……叫他們尋求神，或者可以揣摩而得，其實他離我們各人不遠（《新約聖經·使徒行傳》第 17 章 26、27 節）」。蘇格拉底便是這些眾多追隨者的一員。

蘇格拉底生於西元前 469 年，或者說出生在希臘歷史上最為輝煌的時代。當時的希臘聯軍在馬拉松和溫泉關（Thermopylae）擊退了進犯的波斯大軍，雅典的實力也到達了頂點；其間的伯羅奔尼薩戰爭使得希臘四分五裂，雅典城邦遭受到失敗和屈辱。那個時代屬於大詩人艾斯奇勒斯和索福克里斯，屬於政治家伯里克里斯（Pericles）和雕刻大師菲迪亞斯（Phidias），也屬於軍事統帥米太亞德（Miltiades）、西門（Cimon）以及布拉西達斯（Brasidas）；當時希臘的國力和文明程度發展到了最高峰，接著開始走向衰落。劇烈的國運興衰是亙古未見的，那時希臘人的文學藝術、政治思想和愛國精神如花朵般精彩綻放，然後又慘澹衰敗，其過程同樣也是史無前例。雕刻師索福羅尼斯克斯（Sophroniscus）的兒子蘇格拉底登上了歷史舞臺，儘管表面上更像一齣喜劇，但他注定要扮演悲劇角色。

這位大哲學家的相貌一點也不出眾。朋友們甚至用文字對蘇格拉底醜陋容貌進行挖苦和嘲笑，把他比作森林之神西勒努斯（Silenus）。街邊店鋪裡就有西勒努斯的頭像出售，打開後人們能看到裡面的一尊小神像。按照亞西比德[1]的說法，蘇格拉底的粗陋軀殼內隱藏著非凡的靈魂。蘇格拉底的毛髮濃密，嘴唇肥厚，雙眼像螃蟹一樣凸出，鼻子又扁又寬。他的體魄異常強健，能承受得住最嚴苛的軍事訓練和酷暑嚴寒。即使參加冬天的作戰行動，蘇格拉底也都打著赤腳行進，穿著同樣的夏裝。他在飲食上十分節制，也有記載說他在節慶之時的酒量超過任何到場的賓客，但卻從不會喝醉。

---

[1]　亞西比德：Alcibiades，又譯為阿爾西比亞德斯，雅典傑出的政治家、演說家和將軍。

如果蘇格拉底身邊的朋友所言不虛，他的脾氣很好；可是其他人則表示他是天生的火爆脾氣，只事輕易不發作而已。他在家裡一定承受過別人未曾經歷過的考驗，因為妻子贊西佩（Xanthippe）是出了名的悍婦，他不得不經常借用全部哲學思想來克制怒火，不讓自己發狂。

儘管蘇格拉底生活在多事之秋，卻極少參與政治和軍事活動。可是一旦應招為國效力，無論是當士兵還是平民，他都能英勇無畏地完成任務。在圍攻波提迪亞（Potidaea）時，他參加了整個冬季戰役，戰鬥中英勇救援年輕的朋友亞西比德，並把受獎機會讓給了朋友。在德利恩（Delium）戰役（與斯巴達交戰）的潰敗過程中，蘇格拉底再一次救了一名國人的性命，把色諾芬 [2] 從戰場上背到了安全的地方。當時亞西比德在為蘇格拉底斷後，藉機報了朋友的救命之恩。蘇格拉底沒有接受亞西比德的馬匹，而是昂首闊步地撤退，瞪著一雙螃蟹眼打量著四周，嚇得敵軍無人前去襲擾。

這些功績為蘇格拉底贏得了勇士的美名，而僅有兩次在「國民大會」上的高調舉動同樣顯示了他的勇氣和愛國精神。更重要的是，阿吉紐西（Arginusae）戰役獲勝後，八位將軍因為無視傷亡和損失的失職行為受到審判，這造成了巨大反響。有人跳出法律框架，提出無需聽取他們的辯護就可以審判案件，結果是開脫了將軍們的罪過，只是對其進行了聲討。陪審團當中只有蘇格拉底始終堅決反對非法程序，但是人們不理睬他的抗議，堅持進行審判。

從這些事情中，我們可以看出蘇格拉底特有的教育家和哲學家的才能。色諾芬的回憶錄有過直接的描述，柏拉圖的對話中也有更為生動的展現。我們無法得知蘇格拉底何時放棄子承父業的想法，但可以大概知曉他義無反顧地把大半生時間投入到了教育事業和哲學研究當中。我們可以想像，蘇格拉底經常現身集市和競技場等人群集聚之地，公開演講辯論，與人探討各種問題。他訪遍城內的各界名流。有一群所謂的門徒經常追隨其

---

[2]　色諾芬：Xenophon，雅典軍人、歷史學家、隨筆作家。

左右，把他奉為導師和主人。

公開傳播知識最終帶給了蘇格拉底麻煩。雖然他招收了一些弟子，結交了不少朋友，但也樹敵頗多。阿里斯托芬一定是根據人們對蘇格拉底的普遍印象，結合對他獨特個性的了解，在戲劇《雲》中把他當做詭辯家的獨特原型進行刻劃，只有那樣才更加公平合理。據說蘇格拉底本人曾看過《雲》的演出，非但不生氣，而且跳到座位上告訴觀眾，臺上的演員演的就是他本人。

蘇格拉底明顯有別於當時的其他傳道者。他堅信自己身負神聖的使命。那是上天透過神蹟，透過一種先知般的超自然聲音向他下達的使命，就是人們所謂的「蘇格拉底的天賦或魔性」。他對審判者說，「小時候我就能聽到一種聲音，它所指引的方向並不明確，卻能制約我的欲望，讓我遠離政治」。奇怪的是上天給他的指令總是禁止性的，從來不會鼓動他去做什麼事情。蘇格拉底本人倒不覺得怪異，而是經常調侃自己的天賦。朋友們都認為很了不起，可是敵對者們卻視之為危險的信號，也是大不敬的異端。

人們經常討論蘇格拉底得到的神啟到底是什麼。有人認為那只是蘇格拉底對人類良知所用的代名詞；有人覺得他瘋了，竟然編造出奇怪的天外之音，只不過是其內心的真實流露而已。無論如何，現如今的我們根本無法做出明確的解答。

此外，蘇格拉底也從朋友凱勒豐（Chaerephon）得到的德爾斐神諭中受到啟發。阿里斯托芬曾在《雲》劇中同樣嘲諷了凱勒豐，將其描繪成陰暗猥瑣的學者，他的想法大多荒唐無用，比如測量跳蚤能跳多遠。神諭說世上無人比蘇格拉底更有智慧。可是蘇格拉底清楚自己的無知，認為自己絕對沒有過人的智慧和知識，所以神諭的回答令他感到困惑和苦惱。後來他決定進行驗證，開始尋訪那些有名的智者。他在法庭辯護時說，「我覺得只要能找到一個比我更高明的智者，我就可以和天神辯駁一番了。所以我找到一位享譽盛名的智者，他是大名鼎鼎的政治家。才剛開始和他攀

談，我便覺得他並不聰明，可是別人都認為他很聰明，而且他仍然自認比旁人聰明，於是我試圖向他解釋其中原委，結果招來他和在場聽到談話的幾個人的憎恨。我只好離開他，邊走邊安慰自己，『好吧，雖然我們二人都算不上高明，但是我還是比他強，因為他是一無所知，卻自認無所不知；而我不知道也不認為自己是智者。』」這就是蘇格拉底的探究結果，無論是政治家、哲學家、詩人還是演員，都對自己的才智非常自負，同樣暴露出十足的無知。他由此開始認可那條神諭的準確性。

儘管讓別人很不舒服，也會惹禍上身，可是蘇格拉底透過這種方式確立了教育家和哲學家的地位。在國內的教育家當中，他顯得特立獨行，與其他的哲學家和學者們的做法截然不同。假如有兩類人都可以稱為教育家的話，我們有必要比較一下他們的差異。

我們應該先回顧一下古人如何了解世界本質的。首先，不要忘記當時的人們對外部世界和世間萬物的了解極其有限；第二，他們認為可以很輕易地破解任何謎團；第三，包括思想在內的一切事物都在發生極其快速的變換，所以人類被迫得出輕率的結論，不然的話就會落後。現在，我們對任何事物都可以用四個問題自問：「它是什麼？」「它由什麼構成？」「是誰造出來的？」「它能做什麼用？」其中第二個問題直接涉及事物的本質，嬰兒把玩具放進嘴裡就是在試著回答這一問題。因此，蘇格拉底之前的哲學家差不多解決了自然科學的各方面問題，他們研究了與地球和宇宙密切相關的基本問題，透過觀察後得出了一些結論。其中的一項結果是認為宇宙由水構成，有些人則認為是空氣，還有人認為是火。他們的確在努力解答世界本源問題，但在蘇格拉底看來，他們的結論明顯是矛盾的，他們對世界的認知極其粗淺混亂。他認為上述那些答案根本無法得到驗證，更堅信人們不可能找到簡單的終極答案。實際上，沒有事實根據的解答根本不可信，無論何時也找不到這樣的答案。所以他定下了一條原則，「人類本身才是我們最應該研究的對象」。

蘇格拉底很難被定義為詭辯家式的學者。人們歸納出如下的差異

之處：

第一，那些人教學是為了獲得報酬；而蘇格拉底則是免費傳播知識。

第二，他們教授的「文化」是一種美德，是一種基於常規雅典道德體系的膚淺的教育；而蘇格拉底強調的是現實的德行，立足於是非原則的基本知識。

第三，那些人自以為無所不知；蘇格拉底很清楚他只是知識的傳播者，但無法保證知識的準確性。和先哲們相比，他更接近詭辯家的身分，所以他的形象才會成為《雲》劇中的人物。

蘇格拉底的教育內容和方法是我們接下來必須要探討的重點。

因為對自然哲學感到失望，同時受到德爾斐神諭的啟發，更是在內心的感召下，蘇格拉底首先把哲學研究轉向倫理思考，探究人性的善惡與是非。他認為一旦把自然科學知識的作用局限在滿足日常生活之需，在不知曉人性的情況下，任何人都可能勇於僭越各種神聖事務，有些人甚至會妄想呼風喚雨，或者僅僅因為閒來無事便研究學問，以滿足其好奇心，這種情況豈不荒唐。據說蘇格拉底的全部哲學思想圍繞著三大原則：第一，研究人本身是根本；第二，認為人類對自己了然於胸的想法恰好說明了人類的無知；第三，為了修習德行，人類必須分析自己的信念並為所有行動找到正確方向，這樣才能對自身有正確認知。

正如西塞羅[3]所言，蘇格拉底把哲學研究從天上拉回到人間，他引導人們研究人類心智的各種現象，而不是那些有限的自然哲學知識。他坦承自己十分無知，從不宣揚任何個人理論。無論是在集市還是競技場，只要是人流聚集的公共場所，他都願意與人探討一些簡單直白的問題，包括「什麼是正義」或者「什麼是勇敢」等等，任何人都有權自如應答。蘇格拉底得到的回答也是五花八門，比如有人說勇敢就是不臨陣脫逃。他似乎沒有理解，接著又問了一個問題，表示在戰場上的表現無法涵蓋生活中的所

3　西塞羅（Cicero, 106-43BC）：古羅馬政治家、演說家和哲學家。

有情況；那個人會修正他的回答，說勇敢是果斷和決心。蘇格拉底則認為這樣的定義不只針對勇敢，還包括其他的品性。討論就如此進行下去，給出的很多定義要麼過於廣泛，要麼過於偏頗，直到對方承認自己完全沒辦法回答一個如此簡單的問題。如果那人不知道勇敢是什麼，蘇格拉底會進一步追問對方會如何表現勇敢，正如不懂建築學的人怎樣才能造好一棟房子？蘇格拉底的辯證法無疑會使普通人感到困惑和混亂，但是聰明人聽到後卻能眼前一亮、豁然開朗。一種全新的思想、全新的思維邏輯就這樣出現了，他引領人們開始思考那些以前再熟悉不過的問題，從而產生全新的獨到見解和認知。

然而蘇格拉底的教育活動有一點不足。他所要教給人們的是美德，並認為美德展現著智慧和知識 —— 那的確是一條教育原則，但卻無法涵蓋教育的全部。它忽略了真正美德所必需的很多東西；它不考慮情感，只在乎智慧。蘇格拉底認為無知等同於罪惡，而且一旦與虛假的知識為伴則更加糟糕。所以在他看來，與那些因為無知而犯錯的人相比，知道正義和善良為何物的人即使行不義之事，也更接近正義的標準。

蘇格拉底用了 30 年時間進行教育和哲學實踐，他的貢獻是無可挑剔的。可是到了西元前 399 年，我們不得不提到蘇格拉底的審判和死刑。有一天，在大執政官巴西琉斯（Basileus）的府門前的高大廊柱上貼出了這樣的控告書：

「以下內容是美勒托[4]及美勒托之子對索福羅尼斯克斯之子蘇格拉底的控告。蘇格拉底犯有以下罪行 —— 第一，褻瀆雅典所認可的神靈，另立新神；第二，腐蝕青年。故判處其死刑。」

蘇格拉底的當庭詰問無疑觸怒了主控人，詩人美勒托。其他控訴人是修辭學家呂孔（Lycon）和富商阿尼圖斯（Anytus），後者也是三人中最有權勢的。阿尼圖斯的兒子也是蘇格拉底的追隨者，並且表現出了一定潛能。蘇格拉底因此試圖說服阿尼圖斯把兒子從家族的皮革生意中解放出來，幫

4　美勒托：Meletus，部分文獻譯為邁雷托士。

助他有所成就。哲學家的建議肯定傷害了這位父親的自尊心。同樣受傷害的還有很多其他學生的父親們，因為蘇格拉底的學生們經常把一些奇談怪論帶回家，講述一些令人費解的事情，並且經常提出家長無法回答的問題。這些因素成為了第三次控訴蘇格拉底的根據。

我們對於蘇格拉底的獲罪一定不會感到奇怪，也不會像色諾芬一樣感到憤慨。色諾芬認為蘇格拉底的主張就是在褻瀆神明。我們可以想像蘇格拉底的那些問話必定是極不得人心的，但是必須承認其無人能及的思辨能力。

當時的蘇格拉底沒有強力的後援，他必須獨自承受社會偏見和宗教仇恨的重重壓力，要獨自面對 557 名城邦公民組成的審判團，他們有裁判權，如果判定他有罪，那些人還有權量刑。

庭審分為三個時段，由一臺水鐘定時。那是用水取代沙子的計時器。第一階段是檢察官發表控告書，第二階段由被告人發言陳述，如果經裁定有罪，第三階段則是控辯雙方就處罰進行辯論和法官的最終裁定。我們現在對控訴人的發言一無所知。因為蘇格拉底自己承認聽到過神靈的聲音，所以他們大概會強調崇拜異神的罪名。蘇格拉底接下來的辯護詞是留給我們的精神財富，即使沒有明確的文字記載，但是他的學生柏拉圖在〈蘇格拉底的申辯〉中做了記錄。

蘇格拉底對第一項指控進行了充分辯駁，對第二項罪名卻沒有做出真正回應。對第三項腐蝕雅典青年的罪名，他認為那無疑建立在一種錯誤的觀念之上，就是年輕人一定不如父輩聰明。在這一點上，他和控告者們當然意見相左、水火不容。在他看來，美德和知識同樣存在分歧。

在整個辯護過程中，蘇格拉底好像不在乎生死。因為執著於自己的神聖使命，他從被告人身分轉變成傳道者，把自己比做附著在一匹慵懶而又高貴的戰馬身上的「牛虻」，聲稱他只要有一口氣，便要不停地叮咬，好讓馬恢復靈動和活力。他不願用終止出格舉動為條件求得赦免；他必須完成上天交給他的任務。

蘇格拉底說：「因為不管一個人的崗位在哪裡，他選擇了什麼，或者神聖的命令把他放在了什麼地方，每當危險降臨，他都應該堅守崗位。唯一應該想到便是屈辱，而不應該貪生怕死或者心存顧忌……。雅典人啊，我聽命於你們推選的將軍，曾在他們的指揮下奔赴波提迪亞、安菲波利斯和德利恩的戰場，和其他士兵一樣堅守崗位，直面死亡，從未有過退縮；這是我的想像，如果神要我去完成哲學家的使命，去探查自己和其他人的內心，而我卻因為害怕死亡，或者其他任何原因而逃避自己的責任，我的所作所為就太不合情理了……雅典人啊，我尊敬你們，愛戴你們；但是我應該聽從神的旨意而不會對你們惟命是從，只要一息尚存，我永遠不會停止哲學研究和哲學教育。」

像其他人一樣，蘇格拉底習慣性地提起了辯護時常見的話題之一——過去的經歷，但是沒有就此引申開來。他說自己也像別人一樣有自己的孩子，但不會把他們帶上法庭來博得同情和憐憫。如果他懇求法官違心地為他開脫罪責，他便成為罪人。「我會因為不信神明自擔其罪，可是我對神明的信仰遠比那些原告們虔誠。我向你們和神進行了申辯，現在就請你們裁決吧，你們和我都需要最合理的裁決」。

法庭僅以5、6票的多數優勢給出了「有罪」判決。我們認為當時雅典的法官們從來沒有見識過那樣的辯護場面，蘇格拉底的申辯是一次非常精彩的演講，所以與裁定的實際結果相比，有罪認定的微弱優勢確實出人意料。

雖然控告人明確提出了死刑的要求，但是如果蘇格拉底沒有用那種特殊口吻辯護，法庭是絕不會強行判處死刑的。如果要求他向公正的民眾提出明確要求，他便希望大家應該把自己視為雅典民眾的大恩人，正因為他的一生都在報效國家，所以又大膽提議，應該把他供養在城邦的公共會堂裡[5]，作為自己應受的處罰。要不然可以在他的朋友擔保之下，給他一小

5　公共會堂裡：Prytaneum，古雅典設立的一個類似於養老機構的地方，公費贍養為國家做出過突出貢獻的人。

筆補償也行，數額是 30 邁納，相當於 120 英鎊左右。

倘若蘇格拉底只有上述要求，很可能會得到法官的認可。他們一定要在原告或被告的意見之間做出選擇，而不能給出折中的判罰。

能夠進入公共會堂裡養老是雅典人的至高榮譽之一，蘇格拉底的提議等於是在藐視法庭。儘管有罪裁定勉強通過，而且也進行了死刑判決，我們卻無法得知主流意見的優勢有多大。

在之後的簡短發言中，蘇格拉底表示自己很滿意法庭的判決，赴死是最好的結果。死亡能讓人無憂無慮地安眠，也可能是重生的開始。雖然他的名聲因為死亡而終結，但是死亡不是壞事，而是一種福分。

他這樣結束庭辯，「所以法官大人們啊，高興一點面對死亡吧，一定要記住沒有什麼壞事會危及正直的人，不管是生前還是死後，他和他的一切都不會被神拋棄。我將面臨的死亡不是偶然，那正是上天的安排。我很清楚，死後得以解脫是再好不過的選擇，所以神諭沒有給出任何指示。因為同樣的原因，那些定罪給我的人或者原告們也不會讓我氣憤；他們沒有傷害到我，當然他們對我都沒有一點好意，所以我還是有一點不喜歡他們……該和你們分別了，我們會各走各的路，讓我去死吧，而你們會繼續活著，哪一條路更好，只有神才知道。」

死刑要等到到提洛島（Delos）的聖使返回雅典才能執行，因此推遲了30 天。據說沒有聖使在場，處死罪犯會冒犯天神。在此期間，蘇格拉底被關在監獄裡，腳上戴著枷鎖，極其平靜地和前來探視的朋友們交談。蘇格拉底堅決反對克里托（Crito，又譯為克力同）提出的越獄計畫，他認為逃獄違反了自己一貫遵守的法律和原則。

載著聖使的薩拉米斯三列槳座戰船終於返航，船上裝點著神聖的宗教徽標，也帶來了蘇格拉底的死刑執行令。他將在第二天黃昏時喝下毒堇。

在柏拉圖的著作中，斐多（Phaedo）向蘇格拉底的好友埃克格拉底（Echecrates）講述了老師的赴死經過。那天早晨，已經折服於蘇格拉底人

格魅力的監獄看守喚醒蘇格拉底，然後除去那些的枷鎖，多少減輕了身體上的痛苦。牢門打開之際，前來探望的好友們魚貫而入。他的妻子贊西佩抱著孩子坐在旁邊，頓足捶胸地哭泣著。蘇格拉底請人把贊西佩送回家，然後用一貫的方式與友人敘談起來。他提到了死亡和身後事。他們的談話持續了很長一段時間，直到黃昏時分，蘇格拉底結束談話，回到與監舍相連的浴室洗浴一番，向家人告別之後又回到友人身邊。那名十分悲傷的看守送進來一杯毒藥。蘇格拉底想知道下一步該做什麼。看守告訴他只需四處走動走動，等到雙腿沉重時躺下便可。裴多向我們講述了這樣的情節。「蘇格拉底把杯子端到嘴邊，非常坦然地將毒藥一飲而盡。我們以前大多都能忍住悲傷，可是我們目睹他喝完毒藥時，再也不能自拔。我掩面而泣，眼淚不由自主地奔流而下。我當然不是為他哭泣，而是因為自己痛失好友的莫大不幸。克里多也難忍熱淚，只好起身走開，我也跟了過去。一直在流淚的阿波羅多羅斯（Apollodorus）則突然放聲縱情悲號，使得我們眾人無地自容。蘇格拉底本人泰若自然。『為什麼要如此哭號？』他說。『我之所以送走女人們，就是擔心她們破壞這裡的氣氛，我不想聽到她們的哭號，因為我聽說一個人應該死得安寧些。你們都安靜下來，耐心等待吧。』聞聽此言，我們感到很慚愧，忍住眼中的淚水。他起身開始走動，然後說自己的腿沒有力氣了。他按照指示仰面躺下。送毒藥的人不時檢查他的腿腳。過了一會，那人用力按壓他的腳，問他有沒有感覺，他回答說『沒有』；然後寒氣一點點沿著雙腿上升，他的身體開始變冷、僵硬。他自己摸著雙腿說，『毒藥抵達心臟後一切就結束了。』大腿根部開始變冷時，蘇格拉底揭開臉上的布（此時他已經把自己包裹起來），說了最後的幾句話，『克里托，我許諾要向阿斯克勒庇俄斯[6]獻祭一隻公雞，你能記得替我還願嗎？』克里托說：『我一定照辦；還有什麼話要交代的嗎？』蘇格拉底沒有回答，但是一兩分鐘後，人們聽到一絲響動，揭開了蓋布後發現他的目光已經凝固，克里托親手闔上蘇格拉底的嘴和雙眼。埃克格拉底啊，我

6　阿斯克勒庇俄斯：Asclepius，古希臘神話中的醫術之神。

們的朋友就這樣去了。在我認識的人當中，只有他是最聰明、最正直、最受人敬仰的好人。」

　　這就是蘇格拉底慷慨赴死的情景，更是歷史上絕無僅有的一幕。蘇格拉底和神的距離並不遙遠，他直接升入天國的接見廳；一生追隨神的蘇格拉底最終得到神的召見。粗陋容貌之下的非凡靈魂終於可以在無名神殿裡見識到夢寐以求的終極智慧和宇宙大愛。

第二章
穆罕默德
MAHOMET

在《舊約聖經》中，關於夏甲和以實瑪利[7]還有以掃[8]的兩則故事一定能勾起我們的同情心，故事當中確實展現了人類的傷感和苦難經歷。正如《聖經》裡所講的，「……她走開約一箭地之遠，相對而坐，說『我不忍見孩子死！』」每每讀到此處，還有誰不會感動於女奴的可憐處境呢？夏甲母子被逐後，絕望地在別是巴的荒野中遊蕩，水囊裡的水已經用盡了。後來天使奇蹟般地前來幫忙，上帝也給出承諾：「我必使他的後裔成為大國。神保佑童子，他就漸長；他住在曠野，成了弓箭手。」

我們也記得以掃的故事。「……以掃聽了父親的話，就放聲大哭，『我父啊！求您也為我祝福。您只有一樣可祝的福嗎？我的父親！』他的父親以撒（Isaac）說，『地上的肥土必為你所住，天上的甘露必為你所得；你必倚靠刀劍度日，又必侍奉你的兄弟；到你強盛的時候，必從你頸項上掙開他的軛。』」很久以後，以掃娶了以實瑪利的女兒，他的後裔成為以東人和亞瑪力人，也包括阿拉伯半島上的所有居民。其實以實瑪利和以掃都是亞伯拉罕（原名亞伯蘭）的後代，他是「信仰之父」，上帝的朋友；他們一定懷著對真神和萬物之父的信仰前往蠻荒之地的阿拉伯半島。可是如果在猶太[9]，在那些受到上帝垂愛的種族當中，人們把上帝奉為先知先覺、能造就奇蹟的最高統治者，他用賜福和詛咒證明著他的神力，即使那裡的人們可以背棄信仰轉而追隨外來的神，比如摩洛神[10]、理番神[11]以及亞斯她錄[12]，以及代表所有星辰的神主，如果沒有什麼因素直接干預他們的偶像

---

[7] 先知亞伯拉罕的妻子撒萊不能生育，將埃及女奴夏甲（Hagar）送給丈夫為妾生下以實瑪利（Ishmael），後來撒萊唆使亞伯拉罕驅逐了夏甲和以實瑪利。參見《舊約聖經·創世紀》中的第 16、21 章。

[8] 亞伯拉罕的兒子以撒和妻子利百加生下雙胞胎以掃（Esau）和雅各。以掃的身體發紅，渾身有毛，善於打獵，受其父寵愛，雅各用詭計騙取了以掃長子的名分和父親的祝福。參見《創世紀》中的第 25、27 章。

[9] 猶太，Judaea，古巴勒斯坦的南部地區，包括今巴勒斯坦南部和約旦西南部地區。

[10] 摩洛神，Moloch，閃族的火神。

[11] 理番神，Remphan，代表古羅馬的農業之神。

[12] 亞斯她錄，Ashtaroth，實際上是古代腓尼基都市 Bybros 的守護女神阿斯塔蒂（As-

崇拜，就是崇拜那些實實在在的形象，那麼我們又能從阿拉伯人的信仰中有什麼發現呢？

就像巴比倫王國的迦勒底人一樣，早期的阿拉伯人白天頂著烈日在曠野裡放牧成群的牲畜，夜晚在明朗的星空下入眠，守望著季節輪迴，蔬果的生長與成熟，真實地感受著天神的法力，無疑會對天上的日月星辰充滿敬畏，並透過很多偶像表達內心的崇拜心理。所有偶像的地位可能不及上帝，但在他們眼中仍然是無比神聖的。每個部落都供奉著特有的偶像，每個家族也都有各自的神靈在庇佑。他們的聖像經常是製作粗糙的石頭。現在麥加城的克爾白神殿[13]裡供奉的聖石就和早期的偶像崇拜是一脈相承的。關於那塊黑色聖石，流傳著這樣一則傳說。據說被趕出伊甸樂園的亞當和夏娃各自流浪了很長時間，直到後來心生悔意並得到寬恕，終於在麥加附近的阿拉法特山重逢了。亞當在那裡向上天祈禱，一座雨霧籠罩的廟宇神奇地從天而降。它和當年伊甸園裡的二人膜拜的神廟很相似。斯里蘭卡的亞當峰上仍然可以找到所謂亞當留下的巨大腳印，那便是亞當和夏娃奔波團聚的證據。亞當死後「雲殿」也消失了，亞當的第三子賽特又在原來位置用木石建造了一座神廟，後來被洪水沖毀。夏甲故事中的救命泉水正好從神殿原址冒出來的，而以實瑪利也在神殿附近搭建起住所。根據伊斯蘭教的傳說，亞伯拉罕（穆斯林稱易卜拉欣）來到這裡看望了以實瑪利，並宣稱他要按照神的旨意把以實瑪利獻祭給上天。就和以撒的經歷一樣，亞伯拉罕同樣莫名其妙地按天意放了以實瑪利。父子二人重建了神廟，並得到了聖使加百列的幫助，帶來一塊伊甸園裡的石頭給他們。放置聖石的位置隨著他們的工作進展而起伏不定，最後安放在外牆的一角。現在前往麥加的朝聖者依然要親吻聖石。據說聖石曾經是白色的，人類種種罪惡的映射才導致它變成黑色。很少有歐洲人見過那塊聖石，原因是麥加城根本不允許他們進入。但是有人說聖石是黑紅色，上面點綴著彩色的晶

tarte），她是地母神之一。
13 克爾白神殿，Kaaba 或 Caaba，又稱天房。

體，長寬大約各為 8 英寸和 6 英寸，地面高度 4 英尺（大約 1.2 公尺），一條銀邊環繞鑲嵌。克爾白神殿是朝拜活動的中心，奇怪地聚合了不同的儀式，有的源於偶像崇拜，有的則來自聖經故事裡的亞伯拉罕、夏甲和以實瑪利。從猶太民族建立的若干王國時代和奴隸社會，到波斯、希臘和羅馬帝國的興衰交替，從耶穌基督的生死到重生，歷經兩千多年歲月，這種樸實的宗教令阿拉伯人過得非常充實。但是阿拉伯人的一位先知也要出世並將影響民族的命運。阿拉伯世界的變革將影響到整個文明世界，甚至引發現如今與歐洲列強的多場戰爭和戰爭傳言，也能在遙遠的非洲腹地挑起爭端、製造威脅或者損害某些人的尊嚴。

有一位名叫阿卜杜拉的人是天房克爾白守護者庫塞（Cussai）的後裔，也是古萊什族的第六代子孫，他們都屬於以實瑪利的後裔。阿卜杜拉娶妻阿米娜（Amina），但不久後去世，留下了一小筆遺產，包括一群山羊，四頭駱駝和一名女奴。阿米娜在丈夫去世後不久生下一子，取名為穆罕默德。據說穆罕默德出生前沒有出現明確的神諭，而聖人守護幾百年的瑣羅亞斯德 [14] 的聖火卻熄滅了，惡鬼們都躲進了大海深處。

麥加的東面屹立著一座山脈，山腳下坐落著穆罕默德出生的老房子。年邁的祖父把孩子抱到克爾白神殿前，就像當年的西蒙 [15] 一樣向上帝祈福，並給孩子取名穆罕默德。按照當時的風俗，孩子要送到偏遠的貝都因部落裡，交由一位名叫哈利瑪的婦女撫養。那裡的畜群因為這個孩子得到庇佑而長得肥壯，水源從來不會乾涸，草場從來不會枯萎。傳說天使加百列專程去那裡把穆罕默德的心從胸中取出，擠出了一滴黑血，那是所有人都有的原罪，這樣他就變得純潔，使他合乎先知的標準。

四歲時的穆罕默德開始出現癲癇病的發作症狀，後來被人解釋為惡靈作祟。所以他又被送回到親生母親身邊，可是大約一年後母親亡故，使這名敏感的孩子陷入深深的悲痛之中。他無法忘卻悲傷，此後多年經常拜祭

---

[14] 瑣羅亞斯德（Zoroaster，西元前 628～前 551）古代波斯宗教教師、拜火教創始人。

[15] 西蒙（Simeon），聖經人物，雅各和利亞的第二子，以色列人的十二始祖之一。

母親，在墓前悲泣慟哭。

在 12 歲那年發生的一件事可能是第一次令他激動的人生經歷。監護人允許穆罕默德跟隨南方的駝隊前往敘利亞經商。此前他從未出門遠行，那次向北穿過沙漠的旅程一定深深打動了少年的心。人們會用天馬行空的想像填補旅途中的孤寂，世界各地莫不如此。他們能想像出人間之外的生靈，有的怪異，有的邪惡，他們成為《一千零一夜》中的鬼怪或者神靈的形象。無論是幽靜的黑夜還是正午，穆罕默德途徑的山間和谷地都流傳著因懼怕孤寂而形成的傳奇故事。旅行過程中他一定遇見過很多基督徒。不同於西方世界的基督徒，他們是東方的異教徒，有的教派把聖母瑪利亞奉為唯一的神，有的教派信奉聖父、聖母和聖子的三位一體，其他教派也有各異的信仰，他們的理論中包含著三位一體的不同關係，也涉及到轉世和救贖的內容。如果穆罕默德此時想追求比族人的偶像崇拜更純更高級的宗教，那麼他所接觸到的基督教無疑會徹底令他失望，因為當地基督徒崇拜的眾多聖徒和形象更加令人不解。

傳說中提到過穆罕默德在旅途中經歷過種種神蹟的顯現。有一次，天使用翅膀為他遮擋正午的酷熱；有時枯樹重新生葉，為他提供陰涼。在約旦東面的波斯特拉（Bostra），據說穆罕默德的面孔周圍閃爍著奇異的光芒，昭示出未來先知的形象。

可是在接下來的 12 年左右時間裡，穆罕默德過著平靜無事的生活。他參加過一次部族戰爭，也像老大衛王一樣在麥加的山上放牧，期間沒有放棄精神追求，因為他有很多機會進行沉思冥想。25 歲那年，他開始受僱服侍麥加的富孀海迪徹（Khadija），每年跟隨商隊打理富孀的生意。因為穆罕默德善於經營，成功地把女主人的財富增值了一倍。他的能力和人品贏得了富孀的好感，後來成為她的丈夫。穆罕默德的地位發生了翻天覆地的變化，從駱駝背上的商販一躍成為富甲一方的酋長，和家中其他人一樣平起平坐的男主人。

大約 10 年之後發生了一場大洪水（另外的說法是大火），給克爾白神

殿造成一定的破壞，因此必須進行修繕。負責的各個家族互相猜忌、意見相左，所以被迫形成四個陣營，各負責聖殿一面的工程。但是出現了一個難題：應該讓哪一方樹立那塊黑色聖石呢？各方為此爭論不休，差一點導致流血衝突。此時穆罕默德插手其中，在地上展開他的斗篷，然後放上聖石，接著請四夥人的首領各執斗篷的一角，這樣各方都能共用安放聖石的榮光了。穆罕默德親自引導大家把聖石抬到原來的位置，共同安放穩妥。

　　穆罕默德積極宣揚真主的存在，自告奮勇成為先知，因此他即將經歷人生中的一次危機。我們很難準確判斷他的傳道動機。今天的我們當然不一定要把一門宗教的創始人看做肆意妄為的江湖騙子，甚至不如受到魔鬼撒旦迷惑的惡棍。可是基督徒卻一度這樣評價穆罕默德。新教的路德說過穆罕默德就是「惡魔」。與新教勢同水火的羅馬天主教徒甚至找不到比路德更惡毒的言語描述穆罕默德。我們也沒有必要深究穆罕默德身上是否存在不良品性或者欺世盜名的成分。首先，我們有理由承認他的確是神的虔誠追隨者，堅信真主的一統、仁慈和正義；假如他偏離了正確道路，假如他放任傲慢和野心蒙蔽自己，逐漸相信經常的癲癇發作和精神異常都是神在他身上的作用，那麼我們也不必因此斷定他就是不誠實的人，儘管他一定存在妄想的成分，並且最終導致他認為個人內心的衝動都是罪惡的表現，無一不昭示著上天的神意。

　　到了西元 610 年，傳說 40 歲的穆罕默德在距離麥加以北三英里的希拉山洞裡進行徹夜靜修冥思。一位法力強大的天使在那裡的高處現身，為穆罕默德帶來啟示。天使來到先知近前，相隔不到兩張弓的距離。《古蘭經》上說，「天使向他的奴僕透露了他該透露的訊息。」天使加百列手持寫有文字的絲布並要求穆罕默德誦讀，但是穆罕默德回答說讀不出來。然後天使說，「以創造萬物的天主之名誦讀吧。最仁慈的主要你誦讀，他曾教會人用筆寫字，他曾教人知道自己所不知道的東西。」天使離開後，穆罕默德雖然把他的話銘記在心，卻也感到懷疑和消沉。然而又出現幻象，聲音變得更加清晰：「穆罕默德啊！你確實是真主的使者，我是天使加百

列。」然後穆罕默德不再懷疑，把得到真主啟示的喜訊轉告別人，他們也都深信不疑。他的妻子海迪徹，繼子阿里和札伊德，還有朋友阿布•巴克爾（Abu Bekr）都是最早的支持者。其他人很快開始追隨穆罕默德。最初3、4年間的傳教活動都是祕密進行的，皈依者大概有三、四十人左右。後來人們要求他公開進行傳教布道活動。

對於穆罕默德這樣一位即將改變世界的偉人而言，我們暫且先了解一下他的容貌形象如何。穆罕默德的身高中等，肩寬體闊，體格豐滿但不肥胖，頭顱大於常人，捲曲的頭髮垂至耳畔。他的面容在阿拉伯人當中顯得很白皙，額頭很寬，一雙黑眼睛有些充血，雙目間的一段血管會因發怒而跳動。他的鷹鉤鼻很大，嘴闊齒白，但是門牙縫隙也很大。他留著濃密的大鬍子，有些駝背，步態沉重隨意。儀態儒雅，充滿自信，但不會無禮地直視別人的臉。他的後背長著一塊鴿子蛋大小的圓形肉瘤，上面有毛髮，周圍是黑斑：人們相信那正是先知的特殊標記。

主持家族事務第5年的年底，穆罕默德已經入駐克爾白神殿西面的一處宅院，並開始傳播伊斯蘭教，那些前來尋求指導的人們開始追隨他。最初的追隨者很少，他也有很多強勢的敵人，有一些還是古萊什家族中的親戚。很多追隨者都是奴隸，經常遭受迫害。在先知的建議下，一些信徒前往基督教國家阿比西尼亞[16]避難。兩位特殊人物的支持使得傳教活動更加順利，尤其在部落貴族當中受到了歡迎。他們分別是號稱「真主的獅子」的哈姆札和奧馬爾，後者成為第二任哈里發，即伊斯蘭教徒的領袖。他們都是體格健碩的著名勇士。新教派的日益傳播促使反對派採取強硬手段，他們結成聯盟，禁止人們和穆斯林經商和通婚，並且強令穆斯林居住在麥加的隔離區內。先知穆罕默德非常幸運，因為反對派在克爾白神殿張貼的告示被蟲子啃掉了，所以失去了效力。這是可怕的徵兆，敵對聯盟因此瓦解，封鎖也得以解除。

穆罕默德又遇到其他的不幸。他的妻子去世了，在塔伊夫城的傳教任

---

[16] 阿比西尼亞，Abyssinia，即後來的衣索比亞。

務失敗了，同時也面臨經濟困境，他因此變得意志消沉。接著事情有了轉機，來自麥加以北的麥迪那城的一些人在每年的朝聖活動中聽到了他的布道。他們同情他所經歷的困苦和危險，熱切地皈依於他，並且答應要在麥迪那替他傳播伊斯蘭教。他們用高超的口才傳教，全城的人差不多都開始信仰新的宗教。第 2 年，12 位教徒返回麥加，帶給先知好消息。

　　穆罕默德對比了麥加與麥迪那兩地的成敗得失，對北方自然心生嚮往。雖然在麥加的街道上銷聲匿跡，但是他的心已經飛到別處了。第 2 年春，麥迪那的 70 名門徒告訴他，他們已經在那裡準備好了棲身之所，並要帶他離開崇拜偶像的麥加城。

　　動身當晚，他們舉行了一次祕密會議。我們不清楚期間的具體情況，但是有不同的傳聞和流言，也引發了針對他們的迫害行動。教徒們已經逐一逃離麥加，只剩下穆罕默德和摯友阿布•巴克爾兩戶人家。敵對勢力對他們的管制越發嚴厲。一天，穆罕默德聽說當晚會有特殊的人前來拜訪。逃亡的一切準備做好之後的黃昏時分，他和阿布一起逃離了麥加。他們經過城南的郊區，然後躲進了 6 英里外的群山之中。他們在山洞裡躲藏了 3 天，忠誠可靠的朋友和牧人照顧其飲食。驚慌不已的阿布擔心更多的是朋友的安危。追捕者在四處遊蕩，隨時可能發現他們的蹤跡。「死對頭太多了，」他說，「可我們只有兩個人啊。」「不是這樣，」穆罕默德說，「不止我們二人，還有真主陪著我們呢。」據說山洞口有蜘蛛在那裡織起了網，有一棵樹竟然神奇地長了出來，孵蛋的林鴿安靜地臥在巢裡，向搜捕者保證洞裡不可能藏人。

　　第 4 天，他們騎上別人送來的兩頭駱駝，用了 4 天多時間脫離險境。他們踏上城邊的一座石橋，審視著棕櫚樹和成片果園間的麥迪那，憧憬著未來的和平與事業保障。新近皈依的信徒們熱烈歡迎他們的到來。穆罕默德的逃亡之旅就這樣告一段落了，信徒們把那一年定為伊斯蘭教紀元的開始，正如基督徒以耶穌誕生的那一年為紀元伊始一樣。具體日期是西元 622 年的 6 月 28 日。

此後，穆罕默德基本在麥迪那活動。在介紹他的晚年生活之前，我們要進一步了解他所傳播的宗教信仰以及傳教方式。伊斯蘭教的官方經典是《古蘭經》，由長短不一的 114 章組成，應該是穆罕默德本人的啟示錄彙編，最初由信徒記錄在棕櫚葉、白色石頭、皮革和動物的肩胛骨上面，後來經過收集整理成冊並保存在匣子裡。

《古蘭經》確立了神的統一性：「奉至仁至慈的真主之名。你說，他是真主，是獨一的神，永恆的神；他沒有生產，也沒有被生產，世間沒有任何物可以做他的匹敵。」這一教義是伊斯蘭教徒的信仰基礎，他們的信條是：「除了真主再無別的神，穆罕默德是真主的使者。」

書中也描寫了穆斯林心目中的天堂和地獄。前者是純物質和感官的享樂世界，到處是柔軟的躺椅，陰涼的花園和潺潺的溪水，對於生活在熾熱沙漠裡的人們而言無疑具有十足的吸引力；《古蘭經》這樣形容地獄：「惡人應被投入到烈火之中；他們沒有食物，但有荊棘，既不能肥人，又無法充飢，……他們將沐浴熱風，用沸水解渴，籠罩在黑煙之下。」

只有虔誠的信徒才能升入天堂，但是他們無法輕易做到。基督徒、猶太教徒和偶像崇拜者們都會陷入七層地獄中的某一層，最底層是留給那些偽善者們的。信徒會受到依據各自行為的審判。所有人必須經過一座刀刃般鋒利、細如髮絲的窄橋，橋下是地獄的深淵。窄橋通往遠方的天堂。那些追隨先知穆罕默德的無罪之人將會安全通過，而那些罪人會跌落到最輕鬆的第一層地獄。那裡是煉獄之所，人們要歷經 900 至 7,000 年的贖罪過程。

《古蘭經》確認了四位總領天使或天使長的地位，分別是啟示天使加百列；最忠誠的天使軍團指揮者、猶太人的守護天使米卡里（Michael，即米迦勒）；死亡天使亞茲拉爾（Azrael）；吹響審判日號角的伊斯拉菲爾（Israfil）。書中提到的魔鬼叫埃比利斯（Eblis），據說他因為拒絕崇拜亞當而墮落。

《古蘭經》涉及到猶太教和基督教，但是與基督教的《舊約全書》相關

的內容中又摻雜了不同的故事版本，比如講到「長眠七聖」留在洞中長達309 年；海中之城的居民因為在安息日捕魚變成了猿猴；還有所羅門王能與麥雞講話、呼風喚雨並指揮精靈。精靈瞬間幫助所羅門得到示巴女王的王位。

救世主穆罕默德的傳說主要來自猶太民族的官方文獻、基督教分支教派的資料和一些偽造的福音書。傳說中的聖嬰在搖籃裡開口講話，使泥塑的鳥飛翔，小小年紀便創造了奇蹟。各種版本的故事得到精心加工，在不違背上帝旨意的情況下得到豐富。聖餐禮的確立和救世主為 5,000 人賜食的壯舉都有令人不解的內容。《古蘭經》又是這樣說到救世主之死的：「猶太人說，我們的確殺死了耶穌基督、瑪利亞之子、真主的使徒；可是他們沒有殺死他，也沒有把他釘在十字架上，和他長相相似的人代替了他；他們沒有真正殺死他，真主已把他擢升到自己那裡。真主是萬能的，是至睿的。」根據《古蘭經》，救世主降臨人世，安慰他的母親和門徒。我們一定記得基督教當中的某些早期派別也主張上帝從未讓耶穌受難，而釘在十字架上的則是古利奈的西門、或是叛徒猶大。最後，《古蘭經》一方面承認耶穌基督是「可敬之人，能接近真主的人」，另一方面又宣稱「他只是僕人，真主賜他預言的能力，但是和信仰真主無關；」世界末日時他再次降臨人世，駁斥那些誤信他為真主的基督徒，其態度堪比當初他對待那些排斥並釘死他的那些猶太人。

《古蘭經》裡當然包含很多戒律和教規，很多都是信徒必須恪守遵從的道德準繩。比如嚴禁飲酒和賭博，依照以眼還眼、以牙還牙的原則懲治犯罪，認真遵守禱告、齋戒、布施等儀式。同時明白無誤地號召對異教徒的征伐；戰死的勇士會直接升入天堂。因為這種信念的存在和對宿命的認知，穆斯林變得勇猛異常，視死如歸。英國士兵在蘇丹的一些戰鬥中已經領教過他們的神勇 [17]。但是，伊斯蘭教的思想體系中卻有明顯的不足，一是歧視女性，二是鼓勵奴隸制。

---

[17] 這裡指的是蘇丹的馬赫迪起義，參見本書第 13 章《戈登將軍》。

　　這就是流行在亞洲和非洲廣大地區的宗教信仰，曾經一度威脅到歐洲的基督教的統治地位。即使現在的埃及、土耳其帝國、阿拉伯半島和突厥斯坦（中亞的哈薩克）等地，伊斯蘭教仍然處於主導地位，盛行於北非和向南直至赤道的部分地區，也在印度和馬來地區有著重要影響，並在中國境內立足。信徒人數達到一億人左右，占世界人口的十三分之一，而佛教徒則有四億九千萬人，基督教徒有三億六千萬人。但是由於忽視各方面的改革，政治上不思進取，穆斯林國家已經不能再透過武力征服獲得強國的動力，從而導致他們的地位日益衰落。「那就是天命」，穆斯林認為和命運抗爭是徒勞的。既然信守《古蘭經》，那麼他們也不可能用正義手法統治那些臣服的國家。《古蘭經》要求穆斯林對異教徒課以貢賦，並想方設法要打倒他們。

　　我們接著了解穆罕默德在麥迪那的情況。他得意洋洋地入城，放手讓駱駝自己找尋以後的落腳點。人們在駱駝停靠的麥迪那城東一帶，建造了供穆罕默德及其家人的居所和定期舉行儀式的寺廟。

　　現在的穆罕默德安全了，接著他想回擊麥加的敵人。他開始劫掠來自麥加的駝隊。西元 623 年 11 月，他的 8 名追隨者突襲麥加的一支護衛隊，雙方發生戰鬥，一名古萊什族人被殺，兩人被抓入獄。這是伊斯蘭教徒製造的第一起流血衝突。不久以後，穆罕默德及其 300 名信徒在巴德爾遭遇並擊潰近 1,000 名敵方隊伍，殺死、俘獲 100 多人，而本方僅損失 14 人。他們殘忍地處死了兩名俘虜，其餘的交付大額贖金後獲釋。雙方形勢由此變得劍拔弩張。

　　麥加人決心報復；三千名壯漢向麥迪那進逼，相距不到 4 英里。穆罕默德帶領 1,000 人在歐和德（Ohod）布下陣地迎敵。因為開小差，穆罕默德一方減員至 700 人。戰鬥伊始，英勇的穆斯林奮勇當先，勢如破竹，但是乘勝追擊時過於急切，因而陷入混亂。麥加一方的哈立德重新投入戰鬥。穆罕默德的嘴部受傷，穆斯林們被迫撤離戰場。號稱「真主的獅子」、勇敢的哈姆札被黑人殺掉，一名敵軍頭領的妻子殘忍地從哈姆札的

胸膛裡扯出心臟，用牙撕咬。

　　這次戰鬥勝負未決。古萊什人退回到麥加城；穆罕默德派出的一些小分隊卻很成功。西元 627 年，麥迪那的穆斯林擊退了前來攻城的 10,000 麥加人。西元 628 年，穆罕默德打算率領 1,500 教徒前往麥加朝拜克爾白天房。他們遭遇敵人後沒有發生戰鬥，反而簽訂了一份為期 10 年的盟約，約定穆斯林每年可以有 3 天時間來聖地朝覲。

　　第 2 年，穆斯林舉行和平朝聖活動，穆罕默德在麥加爭取到一些皈依者；但是他沒有忘記復仇。西元 630 年，臨近部落發生的爭端給了他干預的藉口，他率領 10,000 人進攻麥加。穆罕默德沒有受到任何抵抗，入城後清除了寺廟裡各種偶像，朝拜了克爾白天房裡的聖石。這一次，獲勝的穆罕默德對落魄的敵人表現出了寬仁和優待。

　　穆罕默德統一了阿拉伯半島，接著宣布與各種偶像崇拜勢不兩立；不許異教徒進入聖城；無論是猶太人還是基督徒，一旦遇到他們，必須要向他們開戰，圍困他們，殺死他們，或者要他們納貢。

　　事業成功之際，穆罕默德也遭受了重大的個人損失，15 個月的小兒子不幸夭折。穆罕默德再也無法從這一打擊中恢復過來。西元 632 年 5 月，他在麥迪那患上高燒。6 月 8 日，他完全康復，參加了清真寺的儀式。可是那次活動還是超過他的承受力，回家時他已經筋疲力盡，昏倒在妻子阿伊莎（Ayesha）的房中。他的頭枕在妻子的膝上，極度痛苦地等待著死神的降臨。最後，他因愈發嚴重的痛苦失去意識，再次清醒後他睜開雙目，抬眼看到，或者是好像看到了天上的某種景象，接著聲嘶力竭地大叫：「真主啊，寬恕我的罪孽把！請把我帶到至高的朋友那裡！」穆罕默德就此離世，那顆不安分、沒有受過教育的靈魂要去追尋真理了。

　　穆罕默德當然是一個富於創見的奇人，一定獲得了來自上天的靈感火花；除此以外，我們還能怎樣解釋他在世時的影響力，還有他創立的宗教在其身後如何發揮了巨大的作用呢？曾經是駝背上的馭手成為了先知，千百萬人的救世主，在上帝面前替世人解脫罪孽。耶穌在荒野中一直抗拒

著一種巨大的誘惑 —— 倚靠世俗的權勢和武力征服全世界，令各個王國歸為己有。這種欲望卻征服了穆罕默德，這也是他所創立的宗教暴露出的弱點。但是他旗幟鮮明，絕不是江湖騙子，更不是道貌岸然的偽君子。

「我有很多隻羊，」我們的主說，「牠們不是這圈裡的；我必須領牠們來，牠們也要聽我的聲音，並且要合成一群，歸一個牧人了[18]。」

---

[18] 見《新約聖經·約翰福音》第 10 章第 16 節。

第三章
格萊福的聖伯爾納鐸
ST. BERBARD OF CLAIRVAUX

最初的基督教會注重人性，在政治上也展現出很多先進性，尤其重要的優勢是有才華的人總能找到施展的機會。如果深入探究一下，其他的正統教會都會有相同的特徵。不管具體情況怎樣，每個才能出眾的人總會在基督教會裡謀得一席之地，成就一番事業。儘管這種機會經常被自私自利的人利用，功成名就之後心性大變、良知淪喪的更是大有人在，但是我們這裡要說的人卻不是這樣。我們不會用世俗標準解讀聖伯爾納鐸的一生，就像法國人所說的「有才華者前途無量」那樣，而要用基督徒信守的箴言進行解讀，比如「謙卑之人必承受地土[19]」，而聖伯爾納鐸的故事可以做出更好的驗證。

1091 年，在法國勃根地省第戎（Dijon）附近的方丹堡，伯爾納鐸出生在一個七口之家，他的家鄉位於克特多山區，也是盛產紅酒的「金丘區」。在諾曼第人征服英國並和英國人融合之後，當時綽號「紅臉胡佛」的英王威廉二世在諾曼第地區統治了三年，他一邊與當地貴族較量，一邊還要應付教會的勢力，同時英國的坎特伯里大主教的職位依然空缺著，繼任大主教安瑟莫（Anselm）不久將遭遇刺殺。4 年後，有人首次提出了十字軍東征[20]的主張。

一些人可能習慣於把這個時期看做野蠻悲慘的暗黑時代。歷史的確會選擇並突出整合統治者的種種罪行，因此我們關心的歷史一定是戰爭、殺戮和社會動盪。可是我們還要注意到一點，無論社會多麼動盪，包括士兵和王公在內所有人都必須果腹謀生；那時的人們除了征戰討伐，也和我們現在一樣有正常的生活，比如在春種秋收的季節，他們同樣要在田地裡辛

---

[19] 引自《舊約聖經》中的「詩篇」第 37 章第 11 節，下一句是「以豐盛的平安為樂」。

[20] 十字軍東征（1096-1291 年）是一系列在羅馬天主教教皇的准許下進行的宗教性軍事行動，由西歐的封建領主和騎士對地中海東岸的國家以清除異端的名義發動的所謂「正義」戰爭。當時原屬於羅馬天主教聖地的耶路撒冷落入伊斯蘭教手中，羅馬天主教為了「收復失地」，便進行多次東征行動。但實際上東征不僅僅限於針對伊斯蘭，如第 4 次十字軍東征就是針對信奉東正教的拜占庭帝國。十字軍在他們占領的地區建立起了幾十個十字軍國家，最大的是耶路撒冷王國，此外還有安條克公國、的黎波里國等。

引自《馬太福音》第 5 章第 25 節。

苦勞作，農夫的生活既有歡樂，又有無奈的憂愁，同樣也要面對雨露風霜和日出日落；我們不要忘記，雖然人類中總有不甘寂寞的活躍分子，可是大部分人終究要老老實實地勞作。有些人在朝堂上和市井間可以趾高氣揚地招搖而過，有些人卻要忙著織布或者打鐵；重裝騎兵馳騁鄉間的同時，必需依靠在田裡耕作的農民來養活。從古至今，人類都離不開基本的生活保障，只有吃飽飯才能生存，而食物又必須從土地中獲取，所以有一些人必須要勞作，另一些人則要打仗，他們各自的分工確保了社會的安定、人民的安康和鄉村的安寧。但是在這種平淡的社會環境下，從不缺少其他的美妙記憶，比如威武風光的騎士生涯和幸福和睦的家庭生活。

　　我們以 11 世紀初的方丹堡為例，生活在那裡的泰斯蘭和愛麗絲夫婦正是那個時代的典型。富有的泰斯蘭先生紅光滿面，勇武好鬥，但從來不會主動和人拔劍相向，除非是為了保護自己的國家，或者他的領主勃根地公爵。據說泰斯蘭與人發生過一次爭執，而且是僅此一次。雙方約定進行一對一決鬥。他肯定是占理的一方，而且有身體方面的明顯優勢。在約定時間前往決鬥地點的時候，他感覺與人決鬥是大錯特錯、與基督精神背道而馳的行為，所以當場做了一件了不起的事情。他情願顏面掃地，放棄了自己的一些權利，主動做出妥協。他遵從了基督的話，「你與你的對頭還在路上，就趕緊與他和息 [21]……」。如果他本來就是膽怯懦弱之人，那就根本不值得我讚揚，可是他那樣做無疑需要勇氣；假如能穿越回去，當然是再好不過了，我們可以見識一下這位開朗正直的人，史料記載「面色紅裡透黃的」他能夠坦然做出我們很難接受的選擇。因為泰斯蘭生性淳樸本分，所以公正待人絕非難以做到；他常說自己無法理解見利忘義的人。他有著扶弱濟貧的俠肝義膽，熱衷於堅持正義。現在的人修煉 800 年也未必能具備那麼端正和善良品性。每當淺薄之人蔑視重誠信的時代、對中世紀嗤之以鼻的時候，我們不能忘了這位泰斯蘭先生。他的妻子愛麗絲夫人和他是完美伴侶，堪稱夫唱婦隨。小學教師接受新入學的孩子時，他們總會

21　引自《馬太福音》第 5 章第 25 節。

打聽「他的母親是什麼樣的人」。無論時代追捧什麼樣的文化傳承，我們總是從父母那裡開始了解一個人的生平。如有可能，我們還要進一步向前追溯他的家世。我們可以從一些相關記述中了解愛麗絲的大致情況。她一共生了 6 個兒子，並且本能地認為每個兒子都是上帝所賜，命中注定要侍奉上帝。愛麗絲為人謙和、優雅、虔誠，像丈夫一樣努力幫助窮人擺脫苦難和不幸，在樂善好施方面不亞於現代仁愛會的修女所做的貢獻，「她會照顧病患，甚至親手洗滌他們的杯盤。」另一方面，有別於丈夫身上的那份平和的力量和樸實的理性，愛麗絲在骨子裡是十足的神祕主義者，個性中又表現出一絲神經質的特徵。晚年時期，她開始虔心苦修，熱衷於祈禱和禁慾，完全沒有了一絲一毫的刻薄。因此，那些編年史家明顯偏愛這位了不起的母親。

這個家庭融合了修道者的篤信虔誠和十字軍的騎士精神，所以伯爾納鐸的個性中同時受到這兩方面的薰陶。在他四歲的時候，隱士老彼得開始鼓吹第一次十字軍東征。大受促動的基督教世界開始躍躍欲試。小伯爾納鐸耳聞目睹了成人世界裡發生的各種狀況，此後的六年裡，從高高在上的勃根地公爵到坐在馬車上的普通鄉民，浩浩蕩蕩地向東方艱難前進，像滾動的流沙一樣勢不可擋，各色人等都像秋天遷徙的候鳥一樣成群結隊，絡繹不絕。8 歲時，伯爾納鐸又聽說了戈弗雷·布永的傳奇經歷。西元 1099 年 7 月 15 日的午後 3 時，布永走出攻城的木塔，踏上耶路撒冷的城頭。他在寫給教皇的信中說，「我們的人剩下不多了，但是邪惡的薩拉森人[22] 的鮮血一直浸到戰馬的膝蓋。」最後，勃根地公爵返回家鄉，準確地說是他的遺骨回家了，但是不會安放在自己領地裡的任何一家大修道院裡內，而是葬在汙穢的、仍然爭鬥不止的一個地方。幾位貧苦的熙篤會（Citueaux，也稱西多會）的修道士後來在那裡新建了一處修道院，距離第戎鎮只有幾英里。

傳記作品中說起名人童年經歷的部分一般都很有意思。我們很想知道

---

[22] 這裡指對抗十字軍的穆斯林。

那些大人物在小時候是什麼樣的人，他們如何解決成長過程中的種種問題，我們是否能像他們一樣顯赫，我們身上有沒有那種跡象或特質呢？可是關於伯爾納鐸的童年記載卻只有這些：小小年紀便開始上學，長相英俊，舉止優雅，熱愛自然和戶外活動，並且是一個思想深邃的古怪少年。尚未成年時，他那聖潔的母親便離世了。等到可以自主擇業的時候，伯爾納鐸也曾心懷抱負，但是經過短暫的天人交戰之後，他打定主意要成為熙篤會修道士。有一件事恰好能證明這位年輕人的性格中存在不凡之處。打定主意後，他並不滿意，接著還要說服親屬一起加入修道會。不久後，他的身邊便聚集了大約三十名志同道合的親友，包括他的叔叔和兄弟們。西元 1113 年，22 歲的伯爾納鐸最終確定了職業方向，帶領這些人走進了熙篤會修道院的大門。

　　熙篤會成立於 15 年前，院長是個性鮮明的英國人斯蒂芬・哈定，來自多塞特郡的謝爾本。他嚴格遵守本篤會（Benedictine）的戒律，但是很多時尚殷實的家庭卻經常違背戒律、放鬆了修行。600 年前，班尼迪克（Benedict）在義大利召集天主教信眾，確立了禮拜會制度，並用自己的姓氏取名「本篤會」。法國的北方各地分布著很多修道院，修士們在很多方面已經放鬆了基本戒律的嚴格要求，其原因要麼是出於健康的考慮，要麼是出於無所謂的態度。所以，有人主張有必要復興那種古老狂熱的苦修做法，而興起苦修之風的地方正是這個熙篤會。斯蒂芬・哈定和後來的伯爾納鐸產生了推動作用，所以熙篤會修士就是改頭換面的本篤會修士。他們每天凌晨兩點起床，不吃肉、魚、蛋和乳酪等葷食，下午兩點才享用唯一的一餐，此時距起床已經 12 小時了。苦行修士的教堂和儀式如同他們的飲食一樣簡單樸實。我們會覺得這種風氣一定和英格蘭那裡的情形完全相同。我的朋友去過北方的熙篤會堂，他向我保證，熙篤會修士是他所見過的最幸福的一群人。我對苦修沒有一點讚揚的意思。上帝是所有美好事物的代表，一定能讓我們找到幸福喜樂。修道院裡的隱修生活中經常出現各種誘惑和磨難，這是很有可能、也很正常的，而積極的世俗生活可以消減

或緩和那些誘惑和磨難。上帝是一切幸福的源頭，所以追隨上帝才是人生最大的真幸福。假如徹底脫離世俗的營生和肉體的享樂，便可以達到更加圓滿的境界，能夠與神快樂和諧地溝通，那麼人們就不會認為修道士都是誤入歧途了。修道士的生活當然不是在虛度光陰；他們的工作不僅僅是禱告和唱讚美詩，同樣也要在農業生產中和圖書館裡的從事繁重的體力和文字工作；至於對國人的共同福祉是否真正關心，我們在修道士那裡找不到多少可供指責的地方，因為伯爾納鐸的後半生可以證明這一點。

自從伯爾納鐸加入之後，熙篤會的發展基礎得到鞏固，並開始有了外派組織。不久後，斯蒂芬選定仍然年輕的伯爾納鐸出去開拓新天地。西元1115 年 6 月，正逢草木蔥翠之際節，勃根地的山坡沐浴著暖暖的陽光，伯爾納鐸隨同另外 12 名修道士 —— 恰好是耶穌的門徒數量 —— 一同啟程了。就像初出家門的孩子一般，他們懷著憧憬，踏進了熙篤會外面的未知世界。後來他們來到「苦艾谷」，無意中發現一處合適的水源，便在那裡著手展開工作，搭起了茅草屋，並命名為「克萊沃」（Clairvaux，又稱格萊福）。

這正是熙篤會的宗教革新的重要指標。其他地方的宗教改革常常是胡作非為式的放縱。如同現在學校裡的學院或宿舍裡情形一樣，每當好人在修道院掌權，或者優秀的新人入會，修道院的風氣便為之一振。無論善惡，每一種勢力都不容小視。斯蒂芬·哈定和別的院長主持一樣，開闢了一片新天地，一切工作都是從很高的起點開始的。他當時不單是一個好人，而且很有政治頭腦，偶然提出了後來證明意義重大的一項舉措。他把熙篤會和所有的分支會所統一在一起，按照所謂的慈善憲章結成一個緊密的團體。各家修道院的院長必須出席每年的共同例會，斯蒂芬本人一直總攬全域，並且每年都要回訪各家修道院。院長大會也對濫用中央特權的情況和相互間的濫權行為進行監督。雖然所屬的各家修道院都在努力保持著一致對外的同道精神，但是制定大政方針時也離不開最高權威，同樣需要謹慎果斷的手法懲治離心離德的舉動。

24 歲的伯爾納鐸開始為將來的使命不斷努力，此後他一直主持克萊沃隱修院，並在那裡度過餘生。

不要以為他的人生價值已經實現了。到目前為止，伯爾納鐸只不過是一名年輕的院長，操持著日常雜務，也為實現自己的救贖努力著。可是他具備不凡的品格，所以他的影響力很快開始四處遠播。其中最重要的品格可能是他的真誠。伯爾納鐸當然也是真正的男子漢，為人熱情，脾氣急躁；尤為特別的是他能得到朋友們的一致喜愛和信任，他們都對伯爾納鐸讚許有加，珍藏他的書信，也能包容他的絕情。伯爾納鐸的身上絕無一絲虛偽做作成分；他不會把自己偽裝成另外一副面孔。他的理想是坦誠地做最好的自己。有時候他對複雜紛亂的國事感到非常無奈，自己的清修生活時常受到干擾，但是不會表現出一毫自憐或怨天尤人的姿態。為人真誠正是影響力持久的祕訣。很多人都有一定的影響力，但要刻意求之，則很少有人能保持長久。

另一品格是他的大無畏精神。例如，有人向奧布河畔巴爾區的領主、尚帕涅伯爵西奧博爾德（Theobald）控告一位亨伯特先生。伯爵大人責令亨伯特透過一次決鬥自證清白，亨伯特失敗後封地被沒收，雙眼被弄瞎，一家人淪為乞丐。伯爾納鐸認為他比伯爵更了解實情，便寫了一封陳情信，指出即使那人有罪，他的妻兒也不應受連累。伯爵根本沒有理會，他接著請求沙特爾教區主教出面干預。同樣沒有結果之後，他再次親自寫信給伯爵，語氣變得更加尖銳：「如果我要求您布施救人，您肯定會拿出錢來，那又為何要拒絕公正的處置辦法呢？請記住，上帝可以像你對待那一家人一樣，輕而易舉地剝奪你的特權。」這件案子最終得以重審，恢復了受害人的權利。

因為受到制約，產生挫折感的不僅是貴族們，享有最高權力的王室也不例外。熙篤會同樣勇於冒犯國王路易六世：「天地之主已經賜給你世間的一座王國，如果治理公正，來世也會賜你又一座王國。想想你得罪的是誰 —— 是天堂的主，是能讓所有王公膽寒畏懼的萬能的上帝啊。」還有

一次，伯爾納鐸甚至警告過教皇和諾理二世[23]，「我們已經目睹過人世間的悲慘，可是我們還要悲慘地說，教皇大人沒有受到一絲一毫傷害」。在紛亂的歲月中，我們能理解健全的高尚品德背後一定有其特殊的價值，而勇於對惡勢力仗義發聲，大膽指責最高權威的勇氣更難能可貴。伯爾納鐸身上的真誠和勇敢是我們必須大加肯定的品格，但是他的第三項品格卻經常不受歡迎——注重思想修養。他和我們這樣的普通人之間存在分歧是很正常的。現在，很多人不認同讚美詩中的這一句箴言「你們要先求神的國」。我們敬佩的是那些真正有行動力的人；我們把沉思冥想看做是浪費人生；我們認為，那些鼓動他人向善或者自身向善的人才是最純粹的修道之人。我不是說我們現在的想法不對，但是確實有些人一生專注於信仰和冥思自省，堅信一個人全神貫注地與神交流的效果遠遠勝過一大群人同來同往的禮拜，他們鄭重地接受主對聖母瑪利亞的稱頌，那是主看中了她的美德，她只是坐在主的腳邊聆聽。沒有人能否認一點，伯爾納鐸在必要時一定是言必信、行必果的人。但令人奇怪的是，在繽紛複雜的世事面前，他依然保持著超然世外的姿態。對他來說，所謂的各種義舉、名望、享樂和權勢從來不是必需的東西。如果要強加給他，他也會坦然面對，但是表現出退縮和羞怯；一有機會，他便逃回克萊沃，去過那種清修苦行的自在生活之中，在寧靜的冥思修道過程中尋找自己的天職所在。

　　我可以舉例說明一位羅馬天主教徒所謂的超脫態度。雖然我不推薦伯爾納鐸的做法，但是恰好能表現出他的執著精神。一次外出履行使命的時候，他必須途徑日內瓦湖的北岸。一整天時間，壯美的景致都會映入眼簾。到了晚上，同伴說起那裡的湖光山色的時候，伯爾納鐸卻反問道，「哪有什麼湖啊？」其實伯爾納鐸本人非常熱愛自然，曾說過橡樹和山毛欅始終是他最好的老師，可是這一次根本不曾留意過日內瓦湖畔的美景。身處洛桑的吉本談到自己的經歷時，說他本人會坐在湖邊，面對眼前無雙的美景讚嘆不已。伯爾納鐸也對克呂尼城的秀麗的哥德式雕刻有過激烈的

---

[23] Honorius II，也譯為霍諾留斯、霍諾里厄斯。

評論，「老天啊，即使我們羞於欣賞那些作品的怪誕之處，至少應該嫌惡人們為之付出的昂貴代價吧！」我們不禁感到奇怪，如此精美的藝術品和建築物竟然受到一位聖徒的冷落。英國的藝術評論家羅斯金說過，「我從未見過這樣的基督徒，就人類的判斷力而言，他的內心完全專注於未來世界；在上帝面前堪稱完美無暇的人竟然一點不喜歡藝術。」卡萊爾 [24] 持有同樣看法：「我聽過一位很傑出的公眾人物私下裡的一句呼聲，『讓罪惡和藝術都滾到一邊去吧！』我經常想起他流露出的情緒。我非常理解那句話的含義；公眾人物關心的是實實在在的大事業，他一定認為藝術是相當虛偽和虛無的東西，是捉摸不透和討厭的奢侈品，而且需要付出一定代價。他直接把藝術稱為『討厭鬼』。」

　　伯爾納鐸還有值得我們注意的優秀品格，他絕對是慈悲心腸的人。隱修生活絲毫沒有消滅其本性中的熱情。同為克萊沃修道士的兄弟熱拉爾（Gerard）死後，伯爾納鐸在布道過程中表達了最為深切的悲憫之情。彌留之際的熱拉爾躺在地板上的粗麻布和灰土之上，在四周的修士們吟誦著的懺悔詩中咽下了最後一口氣，遺體被安放在他們挖掘的墓穴中。臉色一直非常凝重的伯爾納鐸走上講壇開始布道，引用了《聖經‧雅歌》中的詞句作為主題，那是他每天向信眾講讀的內容：「……我雖然黑，卻是秀美，如同基達的帳篷，好像所羅門的幔子。」伯爾納鐸用他一貫風格進行具體講解。「黑得如同基達的帳篷。那麼基達的帳篷是什麼樣呢？它們是不是把我們囚困在黑暗中的東西？秀美如所羅門的幔帳。那些幔帳又美在何處呢？永世不朽的壯美之處在哪裡？」如此等等，講到動情處眼淚奪眶而出，這才暫停一下。接下來的布道變成了痛苦的憂傷悲嘆。「血緣上你是我的兄弟，信仰上卻遠遠不止於此。你被人從我身邊奪走，無論到哪裡，我們的心永遠相通 —— 你會追隨我心嗎？活著時我們彼此相愛，難道死亡就這樣將我們分隔？熱拉爾啊，我寧願去死以換你的生！我們愛過，卻生死相隔！我無法承受憂傷觸怒萬能上帝的後果；神的憤怒讓我寢食難

---

[24] Carlyle（1795-1881），蘇格蘭歷史學家。

安！我失去了彼此交往時的種種歡樂，但是你把它們換做了天國裡的歡樂」。伯爾納鐸接著想到了自己。雖然難以接受，但他無法相信飽受磨難的耶穌會對他異常苛刻。「不，他仍然召喚著我們；直到最後，他也不會拋棄我」。伯爾納鐸敘述了兄弟身上的各種美德。「他是多麼樂於助人，多麼聰明的一個人；他讓我遠離塵世，為我承受所有磨難，讓我享盡榮光，勞作的辛苦勝過任何人，索取卻最少。他就是我的熱拉爾，我的親兄弟。主啊，您是正義的；您賜給我熱拉爾，您又把他帶走了。您已經得到了自己應得的。這些淚水使我難以言語；但是流淚沒有錯，《聖經》裡說耶穌也有痛哭的時候。主啊，請您也恩准我盡情流淚吧。」

我只能這樣概括那次長篇布道詞的基調，那不是賣弄辭藻，而是內心火熱之人的真情告白。

伯爾納鐸與愛爾蘭大主教聖馬拉奇之間的友誼也同樣感人至深。拜訪過克萊沃後，馬拉奇非常欣賞伯爾納鐸，也十分喜歡那個清修之地，所以懇請教皇准許他能在那裡度過餘生。依諾增爵二世卻需要他在愛爾蘭履職。為了能在克萊沃了卻此生，馬拉奇後來確實回到了那裡。依然在世的伯爾納鐸為這位好友撰寫了生平──那是所有文字中最賞心悅目的內容，同時也在不知不覺中肯定了自己美好又熱情的靈魂。

幾百年之後，無論是他自己寫的東西，還是別人的記述，我們很難從中追溯清楚伯爾納鐸的為人到底如何，但是有種種跡象說明，他是一個信仰堅定、勇敢、樸實、熱心腸的人。我們的解讀或許有對有錯，但如果他在各個方面都是一個實實在在的人，那麼我們必須要努力解讀他的個性。不管怎樣，一些歷史事件卻足以說明問題。我要提到三個重大事件：天主教會大分裂，與亞伯拉德的爭論，以及第二次十字軍東征。

在克萊沃的修道院落腳之後，除了每天講道、禱告和管理工作之外，伯爾納鐸逐漸承擔起更多的事務。在旁人的眼中，他是一個堅定、敏銳、親切的人，他的名聲也一天天廣為人知。他需要回覆來自各色人等的信件，解答各式各樣的問題。他能不能來這裡解決這個問題？能不能去解決

那裡的問題？他的時間越來越多地被瑣碎事務分割起來，他的空間也越來越多地被無休止的任務占據了。有時候他必須維護熙篤會的信條，防止教會的軟弱鬆懈趨勢，抵制克呂尼市政當局，同時沒有因此失去在克呂尼掌權的朋友威廉・蒂埃里的喜愛。有時為了維護教會的權益，他必須和法國國王、「胖子」路易六世大膽交涉，可是國王一直是他最熱情的仰慕者。所以，伯爾納鐸的名聲大噪，人們都把他看做扶危救困的人。這種情況一直持續到西元 1130 年。此時那位至高無上的教皇和諾理二世已經奄奄一息，人們甚至以為他已經死去了（直到有人把可憐的教皇拖到窗戶，眾人看見被架在那裡的教皇大人才相信他仍然活著）。在當年的聖瓦倫丁節那一天，拋棄了所有煩惱和光環的教皇就此長眠。教廷勢力產生了分裂，相互對立的兩派要求推選新教皇或教宗，候選者是依諾增爵二世和阿納克萊圖斯二世（Anacletus II）。後者是攫取了教皇財富的克呂尼隱修院修士；但據說深受法國國王和人民信賴的伯爾納鐸認定依諾增爵在品德方面更勝一籌。憑藉其權威地位和不懈的堅持，伯爾納鐸不斷地寫文章和四處呼籲，無論阿納克萊圖斯去哪裡，他幾乎都要親自前往那裡發表意見，最終把對方的支持者逐一爭取過來。最後只剩下西西里國王羅傑唯一一個追隨者了。羅傑知道，他必須要把義大利的土地歸還給依諾增爵，那是他在卡西諾和貝內文托附近奪取的地盤。幸運的是阿納克萊圖斯亡故了，因此，人們認為依諾增爵之所以能登上教皇寶座，伯爾納鐸的功勞是無人能及的。

各種棘手的事務嚴重干擾了伯爾納鐸的隱修生活，但是他依然在其中產生了推動作用。後來他的學識經歷了人生中重大的考驗，也可以稱為政治上的考驗。對此我們可以做一簡要了解。法國哲學家、神學家亞伯拉德（Abelard，有的文獻譯為阿伯拉爾）當時很有才氣、意氣風發，他和很多人一樣覺得接受教育是苦差事，與那些愚鈍的老師相比，他更了解自己；他認為老師應付不了尖銳直接的質問。他天生就是辯論高手。那時的一些重大課題主要圍繞著亞里斯多德的文獻做文章，包括一些評注和譯著。其

中亞里斯多德和柏拉圖不同的教育方法涉及到唯名論和實在論的話題，事關現實存在及其依賴於上帝的本質問題。如果這裡要弄清楚「名義主義者」和「現實主義者」之類的哲學術語，需要太多的時間才能完成。我只想說亞伯拉德抨擊過巴黎的知名教師、溫文爾雅、受人尊敬的威廉‧尚波（Champeaux），此後他開始聲名鵲起。這和現在某些不可知論者的做法很像，他們為了出名，也無情攻擊所有神學院的欽定教授們。

那時的伯爾納鐸才 17 歲左右，他的內心一定受到來自名利場的誘惑，也渴望在哲學方面有所成就。可是他拋開了那種欲望，專心侍奉上帝。伯爾納鐸正在隱修的時候，亞伯拉德開始享譽歐洲。拉昂 [25] 有一位德高望重的名師安瑟莫，曾任英國的坎特伯里大主教，反對過我們的「紅臉」國王 [26]。亞伯拉德有一次把矛頭對準了安瑟莫，最後根據自己的判斷，在演講中給正統的好人安瑟莫先生編造了醜聞。亞伯拉德的才氣過人，相貌瀟灑，家境殷實，生活中和學術上都盡享風光。反對者的惡意中傷和他本人事後的沉痛悔改，都無法掩飾他那剛愎高傲、激昂易怒的個性。英俊的亞伯拉德經常肆意放蕩，膽大妄為，並且無視權威，無法無天，成為惡劣的異端榜樣。他好像得到上帝的一時縱容，沒有受到懲罰，所以情況越來越糟。後來上天使他的命運有了轉機。他接手一份家庭教師的工作，學生是巴黎神父富爾貝爾的姪女，正值妙齡、氣質超凡的海洛薇茲（Heloïse）。她和老師發生了戀情。或許是因為其出色的才華，又或是因為令人感動的真情奉獻和無條件的自我犧牲精神感動了上帝，師生戀帶來的負罪感才有所消減。他們之間的感情遠不止浪漫激情，亞伯拉德誘姦並犧牲學生的名節，辜負了富爾貝爾的信任。富爾貝爾的家人受到侮辱，感到憤憤不平。亞伯拉德本人也感到很痛苦；就像大衛王一樣，他發現道德上的懦弱已經

---

[25]　Laon，位於法國北部的皮卡第地區。

[26]　這裡指威廉二世（1056-1100），又名「紅臉威廉」或「紅臉胡佛」，或許是因為他的紅臉頰外觀，是征服者威廉的次子，自西元 1087 年成為英格蘭國王直到西元 1100 年。其勢力也覆蓋諾曼第，在蘇格蘭也具有影響力。但他在擴大威爾士的控制上表現並不是很成功。

使他失去了以往的榮光。他開始變得迷茫，失去了敏銳的思維和犀利的口才，曾經引以為榮的那些品行也成為上帝責罰的緣由。但是事情並未到此為止。富爾貝爾強令他們結婚，因為他有權那樣做。膽小怕事的亞伯拉德要求祕密結婚。雙方開始相互猜忌：亞伯拉德知道富爾貝爾為了保全姪女的名節，已經公開了這段婚姻；而富爾貝爾認為亞伯拉德準備悔婚，進而令姪女顏面掃地。他帶領一群惡徒偷偷包圍亞伯拉德的住所，殘酷野蠻地閹割了可憐的背叛者，又把姪女送到了修道院當修女。任何小說家也無法構思出這種既淒慘悲涼又聳人聽聞的故事情節。現在我們能從海洛薇茲寫給丈夫的信件中看到這位絕望的修女如何傾訴堅貞不渝的感情，而亞伯拉德的回信又是多麼冷漠絕情，他已經失寵落魄、滿懷激憤、心如死灰，但是他的才華卻又一次得以施展。嚴酷的處境令人哀怨，厄運也發人深省。可是這一切都是神明的安排，我們很難想像伯爾納鐸注定要和這位奇人交鋒。西元 1137 年，阿納克萊圖斯去世，天主教會結束了分裂。當時的伯爾納鐸 47 歲，亞伯拉德 58 歲。

此前，其他一些被疑為異端的思想家曾經在歐洲教育界掀起過波瀾；但是亞伯拉德的聲望卻達到了新的高度，現在布雷西亞的阿諾德 [27] 要挑戰那些身處法國的義大利人。與亞伯拉德不同，年輕的阿諾德心地純潔、虔誠善良。人們都在關心伯爾納鐸的立場。伯爾納鐸必須應對論戰，必須擺脫政治紛爭，從神學理論中獲得支持。我認為經歷過第一次人生的重大考驗之後，他願意迎接挑戰。皈依熙篤會時他已經約束住的本能再次復甦。首先他用一段時間潛心研究神學，掌握了相關理論。西元 1140 年，亞伯拉德被傳喚到桑斯的宗教會議接受裁判。無論是正統流派還是異端人士，當地全部大人物都出席了那次會議，包括國王路易四世，教會的主教和貴族名流。亞伯拉德在一群門徒的簇擁之下來到會場，經過大教堂的走廊時恰好與普瓦捷的主教吉爾伯特擦肩而過。吉爾伯特本人就被指責成異端。

---

[27] Arnold of Brescia（1090-1155），義大利教士，激進派宗教改革家，主張精神權力與物質財富互不相容，要求整頓神職人員，廢除教皇的世俗權力，曾參與「羅馬公社」運動。

亞伯拉德藉機低聲對他說，「鄰家失火也是分內該管之事」。當他和講道壇上的伯爾納鐸四目相對時，便停住了腳步。即使現在我們都能想像當時的情景。只不過那座講道壇在西元 1789 年法國大革命時被毀掉了。人們都翹首以待，爭相一睹兩位大名鼎鼎的人物唇槍舌戰的場面。可是他們失望了。伯爾納鐸剛一開口，亞伯拉德便起身表示不想回答任何質問，「我懇請羅馬教廷裁決」，說完後離開了教堂。何出此言？人們不得而知。他的門徒貝倫加爾 [28] 為聲名顯赫的亞伯拉德寫了一份輕蔑的致歉聲明。他說辯論的另一方都喝醉酒或睡著了。我認為那種說法不大可能。「主教大人們腳下的地板上浸著宴席的酒液」，他把老師比做古羅馬的賀拉斯，並引用了「現在是舉杯暢飲的時候了」這一句詩進行諷刺。「他們的喉嚨就像開口的酒桶，在座位上醉得鼾聲四起，」他說。「一個傢伙靠著墊子上，另一個枕著胳膊打瞌睡。每次討論過一個議題之後，主持人喊道，『你們要表示譴責嗎？』那些人便醒過來回答『我們譴責，』要麼只會含糊地咕噥一下『譴責。』」這種描述聽起來沒有說服力。另一方到底說了什麼？對他們而言，伯爾納鐸的出席代表著正統一方的實力；對我們來說，不管怎樣，向羅馬上訴顯然是依諾增爵二世樂意接受的條件，因為他繼位的合法性得到成功的維護。受理上訴同樣要耽擱一定時間，而且好人阿諾德一方的氣勢也會在義大利有所收斂，而伯爾納鐸則可能進一步遠離紛爭。伯爾納鐸所能做的就是請全世界評判；他用文字與亞伯拉德展開精彩論戰並公開發表。亞伯拉德呢？頹廢厭世的他躲在克呂尼的修道院裡，已經失去了往日的風光和銳氣。有一天，絕望可憐的海洛薇茲接到一封信，那是善良的老院長寫給她的。她獲悉昔日的恩師如何在克呂尼平靜地結束並不平靜的一生，也了解了他的日常生活和工作情況。亞伯拉德得到寬恕並且得以善終。修道院的來信給了她很大的安慰。「願上帝寬慰他吧，」信的最後寫道，「主會降臨引導他，直到他回歸到你身邊。」這位端正的聖靈女修道院院長一定會落下熱淚。雖然她有過錯，但是老修士非常仁慈，希望他們兩

---

[28] Berengarius，有的文獻譯為貝倫加留、培倫加或伯仁加爾。

人能再續前緣，認為亞伯拉德應該承擔罪責，而不是海洛薇茲。老院長引用了他的老師的話：「她的罪得到赦免，因為她付出了更多的愛。」

最後一次人生考驗是第二次「十字軍東征」。我們知道，幼年的伯爾納鐸目睹過第一次十字軍東征時的壯觀場景，騎兵和步兵的隊伍綿延不絕，浩浩蕩蕩地開赴東方，農戶家庭跋山涉水，他們車隊緩慢地前進著。每當地平線上出現新的城鎮，他們會問一句，「耶路撒冷到了嗎？」第一次東征已經過去 50 多年了。幾位鮑德溫國王把耶路撒冷王國治理得富足強盛，前面提到的那位吉本可以告訴你們塞爾柱王朝[29]是如何大廈將傾的。由於薩拉森人的內訌，基督徒勝利了。正如繁榮會引發紛爭，災難會促使人們團結。塞爾柱人摩蘇爾總督贊吉率軍占領了埃德薩[30]。拉丁民族稱他為 Sanguineus（吸血的蜱蟲），不久贊吉亡故，拉丁語中留下了一句與之相關的雙關語：

「再好不過的結果；鮮血透著血腥氣，一個人以血的名義殺戮。」

埃德薩城的陷落喚醒了歐洲。路易七世在維特里燒死了 1,000 多名基督徒之後，認為補償殘忍暴行的最好辦法是再多殺幾千名異教徒。深層原因或許是人類移民遷徙的神祕本能。就像潮汐的定期漲落一樣，3 個世紀以來，人口和文明成果的歷史流動都是自東向西的，而這一次則要顛倒過來，因此便促成了第 2 次東征。

西元 1145 年，雖然才 45 歲，伯爾納鐸已經顯出老態，他的健康開始惡化，麻煩纏身，包括與亞伯拉德及西奧博爾德公爵之間的矛盾，還有教會的日常管理事務，都讓他不堪重負。西元 1143 年，伯爾納鐸寫信給克

---

[29] 塞爾柱帝國，11 世紀土庫曼人在中亞、西亞建立的伊斯蘭帝國（1037-1194）。亦稱塞爾柱王朝。土庫曼人屬突厥烏古斯部落聯盟（烏古斯葉護國）四大部族的一支，初居中亞北部的大草原地區，以其酋長塞爾柱克（Saljuq）的名字命名。約於 10 世紀中期，塞爾柱克因為與葉護發生不可調和的矛盾，率其部眾離開買肯特，西遷至錫爾河下游地區，成為南方加茲尼王朝的雇傭軍與羈縻臣屬。後趁加茲尼王朝對外戰爭和內訌之機，擴大勢力，逐漸興起，極盛時期疆域囊括地中海東岸到中國新疆西部之間的大部分土地。

[30] Edessa，美索不達米亞古城，第一次十字軍東征後建立的伯國之一。

呂尼的老修士彼得說除了出席年度的牧師例會以外，他再也不會離開克萊沃了，可是又接到了平生最難一次任務。國王要在韋茲萊大教堂加入十字軍，傳召伯爾納鐸去那裡為第 2 次聖戰布道宣傳。他的身體承受了痛苦的考驗。身為親歷者，斯塔維洛修道院的院長維巴爾德說伯爾納鐸非常虛弱、面色蒼白，但是他本人的出場和出眾口才同樣令人鼓舞，心情振奮。當他講話的時候，人群中爆發出吼聲，「聖十字！聖十字！」他帶來的十字徽標很快分發光了，接著撕開身上穿的斗篷和長袍做徽標；只要他在場，人群久久不肯離去。他必須不辭辛苦地四處演講布道，累得筋疲力盡。伯爾納鐸的鼓吹效果很大，法國人興奮異常，舉國目標一致。說服德國的過程較為艱難。佛立堡、巴塞爾、康士坦茲、斯派爾、科隆、法蘭克福、美茵茲等地，無論在哪，幾乎所有的壯丁都會聽從號令。與教會不睦的德國君主康拉德三世雖然堅持己見，最終也做出了讓步，同意出兵。在法蘭克福，可憐的伯爾納鐸差一點被激動不已的人群擠死，即使身體健碩的德皇也無法替他脫困。康拉德不得不緊緊抓住伯爾納鐸，用強壯的肩膀把他扛到安全的地方。後來在巴勒斯坦聖地，有人看見康拉德和突厥人戰鬥時的神勇表現，「完美的一擊正中敵人左肩，劍刃向右側斜劈過胸，直接把頭顱連同一截右臂砍落在地」。

　　伯爾納鐸在德國的使命不只是布道；康士坦茲主教赫爾曼在日記中記述了德國人的每天見聞，其他 9 位大人物可以證實這份資料的真偽。毫無疑問，他們徹底信服當時的現實，因為奇蹟就在他們眼前發生了。例如，「可是奇蹟出現了，眼前的景象震驚了所有人：一名生來失明的男孩，他的雙眼蒙著白霧，如果那也叫眼睛的話，既沒有光彩，又沒有任何用途，甚至沒有眼窩，在伯爾納鐸的手掌按壓下，竟然有了視力。我們透過很多證據確認了真實性，很難相信那名男孩的眼睛能獲得視力。」「同樣在康士坦茲，結束聖彼得教堂的彌撒之後，生來又聾又啞的男孩康布雷竟然聽到了伯爾納鐸在講道，人們同樣不得其解。聾啞孩子就坐在我旁邊，經人引薦到伯爾納鐸眼前後，他竟能開口講話，同時也能聽見聲音了。」

　　我一時無法說盡那些中世紀的傳奇。若干年後，所謂「信則靈」的信仰療法更為人熟知的時候，我們才可能有資格進行批判。有些人將其簡單形容為騙術或幻術，我只會說他們的意見很不對。伯爾納鐸不是笨蛋，不會故弄玄虛地對懷疑者說「天地間有太多的事情，都是你做夢也想不到的」。我們仰慕伯爾納鐸的原因並非那些奇蹟，而是更偉大、更可敬，也更難達到的境界。包括克呂尼那位溫文爾雅的老彼得在內的所有歐洲人都對猶太人極端仇視，可是伯爾納鐸的立場卻站在更高的基督教的基本教義。面對大眾無端的狂熱敵視，他像修士魯道夫一樣挺身而出，廣為傳播正確的理念，幾乎為之失去生命，但是他的名氣也因此受損。他收集整理了救世主臨死前的祈禱詞，用以教育那些不信仰上帝的人：「要你不殺他們，這需要明文宣示嗎？」「異教徒成熟富足的時候，以色列人就將得救。」在民族情緒如此膨脹的時候，伯爾納鐸不顧宗教領袖的個人名利，勇於關愛敵人，我認為這才是最了不起的奇蹟。「如果主的仁慈之心沒有傳給那位牧師，」同時代的一位猶太人寫道，「沒有人會倖存。」如果認識權威的價值是非常有意義的，我們注意到異教徒吉本與魯道夫的對抗中除了妒忌沒有任何其他的成分。

　　第 2 次十字軍東征開始了。聖丹尼隱修院的傑出院長蘇格留守法國，而法國國王和王后、德國皇帝、各路人馬和領主們踏上征程，為國內外的廣闊地區帶來破壞和災難。

　　但是聖伯爾納鐸卻不得安寧，儘管已經病弱不堪，渴望著在「親愛的克萊沃」安享寧靜的清修生活，卻要四處勞頓奔波，監督那些不法的修道院院長，制止貴族們的暴行，譴責教眾的反叛行為。主教吉爾伯特認可亞伯拉德曾經引用過的說法「鄰家失火也是分內該管之事」。伯爾納鐸還要必須參加蘭斯的宗教會議。他的老友、愛爾蘭的馬拉奇因為高燒來到克萊沃修養，成為會議期間最令他難過，也是倍感親切的插曲，後來馬拉奇在伯爾納鐸的懷中安詳地離世。「死人和活死人都應該活著」，

　　「正是我們的希望掩埋了恐懼，

我們的恐懼被希望所掩埋；

我們以為他死了，其實他睡著了，

當他死後，他就睡著了。」

「我們的摯友馬拉奇安息了，」伯爾納鐸呼喊著，「我該不該哭泣？耶穌啊，祢的一切都是託付給我們的財富。我們只祈求我們的客人不要走，不要撇下我們，他的同伴們，我們要永遠永遠和他與主同在。」

伯爾納鐸的禱告很快得到回應。他的老學生尤金三世現在成了新一任教皇，多少令伯爾納鐸感到驚愕：歷任教皇差不多都和他們所自我標榜的不一樣。可是伯爾納鐸很快發現尤金是一位很不錯的教皇，只不過他經常身陷各種法律訴訟和案件之中，忙於應付各方勢力，沒有時間發揮精神層面的職責。伯爾納鐸最後的工作是完成了拉丁文著作《De Consideratione》，深入探討集權制的利弊，指出了這種制度對教皇權威和整個基督教世界的巨大危害。「所有事務都要交由羅馬教廷裁斷處理肯定是不對的；權力集中造成的不公很有害。遠方的各國要求自主權，不可能容忍這種制度。財富對心靈的毒害最大。羅馬教廷應該宣導謙遜之風、熱愛和平、敬畏上帝，而不應關注那些訴訟、賄賂和教會財產」。如果伯爾納鐸的精神得到發揚，我們不知道世界歷史將如何改寫。

內外交困的伯爾納鐸發現，一名奸詐的書記員多年來一直在偽造他的信函。他為此開始失眠。嚴重的乾嘔噁心的毛病折磨了他很久，年輕時一起用餐的好友們有過明確的紀錄，現在變得更加嚴重，所以他無法進食固體食物。可是他依然保持著清醒的頭腦和果決的氣魄。除了他，還有誰能和德國的特里爾大主教一道阻止莫瑟爾河內戰的爆發？有誰膽敢讓在查狄倫修道院偷豬的尚帕涅伯爵蒙羞？「告訴你吧，如果你偷了我的豬就算了，」伯爾納鐸寫道，「但這次你必須歸還給他們。」還有誰能不為所動，拒絕幫老友西奧博爾德的兒子謀差事？「不行，我祝福我們的小威廉，但是教會裡的神職只會留給那些有能力並願意追隨上帝的人。只要我能合法地幫助他，什麼時候都可以。但是這次只能求得伯爵夫人的原諒了。」多

麼勇敢、公正的老人啊！他最後一封信寫給了遠在東方聖地作戰、思鄉心切的叔父安德魯，「接到您的信時我正臥床不起，但是我滿懷喜悅地讀了一遍又一遍。您在烈日下苦戰，那是為天庭上的主而戰。我們都在人世間戰鬥，可是我們的酬勞高於天。我準備好要獻身了。如果上帝恩准，我走之前能否見到親切的叔父，那樣就死而無憾了。」可是伯爾納鐸沒有死。他的好友蘇格去世了。「我從一開始就深愛著你，」伯爾納鐸這樣寫道，「而且要永遠愛你。我要大膽地說，我真的離不開如此深愛的一個人。」

　　兩年後，伯爾納鐸自覺大限將至，正值朋友們苦苦挽留之際，塵世間最後一次掙扎開始了。「伴著身邊的鴿子和垂淚的人們哭泣一番後，他抬眼望向天空，」起身後眼淚又湧了出來，純淨的雙眼望著天空，他用聖保羅的話總結自己是如何「處在兩難之間，情願離世與耶穌同在[31]」，然而他也不想離開他們。接著他盡其所能地向上帝祈禱，剛說完「願你的旨意行在地上」後，伯爾納鐸就此離世了。

---

[31] 參見《新約聖經·腓立比書》第 1 章第 23 節。

第四章
吉羅拉莫・薩佛納羅拉
GIROLAMO SVONAROLA

根據我們英國人所掌握的知識，一提到最驕傲、最嚴厲的教會團體，最先想到的是道明會[32]。有人說佛羅倫斯是全歐洲最美麗的城市，而聖馬可大教堂是佛羅倫斯最大的修道院，它屬於這些嚴厲的道明會修士。奧麗芬特夫人說，「在聖馬可根本看不到絲毫表面上的俗氣和不潔之處。」它的結構莊嚴完美，前面是向陽的廣場和很普通的花園。樸實的外牆粉刷成白色，除了褪色的修士壁畫，長長的拱形遊廊下別無他物；建築風格和 50 年前的衛理公會的風格一樣簡潔，顯得非常務實和低調。

西元 1452 年，一名男孩在義大利北部的費拉拉出生了。此人注定要成為聖馬可教堂裡最了不起的修士。他的名字叫吉羅拉莫．薩佛納羅拉。出於對苦難的悲憫和罪惡的畏懼，他從小就莫名其妙地受到內心的困擾。他自己說過，「我無法忍受世間的種種苦難和人類的邪惡。隨處可見人們肆意輕視美德、推崇惡行，每天我都會落淚多次，『遠離這個殘酷的國度，貪婪的地界，離開吧！』我為這個世界感到悲痛萬分」。

四月的一天早晨，薩佛納羅拉用魯特琴彈著憂傷的曲調，他的母親在旁邊看著兒子。因為樂聲聽起來愈發憂鬱，所以她突然說，「孩子，我們分開的日子不遠了，我聽得出來。」吉羅拉莫驚訝地看著母親；與此同時，她用體貼憐憫的眼神凝視著兒子，「好像她能看穿我的內心」。第二天，他在窗臺上的書本後放了一張字條，解釋了自己的心境和意圖，然後離家出走了。

那是西元 1475 年發生的事，當時的吉羅拉莫 23 歲。他先加入一家道明會修道院；15 年後將在佛羅倫斯大放異彩，成為預言家般的大牧師，就連聖馬可大教堂都容納不下那些聽他講道的聽眾。伯拉馬奇這樣形容當時的情景，「為了得到聆聽布道的位置，人們半夜起床來到教堂門外，耐心地等待著教堂開門。他們不辭辛苦，不懼風寒，冬日裡站在冰冷的大理石

---

[32] Dominican Order，1215 年西班牙人道明．古斯曼（Domingo de Guzman, 1170-1221）創於法國南部的土魯斯。亦稱多明會或宣道兄弟會，會士均披黑色斗篷，因此稱為「黑衣修士」，以區別於方濟會的「灰衣修士」，加爾默羅會的「白衣修士」。天主教托缽修會的主要派別之一。

地面上，人群中的男女老幼像過節一樣高興，沒人能明白他們的心情。接著教堂裡完全肅靜下來，儘管集中了幾千人，但是聽不到一點聲音。他們就這樣靜靜地等上三四個小時，直到神父走上布道壇。」

　　在提出宗教改革主張的有識之士當中，薩佛納羅拉無疑是最大膽的一個。他對各種罪惡義憤填膺，因為教會高層充斥著腐敗現象和異端派別，他的國家任由那些野心勃勃的權貴們宰割，連年的內戰使國家四分五裂，由此引發的種種苦難卻要由窮苦民眾來承受。他要表達心聲，修道院與他也保持一致的立場。西元 1491 年，他當選修道院的副院長。第二年，他公然反對所在城市的暴君羅倫佐・德・麥地奇 [33]。他應招來到即將離世的羅倫佐床前，開口說道，「羅倫佐大人，不要絕望。假如你答應我三件事，上帝一定會仁慈待你。」「哪三件事？」「第一，要有絕對遠大的信仰；」羅倫佐承認他有信仰。「第二，如果不想讓你的孩子淪為乞丐，你必須償還所有不當所得。」伯拉馬奇回憶道，「一聽到這句話，差一點讓羅倫佐發瘋，後來他說『我也能做到』。」修士繼續說第三個要求，「最後，必須恢復佛羅倫斯的自由和以前的共和政體！」垂死的羅倫佐把頭轉向牆壁，一言不發。薩佛納羅拉沒有一句悔意地離開了。沒有裝腔作勢，也沒有趨炎附勢地混淆是非，勇敢的愛國者無法容忍邪惡的統治者，就像前世施洗的聖約翰對待猶太國的暴君希律王一樣，薩佛納羅拉不久也將面對同樣的命運。

　　人們經常用「復興」一詞形容薩佛納羅拉所處的時代。我沒有必要過多解釋這個詞的具體含義。無論選擇哪一種稱謂，那個時代脫離了黑暗的中世紀，不再是一個推崇信仰、騎士精神或者封建制度的時代。

---

[33] 羅倫佐一世（Lorenzo de Medici, 1449-1492），義大利政治家，外交家、藝術家，同時也是文藝復興時期佛羅倫斯的實際統治者。被同時代的佛羅倫斯人稱為「偉大的羅倫佐」、「奢華者」，他生活的時代正是義大利文藝復興的高潮期，他努力維持的義大利城邦間的和平，而他的逝世也代表了佛羅倫斯黃金時代的結束。羅倫佐死後葬在佛羅倫斯的麥地奇家族墓地。其家族也被譯為「梅蒂奇家族」，是佛羅倫斯 13 世紀至 17 世紀時期在歐洲擁有強大勢力的名門望族。

舊秩序已經改變，

新的秩序正在形成；

上帝有很多辦法實現願望，

唯恐好習慣來腐化這世界[34]。

火藥的發明和貿易的擴張毀掉了騎士制度。西元 1453 年，拜占庭帝國的都城君士坦丁堡陷落，西元 1476 年，卡克斯頓（Caxton）引進印刷術，西元 1492 年，哥倫布發現美洲，這些重大事件和歷史突破拓寬了歐洲文化視野，促進了知識界的覺醒。人們因此對權威產生了質疑，並導致所謂的宗教改革運動；同時也出現了改頭換面的異教信仰，人們開始對文學藝術有了一知半解的興趣，熱衷於奢靡之風，自我意識也開始覺醒。尤其在義大利，舊有的天主教統治的根基開始動搖，人們只為世俗享樂活著。教會的腐敗導致社會道德惡化；更糟糕的是，教會對末世的絕望呼聲無動於衷，「因為明天就死了，就讓我們吃美食、飲美酒，盡情享受這個美好的世界吧」。薩佛納羅拉要和這種風氣抗爭。與臨終前的羅倫佐的那次會面表現出了他的一貫立場。不要以為那種凜然正氣和雄才大略是突然間才有的。正相反，如果我們回顧一番他離家出走時的狀態，就會發現他仍然需要經歷生活的磨練。

身為醫生的父親保存著兒子留在窗臺上的字條，後來他在背面寫下這些文字：「我的兒子在學習藝術專業，並打算以後從醫。記得在 4 月 23 日，那是西元 1475 年的『聖喬治日』，吉羅拉莫離開家門去了波隆那，加入道明會修道院，決心留在那裡當一名修道士，決心離開我，尼古拉斯・薩佛納羅拉，他的父親，只有這些留言聊慰我心。」可憐的老人大受傷害，充滿了怨恨。與妻子不同，他對兒子的內心掙扎和困擾視而不見，也不知道兒子在田地間遊蕩過多少次，更不清楚他研究過聖多瑪斯・阿奎那（St. Thomas Aquinas）的神學思想。兒子向來喜歡一切美好的事物，每當遇到穿黑袍的修道士都會躲開他們，說「我可不想當修道士」，可是父親不知

---

[34] 引自丁尼生的《國王的敘事詩》（*Idylls of the King*）。

道從何時起，兒子就有了變化。薩佛納羅拉是一個十分愛美的孩子，無論是藝術作品還是自然萬物，但是也相當孤獨，不僅面容酷似英國的紅衣主教紐曼，而且少年時的沉靜、孤僻的性格也很像。不想當修道士的他現在卻成了修道士，而且是一名道明會修士，「主的看守犬」，穿著黑白兩色的長袍，入會後還要經歷實習期的訓練。對於 24 歲的年輕人來說，最初的學習任務十分枯燥，但是修道院很快安排他教授新人。他肯於思考，而且總在思考如何把自己真心嚮往的思想傳授給學生。學生們發現老師講授的內容非常真實，因為那些正是他自己相信和喜歡的思想。7 年過去了，他的影響力越來越大，年長的修士開始向他請教各種問題。他習慣於靜思和幻想，解答問題前喜歡全神貫注地長久沉思，這給人很深的印象。在沉思過程中，他經常求助神性的指引，能感覺到上帝在和他進行心靈溝通；在旁人看來，那就像真切的神諭在發話。他嚴守戒律，過著禁慾生活，進而影響到了身體健康，所以他能聽到神的聲音，見到天使的指示，他的影響力或許也因此提升了。這是一個難解的問題：身體的衰弱能否使人的感官變得敏銳或者產生幻覺呢？我認為無人會否認縱慾能使身體機能減退的道理。例如（七宗罪裡的）暴飲暴食和懶惰當然能讓視力和聽覺減退，放縱的結果是身體功能受損。那麼我們是不是可以這樣理解：既然首先要恢復敏銳的天賦機能，如果進一步堅持非常嚴格的禁慾修行，人的感知能力會不會越來越接近我們周圍看不見的精神世界呢？

　　儉省的齋戒，常與諸神共餐，

　　聆聽圍坐成一圈的繆斯們，

　　永遠環繞著朱庇特的祭壇歌唱[35]。

　　難道精神失常者的頭腦中只是幻覺嗎？我認為兼而有之，當然後一種情況更有可能吧。但是明確的答案必須要從我們的精神世界和個人的性情以及自我約束能力方面去尋找。有一點是肯定的 —— 只有那些非常自信

---

[35] 選自約翰·彌爾頓的《沉思者》。

的人才能引領世界走向更高一層的精神境界。

　　現在薩佛納羅拉要開始布道了。在西元 1482 年 1 月寒冷的一天，他受命去老家費拉拉執行一項使命。7 年過後回歸故里，你們可以設想一下他的感受。當地人最初是出於好奇才來聽他布道，後來聽講的人越來越少。他的布道活動失敗了。

　　一場小規模的戰爭迫使他返回佛羅倫斯。他在那裡繼續布道，卻又一次經歷了失敗。失望令人痛苦不堪。他急於傳播心中的重要思想，可是不能引起人們的關注。在寫給母親的信中他說，「佛羅倫斯的所有人都討厭我的布道。我的吸引力甚至比不上一隻雞。」有機會發揮能力的第一個地方不是在城市，而是在美麗的聖吉米尼亞諾鄉村，那裡有尖頂的村舍，很像一片山間的蒲草地。不知何故，他在那裡的普通村民當中恢復了自信和口才，從此開始努力在各個村莊布道，直到後來羅倫佐大人把他召回佛羅倫斯。如此一來，羅倫佐知道了薩佛納羅拉其人。年輕的貴族皮科・米蘭多拉（Pico della Mirandola）很有才氣、人緣也好，佛羅倫斯的良好社會風氣和華麗的藝術氛圍吸引他來此生活，同時他也是一個不安分的真理追求者。米蘭多拉因此被指為異端，所以求得羅倫佐的保護是必要的。但是佛羅倫斯的知識階層熱衷的異教信仰滿足不了年輕的探索者，他有更高的追求。有一天他參加了道明會修士的會議，地點在義大利南部的雷吉奧。與會者討論了很多深奧話題之後，接著談到了修道士們的日常工作。有一位始終在旁邊沉默出神修士突然起身發言了，他正是吉羅拉莫・薩佛納羅拉。米蘭多拉認為「那是個真心實意做事的人，他能幫到我」。正是米蘭多拉促使羅倫佐把吉羅拉莫召回到佛羅倫斯。

　　西元 1490 年，阿爾諾河沿岸的草地上開滿鬱金香和水仙花的季節，吉羅拉莫開始在聖馬可教授新入會的修士。他喜歡讓門徒們穿著白袍，並稱他們為天使。後來別的門徒被吸引過來，經常在修道院的花園裡徘徊，因為吉羅拉莫就在玫瑰花叢中傳道授課；隨著聽課的人越來越多，大家懇請他到教堂裡講課。他為此考慮了一週的時間，因為他更願意專心教

授自己的那群白衣弟子。後來他突然笑著說，「明天就去聖馬可大教堂布道，我還要繼續在佛羅倫斯講道八年。」眾多的聽講者先是湧進聖馬可大教堂，後來在教堂外的露天廣場也彙集了稠密的人群。按照伯拉馬奇的描述，面向激動得熱淚盈眶、泣不成聲的聽眾，吉羅拉莫激昂地傾訴著真理和正義的聲音，號召人們懺悔和行善。一年後，他成了所在修道院的院長，但是拒絕效忠羅倫佐，甚至在羅倫佐賞光拜訪修道院時不去出門接駕。這種關係持續到西元 1492 年，直到出現我前面介紹的羅倫佐臨終前的對立情景。

我們在研究歷史上的社會變革時，必須學會認清性質，有的是政治改革，有的涉及宗教思想，有的則屬於道德範疇。西元 1493 年，佛羅倫斯的統治者換成了麥地奇家族的皮耶羅（Piero de Medici），羅馬教皇是亞歷山大六世，他們都需要在三個領域進行一定的改革。但是在不顧及道德層面的條件下，強行改變現有的教義也是可行的，正如亨利八世 [36] 所推行的做法一樣；或者像德國的馬丁·路德一樣，透過宗教改革推動社會道德建設。那些重視道德的人士可以選擇另外一條道路：既然路德希望教義的改變能夠實現道德目標，而與新興政治勢力聯合同樣也是可行的。皮耶羅是卑鄙的暴君，他的統治步履維艱。西元 1494 年，法國國王查理八世乘機率軍越過阿爾卑斯山的關隘侵入義大利，準備奪取那不勒斯。考慮到皮耶羅的為人，以及以殘忍邪惡著稱的教皇亞歷山大和腐敗透頂的羅馬教廷的形象，我們自然能理解吉羅拉莫的心態。他始終堅信上帝的無形力量，入侵的法軍就是上帝懲罰義大利的方法，他們好像猶太勇士或約書亞一樣在替天行道，執行的是上帝的旨意。徒有虛名的皮耶羅放棄了一些周邊的要塞，直接把城邦的命運交由法軍擺布。回城的皮耶羅發現城關緊閉，佛羅倫斯人已經怒不可遏，方寸大亂，準備展開你死我活的內鬥。薩佛納羅拉

---

[36] Henry VIII（1491-1547），英國都鐸王朝第二任國王，為了休妻而另娶新王后，與羅馬天主教會反目，推行宗教改革，並通過一些重要法案，容許自己另娶，將當時英國主教立為英國國教大主教，使英國教會脫離羅馬教廷，自己成為英格蘭最高宗教領袖，並解散修道院，使王權達到頂峰。

急忙趕到大教堂，親自向全城民眾發表演說，使人們意識到眼前的危機正是新生的機會，要求他們放下武器，打消內戰的念頭，靜待上天的安排。然後他又去面見法王查理，提醒他應該出師有名，應該展現懲治教會惡行、恢復佛羅倫斯自由制度的上帝意志；他的一番斡旋巧妙地化解了危機，所以查理八世沒有強加任何條約城下之盟，也使佛羅倫斯再次免於殺戮之禍。

　　法國人撤走了，暴君被推翻了，佛羅倫斯現在自由了。接下來發生的事情很奇妙，這座偉大的城市真正歸為上帝統轄，變成了神權政體。新組建的政府是基於完善的自主體制，只有正當的捐稅名目才可以保留；廢除所有不合理的規定和做法。寬仁精神取代了極端的宗派思想和私欲野心，街頭少年愉快地哼唱著修道士的聖歌，統治者們無私地廣施仁政，教會的儀式成為民眾的節日。這一切都是一個人的功勞；憑藉一己之力，薩佛納羅拉使得最為放縱、混亂的一座城市得到改觀。因為他非常喜歡孩子，所以街頭少年們成群結隊地跟著，以求他的一句諄諄教誨；而對於那些思想墮落、不思悔改的佛羅倫斯人，則不留情面地大加抨擊，犀利的言辭猶如暴風驟雨般猛烈。當時在佛羅倫斯城內有一位學習希臘語的英國年輕人，曾經聆聽過薩佛納羅拉的一些忠告，他回國後便依照這位修道士的教導，努力提升自我修養，說明那些話至少在他身上產生了一定作用。此人叫約翰‧科利特，後來成為聖保羅大教堂的主持牧師。城邦的新局面令人驚喜，但是無法持續很久。那些痛恨美德仁愛和清規戒律的反對派的勢力日益強大。他們自稱「憤怒者」，等待著大肆搗亂的時機。

　　與此同時，身在羅馬的教皇和皮耶羅，還有佛羅倫斯著名的傳教士、曾被薩佛納羅拉取代的馬里亞諾，都是反對者。他們和那些作惡多端的傢伙一樣，同樣對薩佛納羅拉恨之入骨。更糟糕的是，已經占領那不勒斯的查理八世甚至提議召開「理事大會」，其用意就是要改革教會體制。薩佛納羅拉感受到了壓力。有時候，反對派試圖透過賄賂拉攏他。教皇送來了一頂紅衣主教的冠冕，可是講道壇上的他拒絕了那個職位。有時候，反對

派進行人身威脅，可是在佛羅倫斯的追隨者的保護下，陰謀沒有得逞。他們有傳召薩佛納羅拉去羅馬，接受異端邪說的指控。他又一次拒絕了，那些人只好繼續等待時機。

　　西元 1495 年，佛羅倫斯全城狂歡，慶祝棕枝主日 [37] 的盛況空前。薩佛納羅拉改變了節日以往的一味狂歡喧鬧的形式。他用特殊方法指揮街頭少年的行動：他們不再像以前一樣發洩心中的不滿，而是高唱聖歌；不再製造騷亂，而是四處募捐布施；他們好像欣然接受神聖的使命而且一律都穿上白衣，拿著大把的棕櫚果和橄欖。人們看到成群結隊的棕色皮膚的義大利少年能做好事，一定是令人欣慰的。他們利用山上採來的果實，成立了類似典當行的慈善組織，以便說明窮人；這是歷史創舉，但是和英國出現的典當行有很大不同：當鋪老闆是為了謀利做生意，薩佛納羅拉則純粹是為了無償救助窮人。

　　西元 1496 年，薩佛納羅拉利用少年們點了一把焚毀浮華奢靡的大火，其盛況堪比一次狂歡節。查理八世與教皇休戰講和，返回了法國，卻沒有把皮耶羅放棄的那些要塞歸還佛羅倫斯。查理沒有發揮好作用，反而帶來戰爭的傷害，接著又發生了可怕的瘟疫，而且佛羅倫斯人還要冒險與接收要塞的比薩人開戰。但是法皇派出支援比薩的船隊遭到風暴損毀，運糧船被迫停靠在饑荒肆虐的佛羅倫斯，雙方的戰端反而得以避免。同一天，薩佛納羅拉要求絕望的佛羅倫斯人相信上帝能創造奇蹟，讓他們脫離苦難。然而，所有這些事情的影響都是暫時的，本來就浮躁的城市很快又陷入不能自拔的混亂之中。白衣少年團又開始彙聚街頭，挨家挨戶收集那些與狂歡享樂相關的所有資料。易受鼓動的民眾爆發出前所未有的熱情。他們交出了家中舞會上用的面具、禮服，假髮和首飾，庸俗的繪畫和雕像，所有那些導致人墮落的東西一概不留。所謂的違禁物品大堆大堆地擺放在廣場上，然後被付之一炬。「交出你的虛榮之物吧！」人們發出這樣的呼聲。收繳品越堆越多，很多珍品在劈啪作響的熊熊大火裡焚毀，白衣少年們圍著

---

[37] Palm Sunday，即復活節前的星期日。

火堆瘋狂地舞蹈歌唱，只有在聆聽導師薩佛納羅拉講道時才能安靜下來。新雕刻的耶穌聖子像在人群中高高地聳立著，一隻手拿著荊棘頭冠，另一隻手保持著賜福的姿勢。

　　吉羅拉莫的一位朋友為他雕刻了這尊聖像。雖然他在布道時很嚴厲，對藝術持有苛刻態度，但是追隨者中不乏藝術家。米開朗基羅從他的布道中領會到了信仰的崇高和莊嚴，也聽說了後來成為繪畫大師的巴爾托洛梅奧（Bartolommeo），當時還是倔強的男孩，靠繪畫養活同是孤兒的兄弟們。聖馬可的院長在普拉托（Prato）找到巴爾托洛梅奧，並把他帶到佛羅倫斯接受藝術教育。他被吉羅拉莫的布道打動，後來也成了聖馬可的修士，他的壁畫在教堂裡與安傑利科的作品隔空相對。

　　吉羅拉莫的成功已經驚世駭俗，但是能否長久呢？當時的「憤怒者」越來越多，羅馬教廷也變得愈發不安。又一場大瘟疫的降臨幫了反對者們大忙。我們可以在《羅莫拉》（Romola）中看到相關內容，《十日談》（Decameron）的作者、一個世紀前的薄伽丘也描述過那場嚴重的大瘟疫。來自教皇的打擊更加致命：教皇很清楚，只有封住吉羅拉莫的嘴，才能破壞他的聲望，因此宣布將他逐出教會，開除其教籍。命令傳至瘟疫流行的佛羅倫斯。整個執政團徒勞地懇請教廷的豁免；他們致信教皇，有禮有節地為薩佛納羅拉的人品和清白辯解，保證他絕對服從羅馬教廷；如此嚴重的處置辦法不僅打擊了他本人，特別執政團在城市危難之際削除他的一切權力後更會大受責難。那封信沒有回音。聖馬可的院長接著致信歐洲各國國王，抗議教廷的不公命令，提議召開宗教大會，那是他的夙願。你可能想知道，他為什麼要聽從命令呢？因為他並不想顛覆天主教的教義，而是要進行道德層面的改革。他是真心實意地接受教會的信條，即使在猛烈抨擊教會上層統治者的墮落的時候，他也不改初衷。這就出現了一個問題：如果教會的最高統治者的確十惡不赦，甚至是透過賄賂爬上寶座，那麼他還能算是真正的精神領袖嗎？他會服從真正的教皇的旨意，但絕不會聽命於道貌岸然的騙子。同時由於瘟疫肆虐，他也不可能拋棄那些垂死的

人民。他把門徒和天使少年團派往鄉間。「不要為我擔心，」他寫道，「上帝會幫助我的。」然後他又開始了隱修生活，並出版了《勝利的十字架》一書。最後，佛羅倫斯的執政團說服吉羅拉莫再次布道，可是羅馬方面表示，如果他再布道，就將開除整個佛羅倫斯的教籍；此時的吉羅拉莫知道，他的事業結束了。

西元 1498 年，一名方濟會修士受命來到佛羅倫斯與聖馬可的院長辯論（方濟會修士經常妒忌道明會修士）。薩佛納羅拉的朋友、莽撞的弗拉·多明尼克聽到此人布道後，感覺很不開心。他向薩佛納羅拉提出的挑戰是能否從烈火上走過以自證清白，任性的多明尼克馬上替導師接受了對方的挑戰。這一下熱鬧了：那些「憤怒者」們認為薩佛納羅拉或者他的朋友如果臨陣退縮，就會被人投擲石塊，大加嘲弄，不然的話他們就會被燒死；無論結果如何，對於方濟會修士來說都無所謂；另一方面，兩個教派的交鋒激起了平民大眾的熱情，無論是英勇赴死還是奇蹟出現，他們都想一睹盛況。只有我們偉大的修道士內心苦楚：「因為這些無情的紛爭，我們才擁有太過了不起的輝煌，」薩佛納羅拉說，「就讓我們端正地活著吧，那才是神明的真正審判。仁慈就是神判，奇蹟由信念而生。」我認為他是對的。

穿火神判的故事廣為人知。大捆的乾柴、火油和火藥碼放成巨大的方塊，中間留下狹窄的通道。吉羅拉莫曾努力制止那種極端的做法。多明尼克絕不退縮，他堅信一定會贏得挑戰。修士們列隊唱詩，陪著多明尼克和院長來到現場；但是方濟會修士卻不見蹤影。對方給出這樣那樣的藉口，就是不肯露面；接著提出其他的較量方式，多明尼克都欣然接受，然後又多次派人傳話給市政廳。佛羅倫斯人耐心等待著對方前來挑戰，接著暴風雨淋溼了憤怒的人群；然後又是不停的拖延推諉。最後執政團下令，「不會有穿火挑戰賽了。」

你或許希望這是吉羅拉莫的勝利；如果事實如此，你真是太不了解一群暴民的脾氣了。他們本來是來看熱鬧的；人們不滿的情緒逐漸鬱積，加

上那些道明會反對者們的故意煽動，他們把怒氣發洩到了在場的道明會修士們，吉羅拉莫險些沒能全身而退，勉強擠過人群才回到聖馬可。

第二天又是一年的復活節前的棕枝主日。照例講道的薩佛納羅拉一定想到了另一群暴民的行徑，他們先是呼喊讚美主的「和撒那！」，接著因為情緒相互感染，很快騷動起來，又喊出了「釘死他們！」並圍在修道院外高聲咒罵了一整天。薩佛納羅拉手持耶穌受難像，一度想走出門去，任由他們處置，卻被修道士們阻止了。到了夜裡，聖馬可教堂外吼聲雷動，他和多明尼克被逮捕並押送到市政當局那裡。他們努力搜捕弗拉‧西爾韋斯特羅未果。薩佛納羅拉臨行前，對修道士們做了交代，有人進行了記錄。他說，「孩子們，我們的敵人已經占領了修道院，我在上帝面前向你們布道。我的智慧來自天國的上帝，沒有絲毫的欺瞞。我沒想到整個佛羅倫斯都在反對我。可是上帝的意志必將實現。這就是我的遺言。你們一定要有耐心、信念和虔誠之心。」他就這樣離開了修道院。方寸大亂、膽戰心驚的西爾韋斯特羅爬出藏身地，發現導師被抓走後，鼓起勇氣，主動向當局自首。

薩佛納羅拉在佛羅倫斯被關押了一個月。教皇派來三名特使主持對異端的審判。流傳下來的審訊口供是令人心碎的。他不斷受到酷刑折磨——「期間要用若干天時間才能弄清很多基本問題」。對於生性敏感、容易激動的他來說真是難以承受之苦，繁瑣的審訊程序令人不寒而慄。又一次被剝去衣服準備受刑時，他尖叫道，「上帝啊，饒恕我吧！佛羅倫斯的當權者啊，給我做個見證，我不認罪是因為懼怕酷刑折磨！」

「為什麼？」審訊者問道。

「啊！不要這樣折磨我！我會痛痛快快地講實話，一定一定！」

「那你為什麼不認罪啊？」

「因為我瘋了。」他們把捆綁的繩索放鬆一些。「我一看見刑具就不能自已。」薩佛納羅拉開始哭泣，「和言語不多的人共處一室時，我說話會更自如。」當時的場景真是慘不忍睹。第二天他又受到折磨。一個人受刑結

束後往往產生感激之情，他走過廣場，反覆唸誦著《使徒信經》，平靜而勇敢地走向死亡。

聖馬可教堂裡有一幅當代繪畫作品，上面繪有秩序井然的觀眾，火刑用的柴堆，吊起他們三人的支架和行刑臺，三個人都被吊起並燒死在那裡。西爾韋斯特羅的面孔得到了美化。一名審判官替修道院院長致辭：「此人不僅要在全世界復興失落的信仰，而且要傳播自己富有的知識。」

雖然薩佛納羅拉死了，他的事業得以繼續。那位科利特先生開始在英格蘭宣揚他的思想。米開朗基羅來到他生前修道的地方哀悼。巴爾托洛梅奧當了修士，他的繪畫水準也有了提升。300 年間，每到 5 月 23 日，鮮花都會撒滿他受難的地方。薩佛納羅拉的心願是人人向善，並教人向善，追求真知。

今天的參觀者可以走進聖馬可大教堂，徜徉在潔白的走廊中。條條走廊看起來更像在救濟院裡的一樣，此外一切都保留著一貫的樸實風格；你可以看到穀倉般的屋頂，百葉窗封閉起來的窗戶，還有橡木地板和一個個狹窄的隔間；和以前一樣，每面牆壁上都有安傑利科（Angelico）筆下的基督或聖徒們的形象，依稀能透出彩虹般的光彩。走廊的盡頭通向最後一處房間。那裡是吉羅拉莫・薩佛納羅拉的房間，裡面沒有壁畫，只有一把椅子，一張桌子，粗糙的櫃子，一間苦修者穿的剛毛襯衣，一串念珠，幾本書和他的一幅肖像畫。我承認，對名人的遺物一般不感興趣，可是那個地方卻令我感動。所有的一切都原封未動，好像他一直生活在那裡一樣。人們不禁會想起那些不幸的往事，心緒難平。我不希望任何人陪伴，更願意獨自走進那個房間，去感受那裡的一切。

第五章
米開朗基羅
MICHAEL ANGELO

　　現如今，聽到許多藝術話題是我們的不幸。閒人聚在一起便會高談闊論，都說藝術能使人變得高貴，淨化心靈。事實上，就像很多其他東西一樣，藝術既是很好的僕人，也是很壞的情婦。藝術本身絕不會給人帶來多大的成就。要培養對美好事物的熱愛無疑不錯，而且愛美和研究美的過程中產生的思想可以把潛藏在頭腦中的某些低級思想驅逐出來，可能有助於使人脫離低級趣味；但是與愛美之情共存的還可能是極度的自私自利，冷酷無情，甚至是邪惡墮落。過於依賴藝術容易使人變得非常麻木，對善良、樸實、純真和謙卑等人類最基本的思想感情無動於衷，這種後果是很嚴重的。我認為英國人通常沒有受到錯誤藝術思想的誤導；可是所有那些對美的造型、色彩和聲音很敏感的人都會承認他們必須抵制美的誘惑。米開朗基羅不僅是藝術家，也是一個普通人，他對生活的艱辛有切身體會，也受到各種困擾。他是一個很嚴肅的人，因為從來不允許自己被藝術蒙蔽雙眼，而是牢牢掌握社會現實，所以他的一生雖然不幸，卻是高尚可敬的，我們同樣應該注意到這一點。

　　西元 1475 年 3 月 6 日，米開朗基羅．博納羅蒂（Michael Angelo Buonarotti）出生在貧窮卻又高貴的紳士家庭。據說這一家族源自義大利北部的卡諾莎家族，和那裡的伯爵算是親戚。而卡諾莎家族不承認這一層關係；但是後來米開朗基羅的聲望驚動世界的時候，卡諾莎公爵又驕傲地吹噓起他們之間的關聯。雖然人們都會選擇體面和榮耀，但是也願意在面子上鍍上不朽的光輝。成為卡諾莎公爵已經很不錯了，可是同時又是米開朗基羅的堂兄弟則好上加好了，好比借助天才之火可以取暖，但不必忍受其耀眼的光芒。

　　米開朗基羅的父親住在托斯卡納區的卡普雷塞，他的母親在途經阿雷佐的夜裡倉促間生出了這個孩子。阿雷佐最有名的是純淨稀薄的空氣，據說那裡非常適合偉人的誕生。孩童時的米開朗基羅被送出家門，交給一名石匠的妻子照顧，所以他在大塊的白石頭和滿是雕鑿聲的環境中長大的。小時候他流露出當雕刻家的理想，父親先是付之一笑，可是一想到紳士的

兒子要當石匠，他的自尊心受到極大傷害，因此對兒子進行了無情恐嚇，試圖打消其荒唐念頭。兄長們也因為這個自降身分的衝動欺負他。

最後，決心已定的男孩還是設法達成心願，並進入佛羅倫斯的畫家基蘭達奧的工作室學習。當時在佛羅倫斯掌權的是麥地奇家族；家族的首腦羅倫佐大人的宮殿和花園裡裝飾著很多藝術品，家中的迴廊和畫廊裡滿是名畫、古董、珠寶、稀有的金屬器物和刺繡珍品。羅倫佐慷慨地把這些地方向所有那些時常出入各家藝術工作室的年輕人開放，米開朗基羅也因此來到這裡學藝。

米開朗基羅是一個喜歡爭論的孩子。正是在佛羅倫斯，他和另一名學生發生爭吵，臉上挨了一拳，鼻梁骨被打斷了，所以變成了一副外表冷酷、飽經風霜、近乎嚇人的面容。那張臉讓人過目不忘，突出的眉骨更是給人深刻印象，顧相學家認為那是藝術才能的所在；詩人丁尼生在《悼念》（In memoriam）中也提到過他那特殊的顴骨，「……看到他那非凡的眼睛上有著米開朗基羅的眉脊（第 87 首）」。

在基蘭達奧的畫室裡，米開朗基羅表現得缺乏耐心，無法容忍，粗暴和偏執的個性就像他的面孔一樣明顯。他看到另外一名學員正在端詳一張紙，老師已經在上面勾畫出了人物頭像，便說，「不應該那樣畫」，然後用自己的鉛筆在那張紙上描出更清晰的線條。我們或許認為米開朗基羅是對的，老師是錯的，但是敢在老師的畫上動手腳就顯得不太謙虛了。這種令人討厭的性格伴隨了他的一生，在他的言談中經常出現傲慢和無禮。有一次，他聽到有人稱讚聖喬瓦尼教堂的精美銅製大門時，一邊比劃著一邊說，「不錯，它們堪比天堂之門。」

14 歲時，米開朗基羅雕刻出了一件東西。那是古羅馬神話中半人半羊的農牧神的形象，面目鮮活自然，前額的頭髮在頭頂上的羊角旁分向兩側，下身長著一雙羊腿。藝術家通常用輕鬆自如的手法表現那些神話人物的神態，要麼在專注地吹著長笛，要麼扭頭看著身後的什麼美妙場景。佛羅倫斯的偉大統治者羅倫佐看到這件雕塑作品後，驚嘆於它的精細程度和

想像力，便輕鬆優雅地和年輕的雕刻師開起了玩笑。身邊的米開朗基羅凝神屏氣地聆聽著大人的品評：「你看看，這些奇妙的怪物不能總是年輕的嘛，誰都會變老的；他們應該有抬頭紋，腿腳不穩，牙齒也會鬆動。」實際上面帶笑容的雕像露出的牙齒又緊密又好看。羅倫佐不顧米開朗基羅的感受，大大咧咧地擦身而過。

接著發生了一件在現實生活中很少見卻又很精彩的小插曲，既滿含激情又非常令人同情。簾布在羅倫佐身後關閉後，年輕衝動的米開朗基羅手持木槌衝向他的雕像。為了彌補粗糙的手法，他在雕像的額頭和下頜雕鑿出連續的線條，在眼睛周圍刻上了魚尾紋，最後又在上頜部位下起手來，一擊之下敲掉一顆牙齒，留下的縫隙讓雕像的臉上顯現出難以描述的滄桑感。據說羅倫佐對米開朗基羅的表現很欣賞，把他請到家裡和自己的孩子們一起培養，直到 4 年後，正值鼎盛時期的羅倫佐突然去世。

失去贊助人的米開朗基羅只好自謀生路。羅倫佐的繼任者皮耶羅不太關心藝術，他像羅馬的第三任皇帝卡利古拉（Caligula）一樣荒唐，不懷好意地安排米開朗基羅做雪雕。這是任何頭腦清醒的藝術家都難以接受的一項任務。他在義大利北部遊歷。每名旅行者必須在波隆那花一筆錢得到一塊紅蠟封印，右手拇指上要帶著封印才能進城，否則會受到處罰。精神恍惚的米開朗基羅忘記了這件事，如果不是一位好心市民相助，替他交了罰金，他就會被關進監獄了。他在那座黑暗險惡的波隆那城駐留了一年，那裡有很多風格怪異的塔樓。為了取悅主人，他利用每晚時間誦讀義大利詩人們的作品。他的嗓音粗獷獨特、深沉渾厚、富有表現力。

據說他在此間完成了一座愛神丘比特的雕刻像，並且半開玩笑地答應經銷商可以自行處理。經銷商用損毀做舊的手段，使得雕像看上去像真的古董一樣，然後賣了出去。騙人的把戲被人揭穿後，經銷商只好退錢了事，但是買主 —— 聖喬治教堂的紅衣主教邀請米開朗基羅來到羅馬，製作俯身哀悼死去耶穌的聖母像。如果現在踏入聖彼得大教堂，在右手邊的第一個小禮拜堂裡，我們就能看到這座名為〈聖殤〉（Pieta）的雕像。這是

他的代表作之一，上面是一對金屬的飛翔天使，在聖母的頭頂上方手持青銅王冠。凡是看過雕像的人，都不會忘記耶穌那沒有一絲生氣的肢體和緊閉的雙目，死亡撫平了眼睛周圍那些因為痛苦留下的皺紋，雙手無力地下垂著；沉浸在絕望悲痛之中的聖母臉上略帶一絲憂傷，好像那一劍刺穿了她的心。完成這一作品時，米開朗基羅只有 25 歲。

米開朗基羅從羅馬回到佛羅倫斯，開始創作〈酒神巴克斯〉（Bacchus），一改其天神的歡快形象，而是把他塑造成一位若有所思的覺醒者。他的藝術生涯極具傳奇性，有很多不可思議的故事。比如在佛羅倫斯的廣場上，有一塊不規則的巨型大理石，很多雕刻家試著把它刻成雕像，結果都失敗了。獨具慧眼的米開朗基羅發現石頭裡面潛藏著一尊不朽的神像，所以要一試身手。得到批准後，他在石頭四周搭起高大的圍擋，然後開始信心滿滿地動手了。錘子在大理石上舞動翻飛，不像在雕鑿石像，倒好似在揭開一層層的面紗一樣。他雕刻出來的便是代表作〈大衛像〉（David）。這座巨大石像仍然安放在佛羅倫斯。由於石料自身的局限，我們可以在大衛頭部後面看到一處不順眼的地方，那正是為了遷就材料原有的不規則的形狀，同時他的右肩膀不夠豐滿，局部的比例略顯失當。

此時的米開朗基羅已經名聲大震，備受關注。在新任教皇儒略二世（拉斐爾曾為其畫像）的邀請下，他只得領命前往羅馬。最初二人是要好的朋友，後來教皇命他為其設計宏偉的陵墓，需要用很多雕像和淺浮雕裝飾。這項浩大的工程沒有按計畫完成，但是它的 7 座雕像正對著梵蒂岡聖彼得大教堂，其中有 3 座出自米開朗基羅之手。居中的雕像是著名的〈摩西〉，也是當時唯一能代表他的創作思想的作品。為了完成陵墓雕像，米開朗基羅不得不親自前往卡拉拉的採石場採購大理石，脾氣火爆的藝術家需要付出極大的耐心去與人周旋。後來，他曾告訴朋友，因為急於完成任務，差一點就忍不住當場掄錘鑿起來了。人們在梵蒂岡和米開朗基羅的工棚之間特意修了一座橋，教皇本人經常來探望藝術家，時不時對他的技藝大加讚嘆，也會提出一些建議和批評。無論如何，我們都能想像得到兩位

脾氣火爆、專橫傲慢的人每天見面後，結果必定是激烈的爭吵。為了一塊剛剛運達的大理石料，米開朗基羅要一天三次去求見教皇。「大人很忙，沒法見你」，侍從卻攔住了他。等到第三次求見遇阻時，就連旁人也開始感到不理解。「你知道擋在門外的人是誰嗎？」那人質問道。侍從回答，「我很清楚，可我只能奉命行事。」

這一次米開朗基羅徹底失去了耐性，一氣之下回到住處，變賣所有財產，整理好行李後又僱了幾匹馬，準備不聲不響地連夜趕回佛羅倫斯。啟程不到兩個小時，風聞此事的教皇大人馬上派出一隊人追趕，可是先行一步的米開朗基羅及時越過了邊境線。很快，不下 5 名信使帶著教皇的信來到邊境小鎮，交到在小旅館落腳的米開朗基羅手裡。怒氣未消的他不為所動，拒絕回到羅馬。教皇又接連三次親自寫信懇求他返回，但是米開朗基羅故意報復，依然不理會。當時的情景真是夠奇怪的，當時全世界至高無上的的精神領袖，有權廢立君主的教皇，竟然屈就去懇求一位卑微的刻石匠，而且遭到回絕。最後二人還是和解了，教皇前往波隆那迎接藝術家的歸來，暗示米開朗基羅可以體面地接受對方的和解條件了。米開朗基羅也來到波隆那，進到宮殿裡跪倒在教皇面前道歉。

「你竟敢不來迎候我們，反倒等著我們上門迎接大駕啊」，教皇儒略陰沉沉地說道。米開朗基羅卻跪在那裡一言不發。

幸好一位大臣不明白二人的心態，冒冒失失地打破了當時的尷尬局面，「您一定要原諒他，大人，」他說，「這種人都是無知的可憐蟲，除了雕蟲小技，簡直一無是處。」

教皇一聽此言怒火迸發，對奉承者吼道：「你才是無知的東西，你懂什麼！」然後伸出手讓雕刻家親吻。

摒棄前嫌後，米開朗基羅按照教皇的命令，在教皇的家鄉波隆那，為其製作了一尊青銅塑像。看到塑像有一隻手向前伸著，教皇感到不解，屬聲問道，「我這是在賜福還是在詛咒啊？」「都不是，陛下」米開朗基羅回答，「那表示著您在警告臣民要守規矩；大人手裡是不是想拿點什麼東西

呢？」「肯定是一本書吧？」「不行，不能拿書，必須手持利劍，證明您不是文弱書生。」在完成教皇雕像的過程中，儒略派了兩位教會高官做監工。一位查看過工程的高官評價是「澆鑄得很漂亮」。米開朗基羅聽到後很生氣，他認為用「澆鑄」這個字眼是在貶損他的藝術作品，稱那兩位尊貴的教士是一對「死板的笨蛋」，並且毫不留情地把他們趕出了工作室。他們向教皇告狀，後者只是冷笑一下便把問題閒置起來——他還不至於因為言語的冒犯再次干擾雕刻家的工作。世事難料，這座儒略塑像後來被熔化並鑄成一尊加農炮，名叫「朱利亞諾」大炮。

提到當今社會的破壞性趨勢，我們會想到被推到拆毀了的歷史古建築，而修復古蹟的那些人其實是在蓄意毀滅文化藝術。可我們該如何評價教皇儒略呢？正是他信手毀掉了康斯坦丁大教堂。那可是信仰的發源地，有很多恢弘的大理石圓柱，就像林蔭大道兩旁的樹木一樣高大莊嚴，襯托出教堂的雄偉氣勢。正是教皇的御用建築師伯拉孟特的嫉妒心，提供了米開朗基羅再次出名的機會。伯拉孟特顯然擔心米開朗基羅會取而代之，所以說服儒略，讓米開朗基羅接手另一項任務，為教皇新建的西斯汀禮拜堂繪製穹頂畫。

西斯汀禮拜堂是梵提岡的一座小教堂，其牆壁和天頂的石頭有意修造得很平整，沒有任何的雕鑿和裝飾，目的就是要用壁畫進行裝飾。在四面牆壁上，下面被精心粉刷成 12 英尺高的金色和猩紅色的掛毯，圖案繪製的很複雜；之上各有 6 幅壁畫，都是當時在世的大藝術家的作品。頂棚和東面牆壁上的壁畫正出自米開朗基羅之手。

伯拉孟特認為米開朗基羅只不過是雕刻家，如果他敢在繪畫上一試身手，那麼結果只會讓他顏面掃地，失去教皇的信任。可是事情的結局大大出乎伯拉孟特的預料。

西斯汀的任務非常艱鉅，工作量浩大。在 40 英尺寬，接近 60 英尺高的牆面上完成的巨幅畫面，其難度可想而知，而且教堂天花板的寬度雖然相同，長度卻是牆壁的兩倍！

　　儒略最初希望用油畫形式裝點牆壁和頂棚。米開朗基羅很生氣，認為那是「哄小孩子用的」，最後說服教皇接受了溼壁畫形式，就是在牆面的灰泥未乾時用水性顏料繪畫。這種技法對畫家的要求很高。他不滿助理的工作，開除了他們，獨自完成了穹頂畫〈創世紀〉（Genesis）。多年後他又在教堂東牆上完成了史詩巨作〈最後的審判〉（Il Giudizio Universale）。陰鬱的畫面格調攝人心魄，極具震撼力，有上千個人物形象，中央是審判人類的基督，高高在上的天堂不甚清楚，底下則是一群正準備被拖下地獄受煎熬的迷失者，他們的面孔和肢體因為痛苦變得扭曲。

　　這幅肅穆可怕的壁畫也有一絲怪異的幽默成分。有一天早上，米開朗基羅正在工作，而前來視察的一名教廷官員在旁邊開始自以為是地指指點點。米開朗基羅埋頭描繪著畫面右下角地獄之火中的人物。官員一轉身，他就在那裡畫了一個很像官員的人物。官員很快識破了藝術家的把戲，跑去教皇那裡告狀。「我管不了，」教皇幽默地說，「如果是在真的地獄裡，我的權威還有點作用，可是如果是在他的畫裡，我可幫不了你了。」

　　穹頂畫〈創世紀〉的場景取材於《舊約全書》，介紹了人類祖先的故事。恢弘的畫作需要日復一日地仰面勞作，不停地把膠畫顏料塗在穹頂上。米開朗基羅經常受到各種干擾。教皇總想查看一下工作的進展，然而藝術家的脾氣卻針鋒相對。他說，「您若打開那些帷幔，我馬上離開羅馬。」教皇只好尊重他的意願，聽之任之。教皇第一次看到畫作時，對整體灰暗的色調很不滿意；他更喜歡金碧輝煌的效果，至少畫中的人物應該放出金光。「教皇陛下，」米開朗基羅回答，「這些人都是普通人，他們才不會穿金戴銀呢。」

　　儘管期間經歷了多次中斷，但是〈創世紀〉歷時 4 年終於得以完成，米開朗基羅也因此確立了著名畫家的地位，甚至蓋過了著名雕刻家的聲望。

　　我們現在不會把米開朗基羅看做技藝高超的畫家，因為他從來沒有掌握色彩的運用。他在造型構圖方面有獨到之處：在創造亞當的場景中，他

不需要色彩便充分表現了畫面的主題。畫中的上帝正從旋風中伸出手要觸碰慵倦的亞當，因為從未見過光明，同時有了全新的意識，亞當似乎產生了眩暈感。米開朗基羅沒有繪製任何背景，只有形態模糊的石脊和樹影，所有的注意力都聚集在人物身上，而且我們會覺得他畫出了雕塑的神態和質感，或者只是讓人誤以為那是高處的雕塑形態。

　　此後不久，偉大的教皇儒略去世了，米開朗基羅也返回佛羅倫斯，並確信可以自由自在地生活在那裡。他在一間宮殿裡有自己的小書房，現在仍然保持著當初的原樣，布置得很簡樸，掛著一兩幅畫，粗糙的大書桌像工人的操作臺一樣，留有當時刻畫和敲打的痕跡；明淨的陽光一定是從左側照射下來的，因此手臂的陰影不會落在紙面上。牆壁上陳列著拐杖一樣的粗製物品，後人稱之為腕杖，畫家的手倚在上面可以變得更穩定。米開朗基羅的佩劍也掛在那裡。

　　瓦薩里[38] 在 60 歲時這樣描述雕刻大師米開朗基羅：

　　「我曾經見識過米開朗基羅的技藝，他在一刻鐘能完成 3 個年輕力壯的雕刻師幾個小時的工作量，光看他腳下飛濺下來的石屑就知道了。如果不是親眼所見，幾乎沒有人會相信。他的工作狀態顯得衝動暴躁，急不可耐，我擔心大理石塊會隨時被砸碎。心中的創意和靈感就像火焰一樣炙烤著他，這位了不起的雕刻家落下的每一錘都迸發出激情和怒火，而雕像正等著他剝去外殼現身。」

　　正是在佛羅倫斯生活的這段時間，教皇克萊孟七世（Clement VII），就是當時的樞機主教朱利亞諾・麥地奇，聘用米開朗基羅修建聖羅倫佐教堂裡的麥地奇家族陵墓。這項工程堪稱米開朗基羅最宏大的作品。羅倫佐和朱利亞諾分別是教皇良十世的兄弟和姪子，他們一身羅馬戎裝的紀念雕像現在依然安放在兩座雕花大理石棺上。佛羅倫斯的一名權臣無端反對把他們雕刻成趨同的模樣，因為他們的形象確有差異。米開朗基羅得知後，用他一貫的方式給予了回擊：「再過 50 年，你認為還有誰會在乎已故君

---

[38] Vasari（1511-1574），義大利畫家、美術史專家。

主的模樣呢？」每座紀念碑上都斜臥著兩個雕像，位置正好在陵墓的山牆上，主題分別是〈晨〉、〈暮〉、〈晝〉和〈夜〉，非常符合每一個夢想家的不朽形象。其實米開朗基羅本人沒有定下這些名字，雕像的作用是盡力美化陵墓，具體的形象如何並不重要，它們更像受困靈魂的不同化身，內心的思想重壓難以言表，表現出苦悶、彷徨、痛苦和疲憊的神情，正如詩人華茲華斯所說，那些思想藏在淚水不及的最深處 [39]。我們可以從雕像緊鎖的眉宇間和深邃的雙眼中讀出藝術家心中的不安和困擾，他想要解開很多謎團，包括自己的確切身分，激情四射的短暫人生，以及捉摸不定的未來。

佛羅倫斯進入了動盪時期。市民們驅逐了長期統治佛羅倫斯的麥地奇家族，也經歷了 30 年前偉大的宗教改革家薩佛納羅拉營造出的極端環境，而且紅衣主教團推選薩佛納羅拉成為宗教國領袖。市民們也忘不了宮殿門上神聖圖案所代表的強大力量，所以在決定國家命運時，1,100 名參加表決的市民中，只有 18 人投下代表反對成立宗教政權的白色豆子。

麥地奇家族為了奪回佛羅倫斯，一直在集聚力量，並在西元 1529 年兵臨城下，不惜武力相逼。

米開朗基羅成為當時的工程師，負責在聖米尼亞托教堂的高處建造防禦工事，而他的藝術家天性也能在那裡展現出來。修工事一定會破壞建築物，米開朗基羅唯一沒有拆毀的是一家修道院的前廳，因為那裡有繪畫大師安德烈亞・德爾・薩爾托新做的壁畫。根據記載，他用大捆的羊毛包裹大炮以減少震動，目的是保護一座瀕臨坍塌的古代塔樓，因為它的精美造型世代為人讚嘆。

佛羅倫斯後來被麥地奇的軍隊攻陷，所以米開朗基羅被迫躲藏了一段時間，這對於一向我行我素的人來說無異於痛苦的煎熬。好在當時的社會崇尚藝術，王公貴族們爭相贊助畫家、雕刻家和能工巧匠，麥地奇家族也不願和世界聞名的雕刻大師發生衝突。因此，米開朗基羅再次拋頭露面後，掌權者沒有任何表示。有人認為他為了顧全體面，正式接受了麥地奇

---

[39] 參見華茲華斯的《不朽賦》（*Ode: Intimations of Immortality*）

的統轄，那也是當權者對他提出的唯一要求。後來米開朗基羅又到了羅馬，據說新任教皇保羅三世如此歡迎他，「我找你找了 30 年，現在如願以償了。」米開朗基羅成為聖彼得大教堂的建築師，負責建造圓頂部分，但是此後的生平卻沒有什麼記載。他的一些十四行詩流傳於世，主要寫給維托麗婭‧科隆納公主，二人的友誼是藝術家孤獨不幸的人生中少有的慰藉。米開朗基羅和忠實的僕人烏爾比諾情同父子，後者的亡故對他的打擊很大，幾乎使他失去了生活的勇氣。據說一次意外事故也加速了他的生命歷程：他在鷹架上滑了一跤，腿部嚴重受傷，直到去世也沒有痊癒。按照他的遺願，人們將他安葬在佛羅倫斯的聖十字教堂。站在陵墓旁的任何人都可以透過門看到對面大教堂的圓頂。

　　米開朗基羅的生命走到了終點，他的一生就像苦行僧一樣，沒有幸福快樂，但是洋溢著激情和義憤，這也成為藝術創作的源源動力，所以同時代的藝術家當中，很少有人能超越他，更不要說著名的拉斐爾了。拉斐爾的藝術風格恬淡清雅，不像米開朗基羅的那樣感情豐富，反而卻受到追捧，成為繪畫名家。詩人但丁認為，一些人主動選擇悲劇式的人生，不願意追求幸福，米開朗基羅就算一個。他一定感受到了自己心中的狂放思想在奔騰不已，那些輝煌壯美的創意始終找不到表達的突破口。相比之下，我們這些自私渺小、平庸鄙俗的人根本不能用凡人的標準和尺度去評判他。另一方面，我們產生卑微感的同時也會有些許的安慰，因為米開朗基羅在他的最後一首十四行詩中承認了這一點：他為之真情付出的其實都是浮雲和虛無的東西，但是他也從中學會了傾聽神性的召喚，學會了透過黑暗看清十字架上基督的指引，並來到創造了世間一切美好事物的造物主的面前。

第六章
嘉祿・鮑榮茂
CARLO BORROMEO

——著名聖徒、樞機主教、
米蘭大主教、義大利的偉大伯爵

如果聖人輩出的時代成為了歷史，我們一定會有很多感到遺憾的理由。然而我們不喜歡「聖人」這一稱號。如果用它稱呼我們身邊的熟人，那是一種大不敬的做法：我們很難定義什麼樣的人可以算作聖人，或許古猶太教的法利賽人（Pharisee）才配得上聖徒的稱謂，但是他們都標榜墨守傳統禮儀，所以給人偽善的印象。我們所指的聖人品格應該不拘小節，這種人應該拒絕因循守舊，或者不願與他人同流合汙，他們的目的不是為了獨善其身，而是要用自己過人的純潔和正派感化別人。總之，一個好人有可能因其善良品性而顯得十分獨特、卓爾不群。略加思考就會發現，我們對聖人的了解往往流於表面，對聖人頭銜的蔑視也不是發自本心。我們不希望那些大徹大悟、至善至美的人自輕自賤，認為自己不值得擁有那個必須長期奮鬥才能贏得的虛銜。

有人認為基督徒的出現給世界帶來的不是和平，而是戰爭，所以真正的聖徒和老於世故的凡人之間總是存在著對立和敵視，他們的觀念難以調和。無論地位多麼卑微，聖徒的理想是追尋上帝的意志並親身實踐，而那些試圖征服世界的人們則認為世間的失敗和挫折根本不能證明那是上帝的力量，可是想要取得輝煌的功績，和所有人打成一片，能夠左右逢源，這正好證明了這樣的人不可能是真正的基督徒。如果要成為真正的基督徒，有時候他必須犧牲信條，必須謹言慎行，雖然克制衝動很痛苦，但是不能為了一時的娛樂肆意調侃和妄加議論。如果想要真正獻身基督教，他的選擇不會一帆風順，因為十字架的分量有時候讓人不堪重負，戴著荊棘編成的冠冕必定輕鬆不了。

西元 1538 年，亨利八世王朝的末期，嘉祿・鮑榮茂[40]出生在義大利倫巴底區的阿羅納古堡。那裡位於馬焦雷湖畔，旁邊是廣闊的草原，一直延伸到遠處的樹木和丘陵，其間胡泊散布，北方地平線可見阿爾卑斯山的高峰。

鮑榮茂降生在名門望族，不僅父親吉爾伯特伯爵的家族歷史悠久，而

---

[40] Carlo Borromeo，也被譯成卡羅或卡爾洛，對應的英語姓名是 Charles 查理斯。

且母親更是來自顯赫的麥地奇家族，與哈布斯堡家族[41]和韋爾夫家族[42]一樣對歐洲歷史產生過深遠影響。麥地奇家族在佛羅倫斯統治了近一個世紀，法國王室與其聯姻結盟，托斯卡納也曾歸麥地奇管轄。在羅馬教廷，教皇克萊孟七世和庇護四世都出自麥地奇家族，據說前者對英格蘭的宗教改革運動發揮了重要作用。麥地奇家族的輝煌歷史很難簡單概括。我們之所以提到這一點，不僅是因為嘉祿·鮑榮茂在個性上更多繼承了麥地奇家族的特徵，而且他的地位也更緣於和教皇之間的親緣關係。

編年史家說，西元1538年10月2日夜，有人觀察到阿羅納堡的城垛上出現異常的閃光。那天晚上，吉爾伯特伯爵的第二個兒子出生了。

首先，我們需要了解一下歐洲當時的社會背景。鮑榮茂出生的年代正逢亨利八世王朝的末期。英國已經進行了宗教改革，也就是說，一個很重要的國家擺脫了教皇的控制。馬丁·路德依然在世，不顧羅馬天主教廷的阻撓，在德國四處布道，主張每個人都應該得到《聖經》，那裡面包含了基督徒應該知曉的一切內容。他的傳教活動猶如星火燎原，世界為之而動，因為人們已經飽受教會的欺壓。面對即將掌控不了的德國和已經脫離管轄的英國，束手無策的教皇就像《天路歷程》（*The Pilgrim's Progress*）裡的人物形象一樣只會無奈地啃著指甲。為了解決路德傳教的問題，教皇便

---

[41] 哈布斯堡家族為德意志封建統治家族。其主要分支在奧地利，祖系日耳曼人中的一支，最早居住在法國亞爾薩斯，後來向東擴張至瑞士的阿爾高。11世紀初，由於該家族的主教史特拉斯堡的維爾納建立鷹堡（哈布斯堡），其家族即以哈布斯堡為名。統治時期從西元1282年起一直延續到第一次世界大戰結束，是歐洲歷史上統治時間最長、統治地域最廣的封建家族（據估計可能達到8個世紀）。西元1273年，哈布斯堡家族的魯道夫一世被選為神聖羅馬帝國皇帝（1273-1291在位）。西元1438年開始神聖羅馬帝國皇帝由哈布斯堡家族世襲。西元1918年奧匈帝國解體，哈布斯堡王朝的統治結束。

[42] 韋爾夫家族，在義大利被稱為圭爾夫家族。德國的傳統貴族世家。在歷史上的不同時期，該家族的成員曾先後是士瓦本、勃根地、義大利、巴伐利亞（拜恩）、薩克森、不倫瑞克-呂訥堡公國（漢諾威）的統治王朝；家族成員不倫瑞克的奧托曾為神聖羅馬帝國皇帝（西元1209年加冕）。從西元1714年起，家族的一個分支成為英國王室（漢諾威王朝）。

提出在提洛地區的特倫托召開大公會議。那裡現在歸屬奧地利，當時正是中立區，既不屬於義大利，也不是德國領土。特倫托大公會議始於1545年，20年間不定期召開了幾次。它的重要性在於，大會做出的決定基本上排出了新教各派與羅馬天主教會統一的可能性，除非羅馬教廷願意放棄會議定下的基本原則。新教信徒主張依靠《聖經》完全可以實現一個人的救贖，不需要羅馬的那一套專制體系。特倫托會議堅持認為，僅研究《聖經》是遠遠不夠的，教徒同時還要必須堅守教會的傳統和戒律，即使存在與《聖經》的教義互相矛盾的地方也無法變通。羅馬天主教會堅持把會議定為一統基督教世界的最權威的大會，但是實際情況並非如此。英國、瑞典；丹麥和德國境內信奉新教的州郡，以及包括俄羅斯在內的東正教國家，都沒有出席會議。

童年時的嘉祿‧鮑榮茂性情沉穩，少言寡語，個性謙和，不善社交，長相很英俊，並且痴迷音樂。父親看出了兒子的興趣所在，決心加以干涉，並讓他進入教會學習。嘉祿接受了剃髮修行的待遇。羅馬天主教牧師的獨特標誌就是頭頂上那塊圓形的剃髮痕跡，這也經常成為年輕人忠於未來事業的保障。

從華特‧司各特的小說以及其他冒險題材的作品中，我們可以大致了解中世紀城堡裡的生活狀態，裡面好像充滿了歡樂和新奇刺激。我們會想到經常遠征探險的騎士，城堡廳堂裡的歡歌宴飲場面，還有行俠仗義的使命感，這些體驗顯得無比高尚純潔。可是實際情況卻相差甚遠。那裡的生活狀態非常艱辛和落後，其程度遠超過我們的想像。當時的人們絕對沒有接觸到在19世紀備受重視的舒適生活和隱私觀念。城堡的女主人住在高高的塔樓上的一間閨房裡，那裡視野開闊，能俯瞰外面的森林和田野，她可以和子女們生活在那裡。城堡的頂層房間是男主人及其家人使用的起居室。其他所有人則在下面過著喧鬧粗放的生活，很少能享受到像樣的住宿待遇，只能胡亂睡在地板或桌子上。底層的大廳就是公共起居室，地板上鋪著秸稈或乾草，堆著骨頭之類的餐食垃圾，還有四處亂竄的貓狗們，所

以根本沒有供人讀書學習的條件。我們無疑會厭倦過分的胡鬧和太多粗俗的娛樂活動，除了經常進行格鬥演習、打獵、酗酒或者肆意說笑之外，再沒有其他正經事可做，難免令人厭惡之情。根據記載，嘉祿的童年過得很不舒服，伯爵之子也免不了成為別人冷嘲熱諷和作弄的對象，但是他沒有退縮。米蘭的一位老神父曾到訪城堡，聽到嘉祿的親屬們抱怨這孩子的沉穩個性，都說他缺乏男子氣概後，說道，「你們可不要小看他，要知道他將成就一番偉業，會替我們改革教會。」嘉祿後來證明老神父所言不虛，即便他身上有什麼缺陷，一定不乏實實在在的勇氣和膽量。那時候，家境不錯的孩子如果想在教會發展，能得到教會的優待和供養。嘉祿十二歲時，一位叔叔把阿羅納附近的聖格拉蒂亞諾修道院院長的職位讓給了他。年幼的嘉祿當然無法履職，但是他很老成地告訴父親，希望把從修道院得到的大筆收入捐獻給鄰里的窮人。精明的伯爵巧妙地讓兒子達成所願。有時候，經濟緊張的父親會故意從修道院院長那裡借出一大筆錢，用來支付手下武士們的報酬，更樂於看到院長兒子如何一絲不苟地提出還錢的要求。16 歲時，嘉祿被送到帕維亞大學。一些人在大學裡求得學問，而更多的人只不過找到了墮落的途徑。年輕富有的嘉祿被人推到一個喧囂躁動的世界裡，脫離了他人的關照和提醒。離開家鄉等於脫離苦海，雖然保持著純真，卻沒有討得新世界的歡心。他在帕維亞大學給人留下了呆板嚴肅的印象，從未得到別人的關注。接著嘉祿的父親去世，兄長弗雷德里克繼承爵位，並一直生活在阿羅納。父親的死令嘉祿忐忑不安。儘管年紀不大，但是他必須自己處理所有的事務，同時還要努力完成學業，所以不堪重負的嘉祿患上了嚴重的肺病，朋友們都以為他撐不過去了。雖然從病患中康復，但此後他的身體一直很虛弱，一直到晚年時才徹底擺脫了咳嗽的折磨。他認為，有節制的生活習慣使他戰勝了疾病，所以「鮑榮茂主教療法」成了眾所周知的禁慾的代名詞。西元 1559 年，教皇保羅四世去世，嘉祿的舅父、若望·安傑洛·麥地奇當選新任教皇，取名庇護四世。新任教皇熟知嘉祿的個性勤勉堅韌，所以派人把 22 歲的外甥召到羅馬工作。

儘管嘉祿的資歷很淺，還不是一名正式的神父，但是他突然間有了米蘭大主教和紅衣主教（即樞機主教）的身分。當時主教級別的神職人員不必住在他的主教座堂裡，所以嘉祿在羅馬買下一座宅邸，並且進行了華麗的裝飾，甚至參加世俗的娛樂活動，但是他表現出年輕人少有的莊嚴氣度和彬彬有禮的儀態。面對紛繁複雜的大千世界，他依然保持著簡樸嚴謹的生活方式，工作起來十分勤奮，經常看望和關心城裡的窮人，尤其喜歡走進流浪者當中，一視同仁的態度讓那些社會棄兒感到奇怪。嘉祿也開始布道，但是很快意識到自己是一個不善言辭、優柔寡斷的人，因此感到十分苦惱。嘉祿搬到羅馬不久，他的兄長結婚了，可是幾個月之後卻突然亡故。他們二人感情深厚，人們看得出來，嘉祿無法承受兄長離世的沉重打擊。此外，嘉祿還要接替哥哥成為新的阿羅納伯爵，承襲家鄉的所有產業，這令他更加難以應對。教皇獲悉後，告訴他應該返回阿羅納生活並在那裡娶妻生子，所以必須放棄教會的工作，因為他已經是一家之主了。嘉祿私下裡向一位主教朋友求助，並偷偷地受戒，成為全職牧師。這樣做是不可挽回的，一旦受戒就將終生獻身教會了。教皇和其他親屬都非常生氣，可是嘉祿回答說他有權選擇自己的新娘，那就是教會。他們極力阻斷嘉祿與朋友們交往，尤其是引導他誤入歧途的那位神父。嘉祿的應付手法相當幽默，他派人在街邊修了一條祕密通道，穿過一道平拉門就可以直接進入自己的房間，因此那位神父便可以悄悄拜訪他了。

　　我們一定不要武斷地認為特倫托會議沒有任何積極作用；大會吸納了一些建設性的意見，其用意是努力促使神職人員加強修養，遠離世俗生活，提升精神境界。嘉祿‧鮑榮茂非常支持這一意向。實際上，正是由於他要出席，才使得教皇在西元 1562 年重啟會議。年輕的鮑榮茂大主教親身示範，主動捨棄自己的宮殿，堅持不配備奢華的僕從隊伍，堅持簡樸勤勉的生活方式。雖然不會為自己贏得聲望，但是他經常夜訪羅馬的各家教會，加強各方面的連繫。他希望成為真正的聖人，而不是徒有虛名的偽君子。

　　嘉祿一直希望能去米蘭，和自己的教民生活在一起，那樣才能更好地履行主教職責。主教們的工作主要由助理代理，這是當時的慣例。教皇絕不允許他最喜愛的外甥離開自己的視線，所以嘉祿只得依照其他人的做法，選派了最得力的代理人前往米蘭。

　　那時的米蘭在世俗化程度上可能僅次於羅馬，有詩為證，「他們的心中自有理想國」。米蘭人的墮落絕不僅僅由於世俗享樂和邪惡欲望的腐蝕，而且深陷其中的人們常常能認知到所有的不幸和痛苦，皆由他們自己犯下的罪孽造成，但是米蘭人卻仍然熱衷音樂和美術，喜歡華麗的場面和宏偉的建築，如果想扭轉世風、解決問題，真是難上加難。僅從米蘭的城市面貌就可見一斑，那裡到處彌漫著各種生活享樂的氣息；陽光好像永遠在普照著大地；豪華的大主教的會堂有數不清的大理石尖塔，本應是上帝聖龕所在的大教堂更像童話裡的神仙宮殿。在這種社會風氣下，與救贖十惡不赦的罪人相比，教化世人的任務顯得更加艱難。根據《聖經》裡的說法，稅吏先於法利賽人得到耶穌的指點，而多行不義之徒好像要比嚴守戒律的人活得更好；基督徒們要比那些名利場的管家們更接近真理，可是他們的負擔沉重。

　　身為樞機主教的鮑榮茂對此非常清楚，因為無法面對面地對抗各種惡行，只能依靠助理代行其職的他感到心情愈發沉重。

　　最後教皇勉強放行，嘉祿便從羅馬動身，一路上拒絕王公貴族們的獻媚討好，向北緩慢前行。他更願意住在安靜的牧師住所，也樂於接受普通人的款待，經常同他們一起禱告，了解和體察民情，並且明智地保持著謹言慎行的作風。身為位高權重的米蘭大主教和樞機主教，當他穿過凱旋門入城時，民眾彙集在街道旁向他歡呼致敬，為他撐起華蓋的都是米蘭城中的權貴，其中就有阿爾布克爾克的老公爵大人。見面伊始，他和大主教便成為摯友。

　　就在 6 年前，嘉祿還在帕維亞學法律，此時他年僅二十八歲。假如採取迎合放任的態度，他知道自己一定會受到各界的歡迎。他已經擁有了財

富、健康、人格魅力和至高權位，可是有人這樣記錄他來到米蘭後的第一次禱告——他將恪盡職守，不會在意任何人的讚譽，更不懼怕任何人的指摘。嘉祿這樣主持禮拜日的布道，「我很願意在受害之前和你們吃這逾越節的筵席。」[43]，要是他也能像耶穌那樣展望未來就好了，他一定能預見到自己將來的命運。

嘉祿用樸實無華的言辭警告米蘭人，要小心自己犯下的罪過。他的話產生了作用。據說來到米蘭的第一個禮拜日晚上，可憐的罪人們圍在大主教住所周圍，想要懺悔卻不知從何說起。因為主教舅舅病危，剛剛在米蘭開始正常生活的嘉祿又被召回羅馬。教皇臨終前，鮑榮茂一直守在床前，並在羅馬逗留了很久，直到選出新教皇。人們沒有看到那根著名的煙囪冒出煙霧時，便知道選舉沒有結果，所以都彙聚在聖彼得大教堂外，聽取來自露臺上的口頭通告，「我向你們宣布特大喜訊，我們選出了教皇」，他們獲悉吉斯萊烏里成為繼任教皇，號稱庇護五世（1566-1572）。選舉結果是明智的。所有進程一結束，嘉祿立即觀見新教皇，請求返回米蘭教區。「羅馬不能沒有你」，教皇回答，但是感動於他的誠懇，最後答應放行。

米蘭的主管教區地域龐大，覆蓋著從威尼斯到熱那亞的廣大地域，甚至包括瑞士的部分地區；教區內共有 2,000 名教士和 600,000 信徒。由於當時的交通條件所限，實際的管理區域顯得太大了，即使對於今人而言也非易事。在米蘭城中有一座屬於大主教的宅邸，嘉祿只做了很簡單的裝飾，賣掉了羅馬家中收藏的精美繪畫，並把得來的錢資助窮人。他的生活簡樸，經常布道和撫恤疾患之人，從來不拒絕任何人的求助。雖然米蘭的教區主教堂是一個令人生畏的場所，但是有一條大道貫穿那裡，中午時的嘈雜聲讓人覺得彷彿置身擁擠的商業街。嘉祿設法恢復了大教堂的莊嚴和肅靜。接著他遊歷了教區各地，即使最偏遠的山區教堂也不放過，那裡的牧師們驚訝地迎接大主教的到訪，他們從未見過品級如此之高的人物，更不用說面前的大主教還是謙謙君子。嘉祿主要靠雙腳步行完成巡視。有一

---

[43] 參見《新約聖經‧路加福音》（22:15）。

次，他必須橫過山間的溪流，需要擺渡人把他背到對岸。見到河水過於湍急，那人變得慌張起來，中途放下主教大人，自己游到了岸邊。嘉祿也只好艱難地游過河去。後來擺渡人被找了回來，並帶到主教面前，戰戰兢兢地聽候發落。嘉祿先付錢給他，然後平靜地說，「沒關係，你已經盡力了。」又有一天，他和朋友們在一個村子裡走散了。他們四處找尋，發現他正坐在一戶人家門前，和蜷縮在身邊的一名小乞丐攀談著。嘉祿回到米蘭後，遇到了最棘手的麻煩。他試圖在米蘭施行一番改革，結果卻失去了人心。兼任著米蘭公爵的西班牙國王菲利普二世派人傳過話來，說大主教無權干預他的政策，可是嘉祿置之不理，繼續推行改革。當時的階梯教堂（Della Scala）有一群墮落透頂的教士一心要和嘉祿作對。嘉祿派人規勸他們改過自新，可是他們卻以張狂無禮的方式做出回應。嘉祿在掌旗官陪同下，騎著騾子親自去對付那群教士。教士們衝出來，首先摔倒掌旗官，並鳴放火繩槍，對準的雖然不是大主教，卻向他手持的耶穌受難像開了火，目的是恐嚇大主教。從來沒有怯懦過的嘉祿從坐騎上跳下來，鄭重其事地宣布開除他們的教籍。那些教士窮凶極惡，寫信向菲利普告狀；可是教皇堅決支持樞機主教鮑榮茂，他們只好屈服。一項卑鄙歹毒的計畫接著出爐了。有一群號稱「無恥教士團」的傢伙和階梯教堂的那些教士一樣腐化墮落，嘉祿也勸誡過他們要改過自新，所以他們就密謀刺殺大主教。

其中的三個人一起制定了行刺計畫，教士法里納（Farina）答應獨自下手，以換取 40 克郎的酬勞。在當時，這可是一大筆錢，但是沒人知道到哪裡弄到賞金。他們最初想謀殺修道院的司庫，而且已經把繩索帶進教堂，為的是在司庫跪下禱告時勒死他。然而，他們因為沒有膽量實施計畫。後來，他們決定闖進布拉的一所教堂，去搶劫那裡的金庫。法里納得到那筆錢後一走了之，肆意揮霍賞金。直到錢快要花光了，他才下定決心完成既定任務。西元 1569 年 10 月 26 日，法里納在長袍裡藏了一支火繩槍，潛入大主教府邸的小禮拜堂。那裡每天對民眾開放幾個小時。沒有打扮成教士的法里納設法移動到距離嘉祿不足 2 公尺的地方，而此時的嘉

祿正站在祭壇上。唱詩班正在輪唱這句讚美詩 —— 這是記載中的確切時間：「你們心裡不要憂愁，也不要膽怯。[44]」法里納從披風裡抽出搶，穩穩地瞄準後開火了。槍膛裡裝填了彈丸和一個大鉛塊。根據事後的報告，唱詩班立刻停止歌唱，有人看見受傷的大主教跪正伏在地。眾人衝向祭壇一探究竟，但是嘉祿直起身來，並示意他們退回原地。法里納趁亂逃脫了。事後嘉祿對朋友說，他當時猜想自己受到了致命一擊；但是他堅持跪在那裡直到儀式結束，然後走回他的寓所。人們發現那顆彈丸擊中了脊背上的長袍刺繡鑲邊，留下一塊黑色痕跡後掉落在了地上，後來在祭壇上找到了彈丸。可是鉛塊卻穿透衣服，造成很深的瘀傷，多年以後，直到嘉祿去世，那塊依然清晰可見。

大主教遇刺事件對米蘭人產生了神奇的影響：原來的一致反對變成了普遍的同情和敬佩。菲利普二世致信阿爾布克爾克公爵，要求他閒置自己的法令，完全遵從樞機主教鮑榮茂的意志。第二天，米蘭的官員探望了大主教。嘉祿對來訪者均以禮相待，懇請他們不要搜捕那名刺客，因為他難逃上帝之手。不肯善罷甘休的教皇派洛迪主教到米蘭全權調查刺殺案。得知刺殺陰謀出自「無恥教士團」，就開除了他們的教籍，那家修道院也被改為他用。法里納曾經進入薩伏依公爵的幕府，後來被捕並處以死刑。如果不是嘉祿說情，另外兩名同謀者也會落得同樣下場。

同一年，米蘭城發生大饑荒。嘉祿傾其所有進行救濟。他變賣了自己的傢俱、衣服和書籍 —— 因為那些珍貴的藝術品早已賣光了 —— 耗盡家財後，只好向米蘭市民求助籌款。民眾們主動慷慨解囊。嘉祿借此在 7 個月的時間裡，維持住了 2,000 多人的生活。最後米蘭終於迎來了糧食大豐收。由於長期的緊張焦慮和無休止的操勞告一段落，嘉祿的健康開始惡化。朋友們懇求他去看醫生，好好照顧自己的身體。可是他笑著說，自己其實沒有那麼重要。西元 1572 年春，嘉祿的咳嗽和高燒發作。患病後足不出戶期間，突然傳來的消息使身體虛弱的大主教深感驚愕和悲痛，教

---

[44] 參見《新約聖經‧約翰福音》（14:27）。

皇庇護五世在 5 月 1 日去世了。繼任者會是誰呢？何人能取代為人誠實謙和、忘我工作的傑出的庇護五世呢？嘉祿不顧醫生的命令，從病床上掙扎起身，在教區大教堂裡主持了悼念布道，然後躺在擔架上前往羅馬弔唁——過於虛弱的身體使他受不了騎乘勞頓。鄉間純淨的空氣好像恢復了他的精神，同時也有一件滑稽事發生。隊伍中領頭的一匹騾子身上馱著瓶瓶罐罐和幾隻箱子，裡面裝著各種治病的藥丸和藥水，都是從各種稀奇古怪的原料中提煉出來的。符合要求的藥物成分應該是對人無害的，但是良藥大多苦口難咽，令嘉祿苦惱不已。這頭騾子在過河時絆倒了，藥瓶子在石頭上撞碎，藥匣子也順水漂走了。嘉祿見此情景開懷大笑，說那真是天意，他再也不用吃那些藥了。嘉祿到達羅馬後，教廷進行了 3 天的研究磋商，最後推選樞機主教邦肯帕格諾為新教皇，被稱為葛利果十三世（1572-1585）。選舉結果出乎嘉祿的預料。他沒有想到摯友葛利果會當選，欣然接受了新任領導人。他們之間的私交可能對選舉有一定影響，但是嘉祿從來不認為裡面有任何不當之處。新教皇就任後，嘉祿的第一個要求是請辭一切個人職務，僅保留了主教一職。教皇雖然提出異議，但是不得不批准。

　　返回米蘭途中，嘉祿又遇到了新麻煩。死對頭們大概覺得失去了已故教皇的強力支持，嘉祿也就沒有了靠山，現在他一定不會像過去那樣得勢了。路易士·德·雷奎森斯被任命為米蘭總督。他和嘉祿是朋友，希望他們能攜手治理好米蘭。不幸的是，更熱衷名利的總督大人認定了主教已經不得人心，所以開始處處掣肘教會，惹得主教十分不滿。他規定，宗教集會需要地方官在場參加，否則就是違禁；藉口距離邊境太近，強占嘉祿的阿羅納堡，最後委派一隊騎兵去保衛主教的家園，其用意是軟禁主教鮑榮茂。雖然防範措施嚴密，但是衛兵們沒有難為過主教，也沒有限制他的行動自由，每次見到嘉祿，都要下馬並跪倒在路旁行禮，直到主教遠去才起身。甚至路易士總督本人也被主教打動，所以在兩年之後，他在臨終前寫信向鮑榮茂道歉，真情實意地懇求對方的原諒。

　　我們的故事要接近尾聲了。西元 1575 年正逢羅馬天主教會的大赦之年，全民歡慶。嘉祿‧鮑榮茂帶著幾名隨從微行至羅馬，依靠農家和小村莊的微薄收入維持生計。回到米蘭後，可怕的消息傳來：曼圖亞和威尼斯爆發了大瘟疫。那是來自東方的一種可怕的傳染病，即使對現在人而言，瘟疫的具體症狀和致病源都是一個謎，而當時的義大利人更是束手無策。現在，可能是因為我們掌握了足夠的衛生知識和原則，大規模的瘟疫似乎在西方世界消失了。奧地利的約翰親王在希臘的勒班陀打了勝仗後，途徑米蘭時進城駐留。夏日的天氣很舒爽，人們都出來歡迎這位貴客，全城一派喜慶氣氛。突然間，城區的兩片地方爆發嚴重的疫情。約翰親王為了遠離疫病，趕在破曉前離開了米蘭。前來赴任的新總督安東尼奧‧德‧古斯曼此時剛進入倫巴底區，聽說情況後，如驚弓之鳥般直接返回了西班牙；有實力的人都在設法逃離米蘭，分散躲避到山間農場和鄉村地區，希望透過隔離方法和乾淨的空氣來救命。嘉祿正在洛迪探望那裡來日無多的主教，聽聞疫情後匆忙趕回米蘭。一路上，他遇到很多從城裡跑出來的人，只有他自己是去米蘭的。人們有充分的理由擔心，16 世紀時的米蘭爆發過三次瘟疫，最後一次造成半數以上的居民喪命。嘉祿不聲不響地開始工作，召集那些堅守崗位的當局人員，修復了城外破舊的聖葛列格里奧醫院。深謀遠慮的大主教照顧好米蘭人的身體後，又開始安撫他們的靈魂。人們見他不分晝夜地穿梭在街道間，艱難地履行著沒完沒了的職責。醫生說他無法承受繁重的工作，一定會被壓垮的。「那就壓垮我吧，」嘉祿這樣說，工作起來更努力了。城中不斷出現可怕的景象。成堆的腐屍無人埋葬，死屍當中的垂死者在無助地呻吟著；街道上燃起熊熊大火；人們都行色匆匆，面容陰沉，路過某一戶人家時會聽到痛苦的尖叫聲，不詳之感令他們膽戰心驚。嘉祿的堅強一如往常，他也是所有救援者中最為積極活躍的人。他的天性精細敏銳，自如面對任何苦痛或不幸，好像有一股鮮活的力量始終支持著他。唯一讓他惱怒的是，手下的助手們只知一味苦幹，根本不顧感染疫病的風險，或者不採取任何預防措施。饑荒接著又席捲全

城，之後是嚴冬來臨。米蘭的工廠作坊全部停工，服裝奇缺。嘉祿找出自己所有的布料，把全部的毛皮和袍子剪切開來，然後一一分發出去。一天，他找到幾大捆的布匹，向人打聽那是做什麼用的。有人告訴他，那些布是進行列隊儀式時鋪在教堂地面上的。3 天內，那些布匹都被改成披風和斗篷，專門救濟最貧苦的人。

7 個月後，瘟疫如同來時一樣神祕地結束了。嘉祿布道時提到，「原來人丁興旺的城市，現在是一片蕭瑟。」他表示懺悔和難過，願意接受上天的懲罰。只有他有權說出那番話。很少有人知道，此後直到生命的盡頭，他都在用自我懲罰的苦修方式贖罪，每天睡在光板床上，再也不嘗肉食，無論天氣多麼寒冷，也不會生火取暖。我們相信嘉祿的這些做法很荒唐。他誤以為苦修能感化上帝。實際上，這種自我修煉針對的是高尚思想的薄弱環節和缺陷。那些服侍上帝的平庸之人根本不能如此苛求自己。我們現在可能認為沒必要做苦行僧，因為我們一天都無法忍受那種生活，但是那些多年堅守信條和戒律的人，仍然值得我們景仰和欽佩。

嘉祿與敵對者的抗爭沒有終結。就在大齋節的第一個星期日，用於靜心齋戒和懺悔的最神聖的一天，米蘭人蜂擁至大教堂參加禮拜儀式。嘉祿幾乎一整天都沒有離開教堂，滴米未進地連續主持聖餐禮和誦經講道，與所有求助者交談。總督安東尼奧決定挑釁到底。他在廣場上舉辦了一場競技比賽，聽到嘉祿在布道時，又派了一對號兵進入教堂門廊，企圖用號聲淹沒主教的聲音。這一次民眾的情緒完全倒向了主教，人們普遍對總督恨之入骨。卑鄙可憐的安東尼奧在幾週後死去，嘉祿看望了行將咽氣的總督，非常大度地原諒了他。大主教嘉祿可以說是眾叛親離的安東尼奧僅存的朋友了。

西元 1584 年，儘管嘉祿飽受腿疾之苦，但是給周圍人卻奇怪地發現主教好像生活得很輕鬆愉快。有一天，嘉祿不顧 7 月的酷暑，在簡易的布帽子上又戴上了大主教的禮冠，一名教士建議他脫掉。「戴不了多久了」，嘉祿回答，人們事後還記得他的笑容。10 月分，嘉祿突發高燒 —— 此時

他正在出生地阿羅納 —— 他突然宣布一定要去米蘭，這令朋友們吃驚不小。他的病情每分每秒都在惡化，凌晨兩點才終於抵達米蘭。第二天的情況稍有好轉，朋友們表示不願意看到他死去；但是嘉祿已經不再留戀人世間的一切，只說了一句，「願主的旨意行在地上」。按照當時的習慣和嘉祿的遺願，人們給他穿上粗麻布衣，讓他躺在象徵著最後懺悔的灰燼上。痛苦的嘉祿時不時陷入昏迷。晚上八點鐘，深度昏迷幾個小時的嘉祿甦醒過來；守護者們聽到了再也不願聽到的聲音 ——「看！」嘉祿說出這個詞後就去世了。米蘭大教堂的鐘聲向全城傳遞著一位聖徒的死訊，所有人都感到驚愕和悲痛。嘉祿享年 47 歲，人們都感到十分可惜。他的付出沒有任何實際的回報；我們也沒能看到他的理想實現。他捨棄了自己的一切，包括所有的房產、土地和世人苦苦追求的大筆財富，全身心地投入神聖的事業，除了痛苦和迫害，幾乎毫無所得。但是他繼承了偉大聖徒的品格，也履行了對天主的誓言。他畢其一生追隨上帝，得到啟示後大徹大悟，所以這樣的人一定不會留有任何遺憾，因為他配得上聖人之名。

第七章
法蘭索瓦・德・芬乃倫
FRANCOIS DE FENELON

—— 天主教大主教、康布雷公爵

有些人能始終綻放出神奇的魅力之光，但是在現實生活中，這樣的人卻是鳳毛麟角，更多的只存在於虛構的情節中。他們容易受到當權者的器重，或者成為王公貴族的座上賓，一旦長時間沉浸在功成名就的光環之下，如果拋開單純的個人魅力，他們的人格感召力和人生準則的純潔性遲早會喪失殆盡，他們的人生也將流於平庸，進而失去引領時代進步的號召力。這樣的人包括英國歷史上的白金漢公爵和樞機主教沃爾西等人。如果坎特伯里大主教托馬斯‧貝克特沒有偏離早期的人生道路，他也應該屬於此類人等，因為他有堅定的意志，勇於堅持原則，為了達到目的甚至不惜冒犯昔日好友，所以很值得我們的仰慕。我們今天要敘述的人物則屬於那種至純至聖的偉人，他的境界高不可及，他的人生軌跡更是我們無法複製的。他在以下三個方面能夠做到有機的統一：首先，這種人擁有非凡的魅力，能贏得所有人的熱愛和崇拜，無論是王公大臣，還是老幼婦孺，都會折服於他們的個人魅力；第二，他們正直可敬，能夠坐懷不亂，不畏強權，所以任何威逼利誘都不可能動搖其心志；第三，他們的偉大之處還在於謙虛樸實的人品。我們不得不相信，這樣的人就是上帝創造的完人。

關於芬乃倫（或費內隆）的個人成就，其實沒有什麼令人不滿和惱火的地方：他沒有刻意鑽營，甚至極力躲避，但是成功卻自然地跟隨著他。芬乃倫身上的仁慈和謙恭毫無虛假的成分，他的善良和仁厚也沒有一點遭致牴觸的地方。至於他的缺點，更不必輕描淡寫，可是我們很難發現他有什麼毛病。芬乃倫出身法國古老的貴族家庭，有很多著名的勇士和主教出自他的家族。他的本名叫法蘭索瓦‧德‧薩利尼亞克，父親是伯爵龐斯。英國的查理一世被處決兩年後的西元 1651 年，芬乃倫出生在佩里戈爾的芬乃倫城堡。他的母親是伯爵的第二任妻子，生下兒子時伯爵年事已高。芬乃倫小時候柔弱乖巧，同父異母的兄長們比他年長很多，都已經踏入社會，所以他經常留在家裡，並格外受到父親的寵愛。12 歲時，芬乃倫進入卡奧爾的一所大學，不久又到巴黎求學。期間父親去世，他被過繼給叔父，也是一位侯爵。芬乃倫天生應該進入教會：身體狀況不允許他成為家

族裡的又一名勇士。憑藉其人格魅力和早熟的聰慧，15 歲的芬乃倫開始得到外界的關注，因此老侯爵開始擔心孩子會被寵壞了。事實上這種擔心是多餘的。芬乃倫的個性發展全面均衡，優越的家庭環境沒有使他養成傲慢或自私的品性，而是塑造成寬厚大方的人。

決定投身教會後，芬乃倫轉至聖敘爾皮斯會的一所學院，設想著到加拿大進行傳教工作。芬乃倫的叔父薩拉主教極力反對此事，致信學院的院長特朗森，希望借助他的影響力勸說年輕人留在家鄉。院長的回覆是：

「我一直在努力勸阻您的姪子，強烈要求他做事要穩妥；可是我發現他很固執，他的決心已定，而且沒有自私自利之心。我想盡各種辦法也說服不了他，而且我認為粗暴壓制他的強烈意願是不合情理的。他能堅持己見，下定決心追求個人理想，他的思想境界高尚純潔，值得我們敬佩。」

芬乃倫親自面見主教叔父。叔父說他的態度雖然強硬，但是身體還不夠強壯，無法勝任異域傳教的任務，要求他服從安排，在法國為教會工作。

儘管很失望，芬乃倫還是聽從了叔父的指示，返回聖敘爾皮斯，並在那裡接受教職。學院歸屬相應的教區，所以學生能熟悉實際的宗教事務。負責的神父朗格特為人樸實忠誠，所住的房間裡只有一張簡陋的床和兩把草編的椅子。他和當時其他的神父沒有任何不同，但是據說每年經手分發的捐贈款物價值高達近 40,000 英鎊。芬乃倫在聖敘爾皮斯教區工作了一段時間，再次嘗試說服叔父撤銷以前的決定，依然無果。後來芬乃倫成為小規模兄弟會「新天主教徒」的負責人，為其發展潛心付出。此時巴黎的總主教是野心勃勃、世故圓滑的德哈雷，他的生活奢華，喜歡有地位、容貌出眾、能力出色的年輕人，而芬乃倫則具備這一切。德哈雷希望芬乃倫能長時間在他跟前效力，可是芬乃倫卻不願意出風頭，更喜歡做幕後工作。他經常接觸的人只有波舒哀。這位有名的莫城區主教是當時非常了不起的傳教士，他用大量時間精心準備布道活動。據說在 3 個月的休假期間，波舒哀答應去布道，後來又回絕了，理由是沒有足夠時間做準備工作。

　　德哈雷對波舒哀心存妒忌，而芬乃倫在他面前絲毫不掩飾對波舒哀的偏愛，所以逐漸失去對這位年輕牧師的好感。有一次，德哈雷公開對芬乃倫說，「你好像不願意出人頭地，那別人就會把你遺忘。」德哈雷拒絕任命任何職務給芬乃倫。直到西元1681年，芬乃倫一直得不到總教區的供養，完全依靠侯爵叔父維持生計。後來薩爾拉教區的主教把他安排在多爾多涅省卡倫納的一家小隱修院工作，每年能有幾百英鎊的收入。芬乃倫寫信給堂弟，談及自己棲身卡倫納的可笑經歷。附近的農民熱情接待他這位來自巴黎的人物，當地軍隊用步槍齊射的禮儀歡迎他。芬乃倫說，「我騎的馬性子烈，一聽到槍聲就發起脾氣，差一點跳進河裡。我只好下馬步行。」當地負責人的歡迎辭滔滔不絕，「他先把我比做太陽，」芬乃倫說，「過一會我又成了月亮，最後所有明亮的星星都有幸成為我的象徵。後來提到了世間萬物的根本和天上的流星，最後講到上帝創造世界的不朽壯舉才結束演講。為了和西沉的太陽保持同步，我也只好回到住處休息了。」

　　這期間，芬乃倫為朋友、博維利耶爾公爵夫人寫了一本名為《論女子教育》小冊子。這本書本來無關緊要，但是它引發的反響使得芬乃倫進入大眾視線。芬乃倫被任命為勃根地小公爵的家庭教師。這個孩子是法國皇太子的長子，祖父正是國王路易十四。此間國王派他向胡格諾派教徒布道。因為國王廢止保護法國新教的《南特詔書》，這些人已經處於暴亂狀態。芬乃倫出色地完成了使命，國王因此任命他為普瓦捷教區主教。可是對立的德哈雷橫加干涉，說服國王改了主意，所以在西元1689年，芬乃倫成為小公爵，也是王位繼承人的導師。

　　當時的皇太子愚笨木訥，波舒哀曾擔任其導師，但是人們普遍認為他的教導沒有成效，應該有所調整。除了芬乃倫本人，他的摯友博維利耶爾公爵也一同受命教導小皇子。芬乃倫時年38歲，人們對肩負重任的他十分好奇。我們可以轉述一下他的同代人的一些評價。

　　「芬乃倫神父長得又高又瘦，體態勻稱，面色蒼白，長著鷹鉤鼻子，目光犀利，英氣外露，他的獨特面容讓人難忘，他身上融合了莊嚴和熱情

的品性，即嚴肅又溫文爾雅，同時學識深厚，散發著神聖的光輝和雍容的氣度。他的個性鮮明，人們都傾慕他的文雅、智慧、魅力、謙遜，尤其是他的高貴特質。你的目光很難從他身上移開。芬乃倫始終能表裡如一，言行一致。坦蕩恬靜的芬乃倫絕對能感染周圍人，他的言談優雅不俗，只有經常和上流社會交往的人才能培養出那種超凡的風度和品味。芬乃倫天生能言善辯，言辭精美典雅，即善解人意又不失禮節和分寸；說起話來從容明確、和藹可親；善於深入淺出，透澈分析。此外，芬乃倫從來不會在對方面前故作聰明，而是平易近人地與人交流，所以大家都感到放鬆和愉悅。他的吸引力太大了，人們開始離不開他，對他產生絕對的信任，都願意一直追隨著他。正是這種常人不及的天賦和品格，所有的朋友都和芬乃倫建立了維繫終生的牢固情誼。」

年幼的勃根地公爵的教育重任託付給了這位芬乃倫。我們再看看同樣的史學家對小皇子的評價。聖西門說，「這位小公爵生性暴躁易怒，令人生畏。他的脾氣火爆，每當鐘聲響起，提醒他必須完成討厭的功課時，他會變得怒不可遏，用砸壞計時鐘的方式加以抵制。另外，他對所有那些於身心不利的東西有著強烈的喜好。他最擅長譏諷和挖苦人，能夠犀利地捕捉到事物的不合理之處，然後不留情面地加以辛辣銳利的攻擊。身心的不成熟又加劇了這鐘傾向，使他變得更加衝動易怒，所以早年間根本不能學有所成。小王子開始自暴自棄，隨心所欲地滿足個人欲望，並且養成了極其傲慢自負的性格。另一方面，每當情緒的暴風驟雨平息後，恢復理智的他就像變了一個人。他會正視自己的毛病，有時候會承認錯誤，悔悟之心強烈得近乎發狂。他的思想活躍，頭腦敏銳，目光犀利，勇於挑戰困難。如果有奇蹟出現，那麼憑藉著專注奉獻和寬仁之心，本可以在短時間內把他塑造成全新的一個人。」

人們在 7 歲的小王子身上當然看不到什麼美好的前途。上面的史學家又說他冥頑不化，沉溺於美食、打獵和音樂，熱衷危險遊戲，同時又喜歡爭強好勝。他傾向於殘忍的做事手段，自視高貴，蔑視他人，另類不群。

他同樣看不起那些親兄弟，即使生活環境相同，也認為他們是凡人俗類，只不過存在一層血緣關係而已。

問題是芬乃倫應該採取哪一套教育方法？最終他做出最為明智的選擇。紅衣主教波舒哀說，「芬乃倫採用的教育方法就是法無定法。」他努力取得孩子的愛心和尊重，面對困難時採用靈活的策略和溫和的態度，注意隨機應變和施教的靈活性。

比如說，每當小王子心情好的時候，芬乃倫會寫一張留言紙條，一方面要逗孩子開心，同時提醒他避免犯錯。

「我們的梅蘭瑟能出什麼事呢？任何問題都不是外部原因造成的；一切煩惱皆源自內心。他過著稱心如意的生活；大家都在極力討好他。真的有什麼問題嗎？他暴躁易怒。昨晚上床睡覺時，全世界都為他開心。今早卻有人為他感到羞恥 —— 他一定在刻意掩飾躲避什麼。起床的時候，他因為綁鞋帶生氣，所以一整天都陰沉著臉。他讓別人驚恐不已 —— 真是可悲啊！他像嬰兒一樣大哭，像獅子一般咆哮。就像書桌上的墨水弄黑了他的手指，邪惡的烏雲遮蔽了理智；不要和他談論剛才喜歡的話題；雖然他以前喜歡過，可是反覆無常的他現在卻討厭起來了。以前嚮往的娛樂活動，現在卻讓他煩惱，所以必須遠離。有時候他會自我否定，自我憐憫，令人生厭。如果別人過得舒服，他就生氣。有時候他會像一頭瘋牛一樣對空發洩；如果找不到攻擊別人的藉口，他會和自己過不去，責備自己，貶低自己，灰心喪氣，假如有人來安慰他，又變得忿忿不平。他願意獨處，卻無法忍受孤獨。回到人群中又開始發脾氣。如果人們都不說話，他會感到惱火；如果人們悄悄私語，他認為那是在議論他；如果大聲講話，他又覺得吵鬧，不體諒他的煩惱；如果旁人面色嚴肅，他以為那是故意給他臉色看；可是一旦面帶笑容，他又認為他們在嘲笑自己。怎麼辦啊？不管他多麼難纏，人們只會老老實實地耐心等待，希望他明天能和昨天一樣好。他的情緒說變就變，飄忽不定。一旦爆發，就像出故障的機器一樣難以控制 —— 他的理智顛倒了。如果你督促他，他會故意顛倒黑白，蠻不講

理。有時候，自己那些極度荒唐的言行會不由自主地把他逗樂。儘管非常苦惱，他會因自己的肆意妄為而發笑。怎樣才能預知風暴、避風躲雨呢？沒有辦法。沒有哪位大師能預測壞天氣何時出現」。

「不管怎樣，因為虧欠某些人太多，或者是更喜愛他們，他可能會網開一面，手下留情。其實不然，一旦心血來潮，他不會放過任何人——他的矛頭會對準面前的一切，而且要變本加厲地對待首當其衝的人。如果惹他不高興，所有人都在劫難逃。他誰也不關心——也沒有人關心他；他經常受到刁難和背叛——他不會感恩任何人，對一切都無所謂。等一下，現在情況完全變了！他離不開大家，他愛別人也得到別人的愛，討好取悅那些不能容忍他的人。他能承認自己的過錯，嘲笑自己的荒唐，調侃自己的不當之處。自作自受的鬧劇結束後，我們可以想像他應該不會再發瘋了吧。哎呀！你又錯了；今天晚上，他便故技重演，明天又會不知悔過地自嘲。」

這是芬乃倫寫給小王子的《亡人的對話》中的內容，傳授歷史知識的同時，也能培養孩子分析歷史人物的能力。歷史學家菲利普·德·康明與法王路易十一世之間有過一次同樣著名的對話。在他的描述中，路易國王因為他講了很多不可告人的事情而加以嚴厲斥責。「難道那些事都不是真的嗎？」康明問。「是的，」路易回答，「我能不能閉口不談呢？」「您不應該說出來。」國王又說。康明則說，「您不那麼做就好了。」「假如我講述得有悖事實，那麼我就會相信那是子虛烏有的事；如果君主希望贏得好口碑，唯一法寶就是要行得端，走得正。」

此外，芬乃倫又整理出大批的寓言和傳說，在娛樂王子的同時傳授相同的寓意。《酒神和牧神》就是這樣的一則故事。酒神巴克斯正在橡樹下上課學習，農牧之神小弗恩一邊在樹旁窺視，一邊嘲笑天神的錯誤。「你膽敢取笑朱庇特之子？」巴克斯終於忍無可忍，發起火來。「朱庇特的兒子也敢犯錯？」弗恩回應道。

小公爵經歷過磨練後，開始得到良好的回報。10歲時，他已經閱讀了

一些賀拉斯、維吉爾、奧維德和西塞羅等古羅馬名家的作品；11歲時，他翻譯了凱撒大帝的《高盧戰記》（*Commentarii de Bello Gallico*），並開始翻譯塔西佗的著述。他在繪畫方面表現出色，熱愛音樂 —— 而且學習方法很科學 —— 並且喜歡欣賞美術和詩歌作品；但是過於活躍的本性使他很難專注於學習。他喜歡耍小聰明，總是急於求成，而不願意刻苦專研，精益求精。

克制自己的火爆脾氣是最為困難的事情。一旦小公爵心情不好，周圍的人都不敢出聲。如果沉默能化解他的發作，誰也不會和他說話；侍從們各個低眉順眼地小心服侍，好像不願目睹主人因暴怒而原形畢露。人們用一種近乎羞辱的憐憫方式對待他，那是面對精神病患者才會有的態度。據說一張有公爵簽名的紙條流傳下來，那是8歲的王子大發脾氣過後親筆寫的：

「我以王子的信譽向芬乃倫神父保證，無論什麼事，我都將立刻按照他的要求辦，無論什麼要求，我都將毫不遲疑地遵照執行；如果食言，我願接受大家的任何懲罰和羞辱。」

1689年11月29日於凡爾賽宮。

（簽名）路易

還有一份：

「路易，再次保證會更好地履行承諾，12月20日。我懇求芬乃倫先生讓我再努力一次吧。」

有一件事十分值得回憶。某一天，因為違犯紀律，芬乃倫不得不責罵了小公爵，而且嚴厲程度不同以往。公爵無禮地說，「別管我，先生；我知道我是誰，也清楚您的身分。」芬乃倫不再說什麼，此後一整天都不和公爵講一句話。氣憤之極的小公爵沒有道歉的意思。第二天早上，王子剛剛穿好衣服，芬乃倫便走進房間，極其嚴肅正重地說，「先生，不知您是

否記得昨天說過的話，您說您清楚我們各自的身分，但是我的職責是讓您認清自己的無知，其實您什麼都不懂。別以為比我高貴 —— 一些僕人可能跟您這樣講；但是既然您逼我，我必須毫不猶豫地告訴您，我比您更了不起。您一定知道自己的出身肯定沒問題，可是出身不會為您的人品加分。我的理解力和知識都比您高明，這是毫無疑問的，除了我教授的東西，您一無所知，而且您學到的只是微不足道的皮毛。權威方面，您根本管不了我，正相反，國王和您的父親已經交代清楚了，我享有管理您的所有權力。您可能這樣認為，我有幸得到這個宮廷教師職位，正是因為您自己的緣故。我擔任教師只是給國王面子，根本不是為了什麼王子導師的討厭的特權；您若不相信，我現在就帶您面見陛下，讓他另請高明，我希望有人能比我做得更好。」

現在小公爵對芬乃倫的愛戴已經無人能及了。他很少去見父親，卻和老師經常待在一起，親切慈愛的芬乃倫完全征服了他的內心。此外，儘管公爵的年紀不大，但是已經變得善解人意，能敏銳地感知旁人的心思了。假如倍受世人愛戴的芬乃倫棄王子而去，那就說明他真是不可救藥了，所以他非常在乎王室對自己的評價。他聲淚俱下地祈求老師的原諒，「先生啊，真是對不起，我為昨天說的話道歉……您要離我而去，別人會怎麼看待我呢？我向您保證，今後您絕對找不到斥責我的理由了，只求您別走啊。」

芬乃倫沒有給出任何許諾，他讓公爵忐忑不安地度過了一整天。最後，小王子的生母曼特農侯爵夫人出面說情，芬乃倫才答應留下。他再也沒有抱怨過：因為小路易信守了諾言。

小公爵天性中的邪惡傾向總要掙脫束縛，而嚴謹的宗教訓練巧妙地發揮了作用，除此之外，沒有什麼力量能戰勝他的心魔。從第一次聖餐禮開始，直至他走向人生終點，路易公爵從來沒有錯過兩星期一次的聖餐禮儀式。

路易十四始終懷疑芬乃倫的宗教信仰，在敵視芬乃倫的巴黎大主教的

慈惠下，國王吩咐波舒哀去審查小王子的受教情況，並了解一下他是否更換一名更開明的老師。小王子的進步令波舒哀很驚訝，也證明了他在王儲的教育方面的無能。德哈雷的不良居心因此沒能得逞。

宮廷教師的職位沒有讓芬乃倫名利雙收，雖然贏得了聲望，但是收入卻非常有限，而卡倫納隱修院的事務也不順利，他在那裡幾乎沒有任何收入。芬乃倫曾立下規矩，絕不會為了一己私利去求助他人，所以過了五年的清貧生活。他接受過堂妹拉爾瓦夫人的接濟，後來也逐步給予償還。芬乃倫覺得這是應該做的，做人必須堅持原則。後來國王發現了芬乃倫的窘境，安排他主持聖瓦勒利大修道院。西元 1693 年，芬乃倫入選法蘭西學院，象徵著他已經在文學方面有所成就。他成為曼特農夫人可信的朋友。在幾封現存的密信中，夫人曾催問芬乃倫自己有何缺點，他的回答細緻透澈，毫無奉承獻媚之意，直言她易受虛榮心和私利的誘惑。

西元 1695 年初，國王任命芬乃倫為康布雷大主教。他先是婉拒，理由是捨不得離開王子，接受新職不如做宮廷教師舒心。國王答覆說他也不想那樣安排，同時表示芬乃倫接受任命後仍然可以住在王宮裡。芬乃倫還是不能領命，認為國王的好意會使自己良心不安。我們一定記得當時的普遍情況，擔任大主教的人一般都不住在屬地，甚至根本不去那裡工作，而是指派一名代理人。芬乃倫擔心被人看成教會的腐敗一員，不願意離開個人的豪宅到外地工作。他認為自己無法在修道院裡履職，又不願意應付差事，只能拒絕領命。按照法律規定，大主教每年必須在自己的教區生活 9個月。國王設法消除了障礙，「其他 3 個月，」國王說，「您必須和我們住在王宮裡，在康布雷的那段時間，您同樣要承擔教導王子的任務，不管在不在眼前，我們都會聽從您的教育指令。」芬乃倫只好答應，同時辭去瓦勒利主教之職。國王對此更加奇怪 —— 說兼任無妨。然而，芬乃倫又一次堅持己見，只擔任康布雷大主教。西元 1695 年底，巴黎大主教德哈雷突然去世，很多人希望芬乃倫會接任這一職務。有資格的人選還有一位德‧諾瓦耶先生，最後國王任命了諾瓦耶。有人猜測芬乃倫因為擅自揣度

上意招來國王的不滿，否則他一定會成為巴黎大主教。

　　17 世紀基督教的神祕宗派寂靜教（Quietism）正在歐洲發展壯大。寂靜主義者的思想在一定程度上符合現今英國公誼會或貴格派的主張，但是他們對教派的信條進行了過度曲解。創始人莫里諾斯本來是善良虔誠的信徒，但是事情的發展出現了偏差，他的追隨者和愛慕者們在宗教改革運動中，非常粗暴地歪曲莫里諾斯的思想，他們傳播的思想和教義嚴重違背他的本意，有時候甚至架空了領導者，然後肆意妄為。就像開火車一樣，發動一場社會運動同樣不容易，如果你只知道如何點火啟動，卻不知道如何關機，或者不會用煞車，那就會出意外。

　　當時追隨莫里諾斯思想的代表人物有行為怪異的修道士拉孔布，此人後來死在瘋人院；還有著名的蓋恩夫人。莫里諾斯認為，虔誠的教徒應該靜心修煉，排空靈魂，等待上帝的救贖，如同航行的水手們必須順應天意，揚帆靜候熱帶風暴的到來。蓋恩夫人當然也這樣說，同時又做了自我發揮，認為拋棄所有沒必要的祈禱或聖禮，信徒只會把時間用於保持這種靈修靜候的狀態 —— 這可不是莫里諾斯的本意，雖然他不太注重教會的那些繁文縟節，也反對長時間的禱告。他說靜候上帝的靈魂已經超脫了所有卑賤低俗的思想境界；而他的追隨者卻主張消極的靈魂會受到邪惡思想的侵蝕，靜修的普通人一旦接觸就會把持不住，步入歧途。

　　蓋恩夫人原名叫 De La Mothe，可能和芬乃倫存在某種親緣關係，因為芬乃倫的姓氏中也有相同部分。不管怎樣，有人認為芬乃倫支持蓋恩夫人曲解誤用莫里諾斯的信條。考慮到教皇曾在西元 1687 年譴責過莫里諾斯，儘管過去了 7 年，但是這種懷疑的後果還是很嚴重的。

　　在芬乃倫的思想裡，世界上的任何正統宗教都有相應的固定儀軌，比如集體唸誦祈禱詞，參加禮拜活動，以及接受聖餐禮等等，除非信徒能以一顆純正虔誠之心參加，否則沒有絲毫意義；如果一個人不能馬上靜下心來服侍上帝，他不可能成為真正的教徒。芬乃倫絕對不是一個放縱荒唐的人，他無法容忍這些離經叛道的行為和思想。可是反對他的勢力很強大。

波舒哀不僅妒忌他對王子的積極影響，而且堅信 ── 至少在最初的時候 ── 芬乃倫的宗教立場實際上並不太堅定。後來蓋恩夫人遭到逮捕，巴黎大主教審問過後把她監禁起來，最終使她成為殉道烈士。在他人的敦促下，芬乃倫要透過公開信的形式譴責蓋恩夫人的言論。博維利耶爾公爵卻告誡芬乃倫說，這是一個陷阱。他的對頭們可以借此做文章，如果大主教和異端邪說沒有瓜葛，那他何必費心思去撇清關係呢？他一定和這個女人有牽連，因為事情嚴重了，出於自保的目的，他才有所行動。因此，芬乃倫沒有發表任何意見。蓋恩夫人從人們的視線中消失了，她在巴士底監獄被囚禁至西元 1701 年，釋放後潦倒落魄，西元 1717 年死於布盧瓦。

然而，波舒哀與芬乃倫之間的爭鬥並沒有終結。西元 1696 年，他出版了一本書，用近乎露骨的言語惡意攻擊芬乃倫。在朋友的建議下，芬乃倫也寫了一本《箴言集》進行回擊。這本書全名是《聖徒內在生活準則釋義》，它引發了一場驚心動魄的思想論戰，不僅作者始料未及，後世的讀者更感到不可思議。

西元 1697 年，芬乃倫又經歷了一次打擊。他在康布雷的宅邸被大火焚毀，所有財產也都化為灰燼。一位友人急忙進宮通報，看到芬乃倫正安坐室內與人攀談，便輕聲告知他這一壞消息。「啊，謝謝您，」芬乃倫回答，「我已經聽說了康布雷的事了。幸好燒的不是農家的房子，雖然我損失了家產，但是不忍心看到他們遇到災禍。」然後他又繼續談話，就像什麼都沒有發生一樣。

芬乃倫前往康布雷安排宅邸的重建，返回後發現他的那本書把巴黎攪得沸沸揚揚。他去面見曼特農夫人，發現她也在讀自己的書。「您看這一章，大人，」侯爵夫人說，「我讀過 9 次了，還是無法理解。」

「夫人，」大主教說，「即使讀了 100 遍，您也不會更明白；我寫的東西過於神祕晦澀了，根本不適合在宮廷裡研習閱讀。」

曼特農夫人說，「這本書遭到這麼大的非議，原因可能就在於此吧，可是我想起來這是您的手筆，反倒放下心來，隨便別人怎麼議論都無所謂

了。」

如果芬乃倫有所畏懼的話，那麼波舒哀無疑使最難纏的死對頭。波舒哀生性好鬥，既然直接的攻擊沒有奏效，他設法採用迂迴手法詆毀芬乃倫，開始散布謠言，逢人便講他們之間的筆墨官司；可是這一次他做得過分了。

「主教大人很清楚，我從來不曾如他所講的那樣胡亂妄言，」芬乃倫說，「即使有不當言論，我們的談話內容也是在私下裡進行的，他無權四處傳播。他的做法恰好證明了他的為人如何。」

最後，無休止的憂慮使芬乃倫病倒了。「只有休息才能讓我恢復健康，現在上帝也不會傳召我的」，他這樣寫道。

路易國王後來寫信給教皇，要求教廷譴責那邊書。芬乃倫又上書國王，請求批准他去羅馬，準備接受教廷的指控。路易回信憤然拒絕放行，命令芬乃倫回到康布雷，未得到指示不得擅自離開。已經是勃根地公爵的王子哭著懇求祖父收回成命，反倒進一步激怒了國王，也增加了他心中的疑慮。

教皇依諾增爵十二世原本不夠強勢，根本不願得罪法國國王。而路易卻很強硬，凡是違逆他的人，都不會有好結果。芬乃倫派了關係密切的修道院院長德‧尚特拉神父去羅馬接受處理。教皇十分友好地接待了堅決支持芬乃倫的德‧尚特拉神父。

西元 1697 年，雖然勃根地公爵尚未成年，但是根據當時的風俗，依然要舉行隆重的大婚儀式，而身為老師的芬乃倫卻沒有接到邀請。西元 1698 年，國王剝奪了芬乃倫所有朋友的宮廷工作機會，不僅沒有肯定他們過去對王室的貢獻，而且也沒有任何警告或感謝之意。芬乃倫的著作受到譴責後，路易才敢解除他的王子教師職務。

法王的傲慢做法還是激怒了教皇。德‧尚特拉來到羅馬求見教皇，發現他剛剛獲悉巴黎的情況，而且表示根本不願意聽取任何解釋，深信大主

教芬乃倫的忠誠無可懷疑。唯一的問題是教皇的年紀太大了，記憶力很差，所以不能全信他的那一番說辭。即使芬乃倫想要得到公正的申辯機會，也要面臨巨大困難。他只好專程派人去羅馬才能把信安全送達，否則就會有人半路截留；反對者的耳目一直盯著他寄出的普通郵件。

與此同時，教皇指定一批學者組成委員會，研究如何對付《箴言集》。他們召開了多達 64 輪的會議，最後在投票表決時，支持者和反對者各有 5 人，雙方平分秋色，而且更多德高望重的人物站在芬乃倫一邊。天主教會的古老法規規定，如果出現正反相同的投票結果時，任何當事人都不會得到追究；給人定罪追責時，必須由多數票決定。芬乃倫的敵人們唯一能做的，是要求教皇把案件提交樞機主教團評判，老教皇很不情願地同意了。波舒哀同時在法國忙著召集一些索邦神學院的教授聲討芬乃倫的著作，最後導致國王在西元 1699 年派人找來王孫的親信名單，親手勾去了對芬乃倫的家庭教師任命。路易又寫信給羅馬，態度專橫、言辭激烈地要求譴責那本書。一位樞機主教說，「我們不會把矛頭對準國君，我們必須屈服於他的旨意。」

教皇盡力為芬乃倫開脫，但是教會必須要給出最終結論。那本書裡有 23 處表述受到公開譴責，樞機主教團所有成員一致認可裁決，最後教皇極其憤怒地簽署了批准文書，然後在羅馬城四處張貼公布。一本受到譴責的書按常規要下令焚毀，但是樞機主教團不同意。實際上，他們表示不會譴責芬乃倫的理論，而被迫做出的決定令他們寢食難安。國王不肯善罷甘休，教皇卻拒絕採取更為嚴厲的手段，私下表示他認可芬乃倫的聖潔品性，而且此次事件使他極其煩悶和悲憤，以至於他的健康嚴重受損。

壞消息傳至芬乃倫之際，他正步入大教堂要做「聖母領報節」前一天的講道工作。他僅有的情緒反應就是放下布道詞，然後把話題轉至服從合法權威是人的本分。聽眾紛紛猜測其中的原委，並且對芬乃倫充滿了同情。

幾天後，芬乃倫寫了公開信給教區的所有神職人員：

我們的聖父、教皇通諭譴責了《箴言集》，並曉諭天下周知，你們一定
也知道了。

親愛的教友們，教皇諭令提及書中的內容，還有那23點謬誤，我們
必須絕對遵從，毫無保留地接受，我們禁止所有聖職人員閱讀或持
此書。

上帝說我們的原罪無從赦免，牧師要力求恭順服從，必須做最溫順的
綿羊，那種服從是無止境的。

親愛的教友們，願上帝的仁慈與你們同在。阿門。

康布雷大主教、公爵：法蘭索瓦・芬乃倫

芬乃倫也把公開信送到教皇那裡，並收到言語親切的回信，然後不再
提及這件事。他沒有進一步解釋，也沒有表示道歉，更沒有因為受到譴責
而感到擔心或慚愧，只是不再理會了。芬乃倫從來不議論國王和波舒哀或
者任何敵對者的所作所為。一位紳士同芬乃倫用餐時曾提到波舒哀，言語
間滿是讚美和敬仰，後來擔心可能會傷害到大主教。有人轉達給芬乃倫，
他激動地說，「如果他不敢在我面前談論一位大人物，而且那個人的才幹
對於這個時代和國家以及整個教會都是一份榮譽，他會如何看待我的心胸
和度量啊！」

我們現在說說芬乃倫生活中的另一場風波，那也是由一本書的出版引
起的。很久以前，在和小王子一起生活時，他寫了一本小冊子《忒勒馬科
斯歷險記》。忒勒馬科斯是尤利西斯的兒子，父親是大名鼎鼎的英雄，所
以出身高貴，被認為適合做寓言裡的核心主角，發揮教育小王子的作用，
以便能讓他將來繼承法國王位。芬乃倫根本不想出版此書，只把手稿借閱
給一些朋友。其中一人為他複製了書稿，發現此書的吸引力後，精明地拿
走了一份副本。這位朋友找到的一家出版商收下書稿並開始印刷。芬乃倫
發現後，報給警方處理。警察銷毀了字模，逮捕了印刷工，燒掉所有校
樣。但是出版商把手裡的書稿賣給了荷蘭的一名印刷商，後者很快在西元

1699 年出版了該書，所有人都迫不及待地閱讀起來。

這本書的問世趕上了最不幸的時候，換做其他任何時間，它的境遇一定會和現在一樣公平。這本法文書講的故事相當枯燥無味，但是語言精美，而當時關於《箴言集》的爭論已經達到高峰，所以《忒勒馬科斯歷險記》被看成是在有意汙蔑國家、政府和國王。不管芬乃倫本人是否早有此意，反正那些人找到了不斷追究的機會。人們的需求很大，該書不斷再版。芬乃倫徒勞地指出，在那種時候寫作出版《忒勒馬科斯歷險記》無異於自證其罪，只有騙子和傻瓜才會那麼做。可是他的敵人已經給這本書定性，堅決要求查禁。芬乃倫的朋友們卻繼續推崇這本書，認為它的文字是最優美的。經過這麼長的時間，我們現在很難評判雙方的哪種意見更合理。

現在，我們暫時不管這些筆墨官司和唇槍舌戰，了解一下芬乃倫在康布雷的寧靜生活。

康布雷位於法國和法蘭德斯的交界地區，地理位置很重要，各方的軍隊經常往來於此。芬乃倫的家人也常有從軍經歷，事實足以說明，他可以不斷得到建立軍功的機會。他得到主管教區的民眾和牧師的愛戴和信任，並全身心投入到教區事務中。反對者說他「一心討好眾人，樂此不疲」。要說芬乃倫有本事給人帶來快樂，其實很準確，因為他能一視同仁，總是彬彬有禮、思想純樸，十分專注地與人交流。他從來不在意自己的頭銜、面子或名聲。對於經過康布雷的任何人，慷慨好客的家門總是敞開著。宅邸裡經常彙集著病殘軍官，有時候他們會停留幾個月，直至身體復原。法軍與英奧荷聯軍的馬爾普拉凱戰役過後，他甚至把學生轉移出神學院，以容納那些傷兵；他時常走訪醫院，每次不僅送去藥品，而且給病患帶去自家的各種精緻餐具和葡萄酒。他喜歡半路停下，和駐守要塞的士兵們攀談，所以成為軍中的偶像級人物。每天早上，他先和書記官們處理各種日常事務，然後到禮拜堂主持聖禮。他的親戚芬乃倫侯爵評價禮拜儀式時說「很能激勵人心」。大主教與賓客們共進午餐時，雖然吃得很少，但是會

長時間陪坐交談；然後他回到自己的房間，留下客人自娛自樂，那是大主教宅邸裡不多的輕鬆自在時光。下午的時候，他會訪問醫院，或者拜訪友人，或者去鄉間散步，而且喜歡花很長時間，通常有祕書或者某位神父陪伴。晚上他又陪著客人吃飯，午夜前上床休息。一位老神父去康布雷見芬乃倫時，獲准把自己的行李從旅店搬到大主教的府邸安頓下來。他對芬乃倫的印象有過很精確的描述。大主教身穿紫色法衣和深紅色燈芯絨長袍，帽子上配有綠絲絨線，戴著白手套，沒有手杖或者披風。宴會時芬乃倫安排他坐在右手邊。共有 14 人在場用餐，宴會很豐盛，有各色湯品、主菜、野味和稀世水果，杯盤羅列，餐桌上的一切都很精緻貴重，但是一點也不炫耀浮誇；很多穿著齊整的僕人在旁邊安靜地小心伺候。

芬乃倫很體貼僕人，經常斥責虐待僕人的行為。「他們都是可憐的人，」他時常說，「我們為何要難為他們呢？就為了所謂的文明需求嗎？當然，由於脾氣急，我有時會申斥他們，但馬上覺得愧疚，透過道歉的方式進行彌補，犧牲自己的面子寬慰他們。」朋友們有時會說他過分放縱僕人，那會慣壞他們，做起事來粗心大意。「哦，是我同意的，」他會這樣說，「我本不應該得到這麼好的待遇。這又怎樣？我寧願仁慈有餘，也不願過分苛責。」

那位老神父說，「不怕麻煩的大主教照顧著我，親手遞給我桌上最精美的食物，每一次我會脫帽在手，用最高禮儀致謝，他也同樣脫帽還禮，每次都是如此，也有幸為我的健康乾杯。」

「我們的談話輕鬆愉快，絲毫不局促，大家暢所欲言，只是沒有任何玩笑或輕慢言語。」

當時的多數主教會讓屬下的牧師們在另外的桌上用餐，而在康布雷則不然。芬乃倫本人的飲食很少 —— 幾匙布丁和一杯葡萄酒而已；透過消瘦的身形和清朗的面色，可以看出他的生活很有節制。

用餐後，他們習慣性地轉移至起居室繼續交談。芬乃倫有一張自己的小桌，供他寫字或簽署檔，或者向牧師們下達指令。教堂的主持牧師接著

進來稟報事情，喝過咖啡後的芬乃倫又去拜訪本地的總督。等他離開後，老神父的好奇心更強了，開始在大主教府邸內四處參觀，向我們介紹通往小禮拜堂的走廊，芬乃倫喜歡在那裡邊走邊談。老神父又見到了接待大廳，裡面有天鵝絨面的扶手椅和掛毯，裝飾著灰色的羊毛罩子，牆上掛著雕刻品。花園裡成排的樹木圍出一方草地。晚餐過後，專職牧師在十點鐘進入臥室唸誦祈禱文，然後他們都回去休息。這處康布雷的宅邸在法國大革命期間不幸被毀。

在神學院裡，芬乃倫非常重視牧師的培養工作，除了在那裡講課以外，他努力和所有學生交朋友，給有前途的學生支付費用，送他們去巴黎深造。

康布雷的各處教堂裡經常能看到他講道的身影。他自己不寫布道詞，而只是準備幾條簡要的提綱。雖然他善於演說，但是講起話來從容不迫，吸引力十足，他在這方面與另外兩位偉大的法國人齊名：「帕斯卡（Pascal）的頭腦，波舒哀的寫作和芬乃倫的演講」都被視為天賦的完美展現。

在這些辛苦的工作之中，芬乃倫與很多人有大量的書信往來，主要是在宗教方面遇到難題的人向他求教。多年以來，儘管不允許同王子見面，他也一直在默默關心著年輕的勃根地公爵。西元 1702 年，國王把公爵派到法蘭德斯的駐軍當中，因此要路過康布雷，可是國王出於某種險惡用心，強硬地禁止王子在那裡吃飯或睡覺——甚至離鞍下馬也不許。王子只得寫信求老師在商定時間等在驛站，分別 4 年的師生二人才能會面。

王子滿心歡喜地與大主教重逢，圍觀的人群被深深感動了。他們一次次擁抱，盡情暢談，令無數旁觀者動容。「我知道對不起您，您也明白我的苦衷，」王子分手時動情地說——這和以前的記載完全不同。然而，國王的旨意必須嚴格執行，王室的隊伍未做停留，更換馬匹後又啟程了。

年輕的公爵現在已經改頭換面，成為大有前途的好人，因為謹守老師教導的苦修生活和習慣，面臨著失寵和犯上獲罪的風險：他把很多時間投入到工作中，而拒絕出席宮廷舞會和其他歡慶活動則冒犯了國王。芬乃

倫寫信勸導他不能在這些方面特立獨行。西元 1708 年，師生二人再次見面 —— 又是在康布雷的小客棧裡 —— 但這一次公爵獲准在驛站裡用餐，大主教也到那裡同他會面。王子高聲說道，他永遠忘不了對恩師的虧欠，講到動情處幾乎哽咽，淚眼迷離。法軍在西元 1708 年的戰事中失利，年輕的王子也面臨巨大考驗，所以經常寫信給恩師。芬乃倫的回信口氣積極真誠、滿含深情，並一直保存到了現在。他責備王子過於孤傲，告誡他民眾有權接近他們的王子。芬乃倫又警告他，在表達意見時更要小心謹慎，同時在言行舉止方面不能太死板苛刻。

西元 1709 年，法國在戰爭泥潭中越陷越深。芬乃倫在接待軍官、照顧傷兵以及供應軍需等方面變得越來越慷慨。軍民上下對他無比尊敬。他的教區總能得到各方的敬重。瑪律堡公爵為了能把一些必需品轉移到康布雷，特意給芬乃倫派來一名護衛。

從另一個角度來看，芬乃倫十分關注戰況是另有原因的。他的姪子、年輕的芬乃倫侯爵正是一名法國軍官，戰鬥中嚴重受傷後必須進行痛苦的腿部手術。在此期間，大主教多次去信安慰，年輕的侯爵仔細讀過後一定感到高興。芬乃倫也寫信勉勵正在求學的另一名姪子。他的書信寫得洋洋灑灑，字裡行間都是瑣碎之事，但卻可以吸引遠方的親人；他的信中滿是柔情和關愛，內容直抒胸臆，沒有任何做作或虛偽的傷感。更可貴的是，芬乃倫在信中言簡意賅地提出了很多建議，既沒有泛泛而談，更沒有道德說教，也不會用教會長老的口氣進行訓誡，而是充滿智慧，精明練達又尖銳坦率，針對通信人當前的困境的同時也顧及到他自己的特殊地位 —— 給王子的信件中開導他如何平易近人而又不失尊嚴 —— 寫信給姪子時則鼓勵年輕人如何耐心地戰勝長期的傷痛，等到病痛結束開始康復的時候，又指導他如何振作起來，積極融入社會。就連如何給醫生護士報酬，大主教也給姪子出主意 —— 甯多勿少 —— 可是年輕的侯爵也不富裕，他自己主動填補錢款的不足。芬乃倫也給數不清的親朋好友提建議、出主意，同時對很多人都使用自己的昵稱。

西元 1711 年，那位愚鈍苦悶的法國皇太子突然死於天花，所以年輕的勃根地公爵成為新的皇太子。對於皇太子的亡故，沒有人表現出一點虛情假意的悲傷。第二天，老國王比通常的起床時間晚了一些。因為擔心被傳染，所以不顧王室應有的體面，便匆匆舉行了葬禮。

芬乃倫致信新上位的小太子，表示他將竭盡全力效忠國王，為國為民恪盡職守。老國王很容易地就被打動了。幾個月之後，小王子也變得隨和、威嚴、快樂、和藹，得到了臣民的擁戴，並能用優雅得體的感激之情給予回報。實際上，他只是在運用芬乃倫過去教授給他的那些功課，他的老師不是依靠口頭說教，而是用榜樣的力量為他指路。芬乃倫對王子的喜愛在日復一日地增添著。就像一首歌所唱的那樣：「神啊，求祢將判斷的權柄賜給王，將公義賜給王的兒子！」[45] 法國的希望突然間破滅了，就好像上天要故意證明給世人看的一樣，無論人為的安排設計有多麼巧妙，都是不值得相信的。年輕的王妃患上了神祕的疾病後極度痛苦地死去，病因至今不明。人們告訴她，絕境過後便有了希望，上帝將回應夫君的祈禱，讓她恢復健康。「不用了，」王妃說，「他會為此悲傷，因為上帝要懲罰他所愛的人。」野蠻可怕的療法都試過了，結果是徒增她的痛苦。西元 1712 年 2 月 12 日，王妃不幸離世。第二天，一直陪伴愛妻左右的太子領完了聖餐禮後，要去覲見國王，但是在馬車裡暈倒了。18 日早上，國王等人來不及判斷病情是否嚴重，太子也突然發病去世了。同樣的未知病症又奪去了太子的長子、布列塔尼公爵的性命，而年幼的兄弟經過醫治才得以倖存。路易國王哀痛至極，而芬乃倫的悲痛之情更深。王妃生病時，他寫信安慰太子，但那封信卻永遠也送達不了了。實際上，芬乃倫寫慰問信的同時，太子也已去世。

太子死後的第二天，國王派人找來王子的公文箱，但是前面提到的博維里耶爾公爵擔心芬乃倫的一些文字資料可能惹惱國王，所以進行了妥善保管，而且王子好像已經銷毀了所有對恩師不利的東西，國王也就無計可

---

[45] 參見《舊約聖經‧詩篇 72》。

施了。

我們能找到的關於芬乃倫生平的最後紀錄，來自蘇格蘭人拉姆塞的筆下。他曾一度生活在康布雷地區。拉姆塞渴望在牛津大學拿到學位，但是因為天主教信仰而遭到否決，所以很久未能如願。牛津的金博士說，「雖然是天主教徒，卻是偉大的芬乃倫的朋友。」因此學校收回了反對授予學位的意見。西元 1712 年，芬乃倫的老友謝弗勒斯公爵去世。「我無法擺脫如此沉重的損失」，經常安慰別人的芬乃倫這樣寫道。西元 1714 年，博維里耶爾公爵也死了。對於芬乃倫這樣感情豐富的人而言，好友們開始一個個先他而去是難以接受的。但是根據年齡，他也不可能比朋友活得更長久，所以還算寬心些。事實上，那一刻比預期的提早到來。從西元 1713 至 1714 年，芬乃倫的健康狀況一直令家人放心不下，可是他認為自己「是聽話的好人，可以成為孩子們的榜樣」，又說他能像小孩子一樣按時喝牛奶，身體沒問題。他依然熱衷公共活動。面對國王的忘恩負義，他用平和的方式維護了個人尊嚴。芬乃倫寫道，「一旦得到君主的恩寵，人人都會感激涕零，誠惶誠恐，或者惟命是從，或者竭誠效忠……我每天祈禱上帝保佑陛下他的安康；我願意為他犧牲自己的生命。」

西元 1714 年 10 月 14 日，芬乃倫寫信敦促國王任命一名副主教協助他的工作。沒有人得到任命，同時他的生命也將近落幕了。他已經失去了那些最喜歡的良馬，馬廄裡只剩下秉性無常的幼駒，「牠們都膽小無用，」他在一封信中說。耶誕節前，他的馬車中途翻覆，雖然他和別人都沒有受傷，但是極大刺激了他的精神，回到康布雷時全身戰慄不止。

西元 1715 年元旦，芬乃倫患上了重感冒，但是至死未癒。在他生病的一週裡，除了唸誦《聖經》的聲音外什麼也不會聽。有人反覆給他朗讀聖保羅的語句。其中一段文字包含這樣的內容：「我們這至暫至輕的苦楚，要為我們成就極重無比永遠的榮耀；原來我們不是顧念所見的，乃是顧念所不見的；因為所見的是暫時的，所不見的是永遠的[46]。」

---

[46] 參見《新約聖經·哥林多後書 4:17/18》。

醫生們對他的病束手無策。除了放血之類的方法外，當時的醫生不知道別的療法，而放血很可能加快了病程。芬乃倫鬱悶地忍受著莫大的痛苦。「我和耶穌一起在十字架上受煎熬，」他說。「他做了三次同樣的禱告，」芬乃倫又想起了耶穌蒙難的客西馬尼園。後來病痛使他無法開口講話，旁觀者繼續為他祈禱：「我父啊，倘若可行，求你叫這杯離開我；然而，不要照我的意思，只要照你的意思。」[47]

最後一晚，所有熱愛他的人都圍在床邊站立著。因為高燒和身體虛弱，芬乃倫不時陷入精神錯亂狀態。在病痛緩解或者精神清醒的時候，大家都得到了他的祝福。大概在 1 月 7 日早上的四點三刻，芬乃倫開始失去意識，又過了半小時，一切都結束了。聖餐杯被人拿走了，芬乃倫終於走向了永恆。

芬乃倫被埋葬在康布雷主教座堂的高高的祭壇下面。大革命時期大教堂被毀的時候，他的棺木和遺骸無人褻瀆，遷移到一座拱頂墓穴中安葬。直到西元 1800 年，出於更好的保護目的，他的棺木被遷至一處修道院禮拜堂的臨時地點停放。拿破崙提議「樹立紀念碑或修建正式陵墓……以容納芬乃倫不朽的骨灰」，可是從未實施。西元 1825 年，新的大教堂建成後，他的遺體被運回教堂，那裡也為他樹立起紀念碑。但是在他熱愛和崇拜的基督教事業中，他本身就是一座豐碑，所有黃銅鑄就的紀念碑都不及他恒久，所有君王的金字塔也不及他高大。

教會能宣布芬乃倫為聖徒之一，很值得肯定。世人常有這樣的怨言：所謂的紳士常常與基督徒融為一體；平和高尚的生活藝術在獲取德行利益的過程中往往被忽視；在履行應時和不應時的必要責任時，人們也容易失去世故和圓滑，不顧及他人感受，缺少慈悲心腸。可是兼而有之的情況也是有的，芬乃倫就是一個明顯的例子。他把對基督的信仰放在至高無上的地位，絕不會為了個人野心和世俗的名利犧牲自己的任何原則。自始至終，他都是完美的朝臣和紳士，待人和藹可親，思想極其單純，受到社會

---

[47] 參見《新約聖經·馬太福音 26》。

各界歡迎。儘管歷史上的耶穌十二使徒都沒有金銀財寶，儘管他們的主人和他的弟子無處棲身，可是花掉一大筆錢財後，仍然可以擁有使徒精神。雖然居廟堂之高，擔任教會要職的同時也在王宮裡身著華服、地位顯赫，可是真正的聖徒依然能成為忠實的僕人。

第八章
約翰・衛斯理
JOHN WESLEY

耶穌基督說他不是來帶給地上太平，乃是叫地上動刀兵。耶穌並沒有在這裡講明他的傳教目的，而是預言出傳教的後果。就其第一層意義來說，他指的是異教徒總會試圖撲滅基督教。首先，我們要承認這種不同宗教之間的矛盾衝突很難避免。可是如果我們以此認為基督的追隨者們同樣要兵戎相見才能消除分歧，和平福音的傳播者們應該無休止地相互爭吵，那就讓人難過和不可思議了。

大多數英國人歸屬國教聖公會，但是有近 500 萬英國人被稱為循道宗教徒，「持異議者」或「不奉國教者」。約翰‧衛斯理創立衛理公會教派後，該派信徒在目前的循道宗裡所占比例最大。如果我們嘗試著分析他們脫離聖公會、另立門派的原因，就會發現一個有趣的現象。儘管我們不得不遺憾於自願脫離國教的人數如此之多，但是衛斯理宗創始人的生平和品行確實值得研究。衛斯理去世後，已經有 76,000 人加入衛理公會；據說現在全世界有大約 9,000 萬講英語的人，其中不下 1,800 萬人在接受循道宗的教誨。他們去年在聯合王國一地的新收信眾將近 50 萬人。大學者泰爾曼承認，「衛理公會的出現是基督教會歷史上的重大事件」，也認為該教派的根本基礎無足輕重，不值一提，可是他本人後來成為一名衛理公會信徒。

衛斯理家族真是非同一般。約翰的弟弟查理出生的時候，住在愛爾蘭的遠房堂兄加勒特‧衛斯理提出想收養查理，並且負擔了堂弟上學的實際費用。但是出於某種原因，這項安排沒有實現，所以加勒特把遺產留給一位姓科利的表弟。科利先生改姓衛斯理後，承襲了莫寧頓勳爵的封號。科利的兒子改姓威爾斯利，我們現在仍然能到這位莫寧頓勳爵留下的音樂作品。威爾斯利的兩個兒子不必多提，一位是威爾斯利侯爵，另一位成了威靈頓公爵。除了這些有名的旁系親屬外，查理的兒子，也就是約翰的姪子薩謬爾是知名的音樂家，他的兒子薩謬爾‧塞巴斯蒂安‧衛斯理是格洛斯特的風琴演奏家和作曲家，創作了很多宗教音樂作品，有廣為人知的頌歌〈曠野〉和〈讚頌上帝和我主耶穌基督的聖父〉，還有讚美詩〈教會的根基〉等等。因此，衛斯理家族可以算得上是值得關注的一群人。

　　約翰·衛斯理的父親同樣不一般。17 歲時，他從威爾特郡的老家布蘭福德徒步走到牛津城，在那裡接受了高等教育，最後定居在林肯郡的埃普沃思。約翰的母親蘇珊娜更是不一般。通常名人背後都會有偉大的母親。據說蘇珊娜把家庭教育演化成嚴格的科學訓練。她是 19 個孩子的母親，一定會有大把的實驗機會。包括約翰在內，孩子們在嚴格的規矩中長大，他們的生活就像聖艾德蒙學院的修道士一樣清苦 ── 「男孩子必須磨練」。

　　約翰是一個生性高傲、思維縝密、愛爭論的孩子。有一些富於童趣的故事可以證明他的個性，但是他的一次冒險經歷卻不是兒戲。埃普沃思教區長的住宅燃起大火，年幼的約翰落在後面，被人遺忘在著火的屋內，屋頂快要塌落時從臥室窗戶獲救。火災過後很久，他說自己就是「從大火中拖出的一根燃木」。10 歲時，約翰進入查特豪斯公學，後來到倫敦求學。根據不太權威的記載，他不喜歡和同齡人打交道，而是願意和年紀比他小的孩子攪在一起。一位老師問起緣由，他回答說，與其在天堂當跟班，不如在地獄做老大。他在學業上沒有非常突出的表現，西元 1720 年進入牛津大學的基督教會學院。父親叫約翰去倫敦求見著名的薩奇維里爾博士，他在基督教學院享有很高的威望，也是當時的傑出學者。西元 1709 年，薩奇維里爾曾經向倫敦市長布道時，鼓吹懲戒那些不奉國教者，捍衛國教的地位，這違背了女王、所有神職人員和國民的意志，因此受到英國政府指控。

　　年輕的約翰·衛斯理去和大學者見面，之後的過程直接展現了此人專橫傲慢的個性。約翰說，「經過引薦，我單獨見到了他，高高的身形如同五朔節的花柱，他的精氣神如同威嚴的教主。我的個子很小，比同行的教士甘迺迪還要矮。薩奇維里爾說，『你還不到上大學的年紀，肯定沒學好拉丁語和希臘語。回到原來的學校裡吧！』我從心裡鄙視他，在我眼中他反倒成了矮子。我心想：『如果我學的希臘語和拉丁語比不上你，真應該回去了。』我就這樣離開了，無論是懇求還是命令，誰都不能讓我再去求

他。」

　　衛斯理在基督教會學院度過了五年時間。他的邏輯思維出眾，可以讓任何與他辯論的人啞口無言。他的機智和優雅氣度贏得了好人緣，私下裡也會寫詩。「那時候我對內心的聖潔根本沒有什麼概念，」很久以後，他這樣寫道，「不僅如此，習以為常的放縱，對一些惡行的心安理得，雖然時不時有過短暫的天人交戰，尤其是每年 3 次領受聖餐禮的前後，我的內心矛盾更甚。」他的問題來自贏弱的身體和拮据的生活：負債幾乎成了當時的常態。但是嚴肅的思考逐漸充斥頭腦，他開始審視人性中的原罪，虔誠地禱告。最後衛斯理決定擔任聖職，接受牧師的任命。西元 1726 年 12 月，他開始初次講道，並由此不斷，一生中主持布道不下幾千場；同年當選牛津大學林肯學院的研究員。現在仍然有人能認出他的房間，窗戶攀爬著他種下的藤蔓。他說這次入選很有意義，因為他必須克服的最大困難是如何同基督教會學院的老朋友們進行交流，這種溝通障礙使他變得優柔寡斷。在林肯學院，他誰也不認識，可以建立自己的交流圈。此間他廣泛涉獵，除了研讀古典文學外，也閱讀哲學、希伯來語、阿拉伯語的著作，學習了光學，甚至寫作詩歌；在神學思想方面，我們應該把他看做境界高尚的牧師，他平時堅持齋戒修行，嚴守聖徒瞻禮日的禮儀，在懺悔、苦修等方面一絲不苟。後來，衛斯理曾拒絕過一個人領聖餐禮，因為他沒有接受合規牧師的正式洗禮。雖然洗禮最好由專職牧師主持，但在一些必要的場合，任何人施洗都可以，所以衛斯理的這種工作熱情便顯得過激和無知。

　　約翰‧衛斯理首次去擔任助理牧師的時候，有人在牛津大學裡開始「衛理循道」。英國國教的信徒一貫思想保守，正如姐姐梅海塔布林所言，約翰在講道時面對的是一群「倔強似驢、頑固如石頭的傢伙」。他的弟弟查理和其他幾個大學生為此組建了一個社團，後來發展成獨立的教派循道會。他們一起研讀經典，探討各自的難題，並盡可能展開一些宗教活動。現在，不同教派之間即使互不尊重，但也能相互包容，而他們當時的生存環境很艱難，衛理巡道之路並不平坦。循規蹈矩一定會惹人嘲笑，沒有誠

心則難以堅持。當時的英國社會的反宗教潮流日甚一日，大眾輿論更加活躍開放，所以查理等人的努力要面臨十倍的困難。他們的綽號是「循道者」，因為他們總是循規蹈矩，凡事講求條理和規矩。完成教職任務的約翰回來後發現這個社團還在活動，便加入其中。

透過以下內容，我們可以看出他們的自我約束有多麼嚴格。約翰·衛斯理發現自己會在每天的夜裡 12 點或 1 點鐘醒來，由此得出結論：他用不著在床上躺太長的時間；所以他把鬧鐘定在早上 7 點，而不是等到 8 點鐘起床。可是他仍然醒很早。鬧鐘又調到 6 點、5 點、4 點，最後他不再失眠了。後來他寫道，「感謝上帝，從此以後，我乾脆就 4 點起床，常年堅持下來，每個月的失眠時間不到一刻鐘。」他堅守這樣一個原則，無論身體健康與否，無論多麼清白無辜，只有原罪才能衡量出一個人的精神力量的強弱。

父親老衛斯理在西元 1735 年去世，約翰來到倫敦，見到了來自喬治亞的幾位殖民地首腦。他們邀請他去那裡擔任專職牧師。那時的喬治亞還非常原始落後，統治制度更像族長制，小說家薩克雷的作品《亨利·艾斯蒙》（*The History of Henry Esmond*）中表現的就是那種殖民地的典型生活景象。這次傳教試驗是失敗的。約翰確實在喬治亞的首府薩凡納做了一些工作，但也和很多人發生了爭執。在情場上，他稀里糊塗地被人橫刀奪愛，雖然增添了一點人情味，但是這一小插曲也讓他少了一分英雄氣概。

他一心想在薩凡納成就一番事業，可是挫折和俗事令他懊惱，他把原因歸結為自身信仰不夠虔誠，沒有真心侍奉基督。篤信皈依耶穌在循道宗教徒中是極其重要的信條，所以我們需要進一步解釋其中的實質。他們認為，所有基督徒首先要明確聲稱篤信上帝，努力按照基督教的教義規範日常生活，除此之外，所有得神恩惠的信徒的一生中必定要經歷一個特別時刻，到那時他才能認清自己的罪，並且急於得到救贖。他們堅信這種頓悟通常源自突發的危機，然後苦其心志、勞其筋骨，經歷情感和身心的痛苦煎熬。從這種狀態中解脫的人才能完成徹底改造。有時候，他會突然間領

悟到，只有向耶穌基督贖罪，自己才能得到寬恕。這時候他便得救重生，得到內心的平安喜樂；他會信心百倍地認為，自己就是上帝選中的人。這幾個思想發展階段可以在約翰‧班揚的《天路歷程》找到印證：基督徒先意識到自己背負的重擔，然後負擔鬆脫並從背上滾落，最後在十字架下徹底解脫，這正代表著上面的幾個思想發展階段。我們當然不可能深入探究基督徒在現實生活中是否必須經歷這一步；而有一點卻不容置疑，並非所有的循道宗教徒，而是很多人都有這樣的實際生活經歷。

約翰‧衛斯理結識了彼得‧博勒爾。此人是新教「摩拉維亞派」的一員，關於他們的情況很少出現在宗教歷史記載上。他們二人有過長談。博勒爾曾說，「我的兄弟，你必須洗淨所有的思想雜念。」他把衛斯理比喻成努力尋找光明未果的人。「我們信仰救世主的那一套對英國人來說太容易了，所以他們接受不了這種宗教」，博勒爾寫道。

衛斯理兩兄弟很快都遇到了危機。弟弟查理終於能夠心境平和地追隨上帝；而心靈困頓的約翰在《聖經》中尋求方向，卻很少能找到即時頓悟的成功事例。他說，只有聖徒保羅才會在 3 天之後如願見到了光明，而別人是肯定做不到的。

此時的約翰心情極度苦悶。他很清楚自己的信仰是真實的；另一方面，他又覺得自己就像一個無家可歸的人，站在黑暗中任由雨水淋溼，無助地聆聽著緊閉的門窗後傳來的歡歌。他看到幸福就在那裡，卻無法去分享。轉機很快就要出現了。一天晚上，他去參加宗教社團的會議，有人在那裡閱讀馬丁‧路德寫的一本書。他的心突然為之一熱，瞬間豁然開朗。我們可以把這種現象的原因簡單地解讀為容易激動的性情或者一時的心理波動；但是必須記住，在以後長期跌宕起伏的人生中，衛斯理本人把那一刻視為人生大門開啟的瞬間，那種印象永遠也抹不掉。當年使徒們都是一群滿心疑慮、膽小怯懦的人，他們的希望和夢想尚停留在世俗的低級層面，在基督的熱情感召下，在聖靈降臨之後，他們轉變成積極傳播福音的信使，勇敢地面對死亡和迫害。因此，衛斯理從那時起，無疑脫胎換骨，

丟掉了以往的浮躁和幼稚，精神上似乎變得更加平和、強大，就像一個人找到了祕密寶藏，無論命運如何多舛，沒人知道他已經有了依靠和支柱，完全不受命運的擺布和羈絆。

　　循道會曾一度和摩拉維亞派建立了密切聯絡，可是後者的活動內容和方式逐漸變得愈發不切實際、走向極端，所以分裂在所難免。最後，衛斯理和 7 位摩拉維亞教徒撤回到墨菲斯的鑄造廠活動。很長時間以來，那裡是他們在倫敦的活動總部，靠近現在「風車山」旁邊的芬斯伯里廣場，以前是鑄造大炮的地方。當年在重鑄瑪律伯勒將軍繳獲的法國加農炮時，工廠發生了可怕的爆炸事故，造成嚴重破壞，也炸死了幾個人，所以搬遷到了伍利奇。鑄造廠有一排近 40 公尺長的臨街門面房，當時已經破敗不堪，裡面有兩個大房間，其中一間改造成極其簡陋的禮拜堂，可以容納 1,500 人，講道壇和數量不多的座椅由松木板製成。另外一間用作會議室。那裡還有衛斯理住過的房間，他的母親後來也在其中的一個房間裡過世。買下廠房並加以整修，教徒們一共花費了 800 英鎊。

　　在此之前，衛斯理已經開始了前往各地的布道旅程，而且持續了大約 50 年，取得了巨大的成功。西元 1739 年，他在布里斯托爾舉行了首次露天講道，他的自我感覺很奇怪，也很彆扭；他說他一輩子固執地堅持原則、循規蹈矩，如果不在教堂裡講經布道、拯救靈魂，他就認為那是一種罪過。若是以為他這次能不受聖公會管制，我們就大錯特錯了；身為英國國教的正式牧師，他在巡迴布道時立下規矩，必須先在正規教堂裡布道。假如條件不允許，他才會選擇別的合適地點，比如墓碑旁、屋子裡、陽臺上，甚至大街的桌子上。他以前是，以後也依然是一名忠誠的國教信徒。50 年後，循道會發展成為規模很大的教派，他說：「如果我的會員全都脫離聖公會，那麼我必須和他們斷絕關係。」

　　在第一次巡講過程中，衛斯理和有名的博·納什在巴斯城相遇，他表現出來的詭辯才能不亞於詹森博士[48]。雖然可以用不太體面的一個詞形容

---

[48] Samuel Johnson（1709-1784），是英國文學史上重要的作家、詩人、文學評論家，以雄辯

他們的交鋒——「鬥嘴」，可是我們對他的敬仰之情仍然不減。

博・納什是一個大膽、自負、跋扈又沉迷享樂的人，揮霍掉大筆財產後靠賭博為生。那時候的巴斯走在英格蘭的時尚最前沿。稱霸一方的納什自立小朝廷，主持各種典禮儀式，隨便發號施令，甚至到此的王室訪客也必須服從。他出行時頗為高調，為他拉車的是清一色的 6 匹灰馬，騎馬的護衛都帶著圓號，頭頂巨大的白色禮帽。納什聽說衛斯理要來講道，先表示不同意，接著駕車直奔會場。布道會開始不久，納什頭戴大禮帽現身，質問衛斯理，是誰授權他講道。「耶穌基督給我的權力，」衛斯理說他本人是合法得到聖職任命的。「你們在搞祕密集會反對國教，」納什又說，「這違反了議會法案。」衛斯理回答，「不對，那種祕密集會能擾亂治安、煽動叛亂，這裡不會，所以沒有違法。」「我說違法就違法，」納什說，「而且你的講道是在用恐嚇手段洗腦。」衛斯理說，「您聽過我的講道嗎，閣下？」「沒有。」「那你怎麼做出判斷呢？」「根據大家的說法，」納什回答。「大家的說法，」衛斯理反唇相譏，「好吧，請問先生，您是不是叫納什？」納什回答，「沒錯。」衛斯理說，「我可不敢根據大家的說法斷定你就是納什先生！」納什被迫徵求旁觀者的意見，眾人回答，「聽衛斯理先生講道。」由於他能不卑不亢，義正言辭，納什只好讓步撤走了。

現在不妨了解一下衛斯理的傳教生涯。隨著傳教任務的增多，他越來越體會到其中的重要意義和神聖性。「我把全世界當成自己的教區，」他說。有一天，他在布里斯托爾講道，早上 7 點先向廣場上的 4,000 人講道；到了 11 點，他來到克利夫頓的一家教堂布道；下午 3 點的時候，3,000 人在漢拿山聽他演講；晚上 7 點鐘，又來到羅斯格林的 7,000 信眾面前開始宣講。「天啊，上帝讓我充滿了力量，」衛斯理在日記中寫道，「以前我非常虛弱倦怠，一天只能講道兩次！」聽眾最多的一次是在肯寧頓公地，共有 20,000 人到場，可能超過了康瓦爾郡的總人口數。他主要在英格蘭和

健談著稱，編纂的《約翰遜字典》（*A Dictionary of the English Language*）對英語發展做出了重大貢獻。

威爾士各地巡迴布道，通常每天要騎行 50 英里。據當時的記載，他經常騎乘一匹強壯的大黑馬 —— 那是他的最愛 —— 偶爾僱用驛馬，一般獨自駕乘，或只由僕從邁克‧芬威克陪同。馬鞍後馱著簡單的行李，前面捆著一件披風。策馬穩步飛奔的同時，他一般會在身前的包裹上攤開一本書，有時也手捧著閱讀。不讀書的時候，他會信馬由韁地趕路，有時埋頭記筆記，有時琢磨布道內容。這也是他的特殊才能，因為憑空構思講稿必須避免干擾、全神貫注，不然很難做到。

中等身材的約翰‧衛斯理有一副棱角分明的俊朗面孔，舉止孤傲，生來固執任性，但是隨著年齡增長，神情變得更加沉穩和藹。儘管追求禁慾的生活方式，他的臉龐卻很豐滿滋潤，留著柔順的長髮。到了晚年時，滿頭白髮垂在肩頭。他經常戴著普通的鏟形寬邊教士帽，布道時不穿長袍，而是法衣和領圈飾帶。騎馬時也穿著那件法衣，不過在膝蓋上面紮緊衣襟。他完全不在乎英國的溼冷天氣，這要歸因於忌酒的功效。走起路來速度快、步幅大，講道時，只要目光環視左右，馬上透出威嚴和親和力。

西元 1747 年 2 月 16 日，約翰‧衛斯理從倫敦出發前往紐卡斯爾。強勁的北風冰冷刺骨，到達哈特菲爾德時，他的手腳幾乎麻木，不遠處又遇到冰雹和暴風雪，看不見道路，幾乎不能呼吸。第二天，衛斯理的坐騎也很難站穩。寒風越來越猛烈，差一點從馬鞍上把他吹落下來。在斯坦福德一望無際的荒野裡，積雪堆積如山，有時候能沒過他的脖頸，騎馬已經寸步難行，只好步行。東北風仍然刺骨，牙痛使衛斯理感受不到身外的寒冷。下午 5 點時到達紐華克，然後繼續上路。這些旅程在歷經的各種磨難中還是最輕鬆的。他應該和辛白林[49]一同呼喊，「吹吧，吹吧，你這冬天的寒風！與忘恩負義之人相比，你還不算那麼無情。」他和聽眾曾遭人圍攻、辱罵、投擲汙物和石塊，他的臉不止一次被石頭打傷，要抹去臉上的鮮血才能講道。在康瓦爾郡的格溫納普，地方官帶領一隊巡警，騎馬衝進集會人群中抓住衛斯理，並喝道：「我要帶你去見國王陛下。」地方官有權

---

[49] Cymbeline，莎士比亞劇作《皆大歡喜》（*All's Well That Ends Well is a play*）中的人物。

動用軍隊鎮壓民眾。然而逮捕神職人員是非法的，衛斯理被捕後，順從地跟著他們走了不到一英里，又被釋放了。第二天，反對循道宗的暴民衝向衛斯理落腳的街道，高喊著「交出邪教循道幫！」他們強行進入外門，接著開始衝撞內門，把鉸鏈頂飛了。衛斯理卻衝出門來，面對眼前的一個個暴徒質問道：「我得罪誰了嗎？是你嗎？還是你？」他們都啞口無言。最後他走到街上，「各為街坊！鄉民們！」他說，「想聽我說句話嗎？」「快說，快說！」暴徒們喊道，衛斯理的英勇無畏使他們放下了戒心。「讓他講，沒人攔著。」

在沙夫茨伯里，巡警說：「先生，市長大人有令，本城不再允許你布道了。」衛斯理回答：「既然喬治國王准許我講道，那就用不著這裡的市長批准。」在家鄉埃普沃思，新上任的教區牧師不同意他布道，他就在自己父親的墓前進行。離開時要乘渡輪橫過特倫托河，馬匹在強風中受驚，跑到船的一側，跳進了河水中。衛斯理從座位上滑倒，被一根大鐵棒壓在艙底，一度動彈不得。

他的生活就是真正的使徒生活，把迷途羔羊聚攏回來、拯救墮落的靈魂，這就是給他的回報。但是這種生活非常艱難，近乎殘酷，一個人的肉體和精神品格都要承受各方面的考驗。「難怪魔鬼不喜歡露天講道，」衛斯理曾這樣說，「我更不願意。我喜歡寬敞的房間，柔軟的坐墊，可如果不拋開這些享受，我哪有熱情去拯救別人的靈魂啊？悠閒安逸和我永遠告別了，只要活著，我就打算一輩子忙碌下去。」

這樣的生活年復一年地繼續著。有人估計，他的傳教行程絕不少於 225,000 英里，大部分都在馬背上完成，而且講經布道的場次遠超過 50,000，每天兩場的日子加起來不超過 7 年。有一次，某位女士問衛斯理，「假設您知道了明天夜裡 12 點會死，您怎麼打發餘下的時間呢？」「怎麼辦？」他回答，「哎呀夫人，就按照我眼下的活法吧。我將在格洛斯特做晚間布道，明天上午再進行一次，然後騎馬去圖克斯伯里，下午講道，晚上和教友聚會。我還要去朋友馬丁家裡接受他的款待，像往常一樣和一家

人聊天、祈禱，10 點鐘回到房裡，把自己交付給上帝，躺下休息，沐浴著榮光醒來。」

和所有受歡迎的傳教士一樣，他能親切熟練地展示幽默才能。有一位狂熱的循道會教友遇到了大麻煩，不知道如何應對。衛斯理和他邊走邊談時經過一段石牆，一頭母牛正在那裡隔牆望著外面。衛斯理問，「你知道那頭牛為什麼要在牆頭上觀望呢？」「不知道，」困惑的教友回答。「我告訴你吧，因為牛沒有透視眼，看不穿那堵石牆。所以，想要解決問題，你的眼光也必須越過那堵牆才行。」

還有一次，總愛嘟嘟囔囔發牢騷的僕人芬威克向衛斯理抱怨，雖然他忠心耿耿地服侍，陪主人奔波了那麼遠的路途，可是在旅行日誌中卻從未提到過他的名字。衛斯理什麼也沒說，第二次發牢騷的時候，芬威克看到一份日誌，衛斯理故意唸到：「我心滿意足地離開埃普沃思，一點鐘左右在科雷沃斯講道。我想所有人都被感動了，只有芬威克除外，他很快在旁邊的草垛底下睡著了。」我們還要提到他的一次痛苦經歷。48 歲的衛斯理在倫敦街邊走路時扭傷了腳，被人帶到針線街的一戶人家裡，遇到了寡居的瓦澤爾。表面上，她有些神經質，愛幻想，而且尖酸刻薄，沒什麼文化，也不漂亮優雅，只有一點微薄的家產。衛斯理向他求婚，對方也答應了，但卻鑄就了一段不幸的婚姻，被迫辭去林肯學院研究員的職務是他的唯一收穫。這個消息把所有親朋好友驚呆了。弟弟查理聽聞後說：「我氣得吼了一整天，接著幾天也咆哮不已；我無心布道，日夜寢食難安。」衛斯理不會碰妻子的一分錢。她對丈夫產生了無端的嫉妒和猜疑，經常翻看他的信件，甚至因為一些匿名的資料，進行無中生有的指責。經過 30 年無休止的吵鬧後，瓦澤爾終於和衛斯理分居，搬到紐卡斯爾，住進自己的一套房子裡。衛斯理在日誌中寫道，「苦海無涯，自作孽，不可活。」瓦澤爾死後，他在 1781 年 10 月 12 日寫道，「有人通知我，就在 10 月 8 日星期一，我妻子去世了。今晚下葬。幾天後我才接死訊。」除了一枚戒指，她什麼也沒留給丈夫。

新的循道會進行了非常精心的重整，分為幾個靈心小組，每組有十幾名會員和一名組長。新入會的成員會被分配到某一組；這些靈心小組至少每週聚會一次。這期間，所有會員都隸屬於國教聖公會，參加常規的禮拜活動和聖禮。他們同時也是互助性的會社成員，努力追求更美好的生活。循道會的傳教士們會得到經濟供養。布里斯托爾附近的金斯伍德成立了一所學校，專收循道會教徒的子女。資深牧師開始舉行年度大會，商討重大事宜。約翰‧衛斯理成為第一屆公會大會主席，並一直連任了47年。他無疑是天生的領導者，他的秉性不僅專橫，而且具備一定的親和力，所以沒有任何權威能夠與之匹敵。有一次，因為時間緊迫，衛斯理希望同行的布拉德福德把一包信件送到布里斯托爾的郵局。布拉德福德沒有答應。衛斯理要求他必須拿上包裹，但是對方一再拒絕。「我們只能分道揚鑣了」，衛斯理說。布拉德福德只好同意照辦。二人對此滿不在乎。第二天早上，他們又見面了。衛斯理說，「好吧，我們一定要分開嗎？」布拉德福德說，「悉聽尊便。」衛斯理又問，「向我道歉嗎？」「不，先生。」「真不道歉？」「不可能。」「那我道歉吧」，衛斯理說。這令布拉德福德大受感動，不禁哭起來，此後他們成為摯友。

衛斯理給傳教士們寫了很多信，我們挑選很有代表性的一封看一看：

親愛的兄弟，—— 始終要把別人的忠告或指責當成恩惠；那是至誠至愛的表現。我提過建議給你，而你卻當成了冒犯；雖然如此，我還會勸告你。不要再因為迷途的靈魂發狂。說話的時候應該盡量熱情，但是不要對人吼叫。講話時要誠懇，語氣更要溫和。你可以跟我學習。我經常大聲講話，慷慨激昂，可從來不大喊大叫 —— 從來不會過分投入：我也不敢那樣做。湯瑪斯‧沃爾什和約翰‧曼納斯都是好人，可是臨終前卻經歷過痛苦的憂鬱過程，大概的原因就是過度的操勞縮短了他們的生命。啊，約翰，為了成為明智溫順的人，祈禱吧！你在本性上有很大差距。你在上一封信中的情緒很壞。假如聽不進去

別人的忠告，你一定要聽聽兄弟的真心話。

約翰・衛斯理

　　時間在不斷的操勞中一年年過去。除了傳教布道，衛斯理出版了多本主題各異的著作，包括自己編寫的聖歌合集、希伯來語或拉丁語的語法書，以供傳教士使用；關於生活實踐、醫藥和神學方面的宣傳冊；研究神學專著的摘錄合集等。工作繁忙的衛斯理很長壽，所以才能留下那麼多的作品。

　　人的生命終歸要走向終點。衛斯理用 87 年的時光不停遊歷、寫作和布道，最後在倫敦蘭貝斯講道時患上重感冒。2 月 18 日，虛弱的他到切爾西講道，主題是「論國王的決斷力」，期間不得不暫停幾次。五天后，在薩里郡的萊瑟海德做了最後一次講道。第二天，他因病情加重，變得非常虛弱，無力走出房間，更無法工作了。他多次意味深長地講過，「我們的朋友拉撒路睡了。[50]」隨後幾天，他的病情日益沉重，不時把深情的目光投向身邊的人。臨終前說出的話是「永別了！」。

　　約翰・衛斯理的一生是英雄和聖徒的一生；如果有什麼不足和失誤，那是緣於其過於專橫固執和特立獨行的個性。他在寫給母親的信中有過這樣令人難忘的話，「我不會退出聖公會，但有時存在理念的不同。」這也是關鍵的證據，說明衛斯理引發了聖公會近代發生的一次重大變革。他願意為教會獻身，追隨他所認同的傳統，但是會保留自己心存異議的權利。我們不能把這種態度視為順從。必須承認，對英國國教的嚴重不滿有其深層原因。那時的聖公會正在墮落，沒有發揮應有的社會職能。「飢餓的羊兒抬起頭來，得不到餵養。[51]」傳統教會的重要職位任命成為政治博弈的籌碼；與六年努力侍奉基督、拯救靈魂的牧師相比，輝格黨貴族的兄弟更有資格得到主教職位。鄉村的牧師們常常不在所服務的教區居住，用低微的

---

[50]　Lazarus，馬大和馬利亞的兄弟，死後 4 天耶穌使他復活。參加《約翰福音 11:11》。

[51]　引自約翰・彌爾頓的挽歌《利西達斯》（Lycidas）。

報酬把分內工作委託給助理牧師，而負責的教區主管牧師則住在的巴斯或義大利，揮霍著 50 名農民繳付的課稅。品格高尚的人肯定哪裡都有，但是多數神職人員都是平庸之輩，而且那些「牧羊人」對自己的失職總有辯解的發言權，「我護衛了他們，沒有一個滅亡的[52]」。

麥考利勳爵這樣評價衛斯理：憑藉雄辯的口才和敏銳的思維，他本可以在文學上顯露鋒芒，他的政治智慧不亞於黎塞留[53]，即使身陷無端誹謗和嘲諷，也能全心全意心地致力於造福國人的崇高事業中。

怎麼讚譽都不誇張。我們可以說衛斯理極大地激發出民眾的自由獨立之精神，所以那隻引領迷途羔羊的手垂下後，人們終於意識到他生前所承受的巨大壓力，包括當權者的欺壓和憎恨。一位牧師在聖公會內部引發了一場最大規模的決裂，所以教會的保守勢力要用重罪指控他。我們可以不管衛斯理給教會帶來的究竟是分裂還是復興，而更應該關注他在工作中表現出來的超人毅力、熱情和忠誠。我們可以從一個人的性格中挖掘出缺點、偏狹甚至卑劣，但是還要看到他所成就的偉大事業，他那慷慨無私的奉獻精神值得我們仰慕，我們也能從積極的方面學到更多。約翰‧衛斯理有著當之無愧的王者風範；世界上除了那些頭戴王冠、受人膜拜的君王之外，還有很多無冕之王。以前一直指責衛斯理工作方法的一位牧師曾對喬治‧懷特腓[54]說，「您認為我們會在天堂見到衛斯理先生嗎？」「恐怕不會，先生，」懷特腓嚴肅地說，「因為他是離神座最近的人，距離我們又太遠，所以很難看得到他。」

---

[52] 參見《約翰福音 17:12》。

[53] Richelieu，法國路易十三時期的重臣和紅衣主教。

[54] George Whitefield，衛斯理的大學同窗，循道會發起人之一。

第九章
喬治・華盛頓
GEORGE WASHINGTON

每當船隻經過美國維吉尼亞州的波多馬克河畔的一個地方，都會鳴鐘示意。鐘聲久久迴盪在寬闊的河面上和遠處優美的田野間，如同遠村鳴響的計時鐘般美妙動聽。

這裡的鐘聲會觸動人的心弦 —— 這和美國傳統的理性精神形成鮮明的反差。現在的旅行者經過紐約、巴爾的摩和費城時，不會看到有誰能表現出這種多愁善感的情懷。如同精明的富商一樣，他們在談生意時可能一時興起，突然忘記了算計，不可思議地回憶起他的童年、父親和早年的家鄉生活。

上面提到的場景象徵著一種情感回歸，因為華盛頓的老家芒特弗農（或弗農山）就在波多馬克河南岸的一處高地上。房子保持著他離家時的原樣 —— 一所舒適的鄉村住宅，有著鮮明的 18 世紀時的英國特色。那些鐘聲表達的是美國人的真實情感，每天都有一隊又一隊的美國遊客來到弗農山，性情活潑的他們都變得非常嚴肅和虔誠，參觀國父故居成了一種朝聖之旅。負責打理每個房間的女管家分別來自美國某一州，這等於每個州都在故居有一專屬房間，門上標著對應的名牌，門口配備肅穆的衛兵；所有傢俱的風格古樸簡潔，仍然擺放在原位，它們和華盛頓臨終前別無二致。那一天，他感謝了隨員們的善良和仁慈，也請求他們不要打擾他的最後時光。

這所房子是美國人的聖地，修建者是喬治‧華盛頓的哥哥勞倫斯，房屋的名字也承載著他的一段人生經歷。美國在殖民地時期與西印度群島關係密切。西元 1740 年，與入侵島嶼的西班牙人作戰時，弗農將軍急需援軍，所以維吉尼亞組建了一支部隊，勞倫斯‧華盛頓參軍並任職上尉。戰役結束後，勞倫斯很喜歡軍旅生涯，打算到英國服役，繼續效忠國王。計畫被兩件事閒置了 —— 先是父親亡故，接著是和安妮訂婚。她是喬治的好友費爾法克斯勳爵的親戚。父親去世後，勞倫斯成為家族產業的擁有者，當時的房產名叫「亨廷克里克[55]」。勞倫斯放棄了追求軍功的夢想

---

[55] Hunting Creek，意為克里克獵手，克里克人是北美原住部落之一。

後，與妻子定居在種植園裡，並建成新家，取名「弗農山莊」，以紀念曾經效力過的弗農將軍。

勞倫斯在弗農山莊生活了不長時間，後遷居西印度群島的巴貝多，可是那裡的氣候沒能緩解他的肺病，於 1752 年去世。此後，年僅 20 歲的喬治繼承了家產 —— 先是做姪女的監護人，不久她也去世了，所以又繼承了兄長的遺產。

我們緬懷華盛頓的時候，一定要連繫到弗農山莊，因為那裡曾經是他全部生活的中心和感情的寄託 —— 雖然故土難離的他不得不背負重任，但是無論投身戰場，還是進入政壇，他和家鄉的連繫一直未斷，等到人生的終點將至，他又心懷感激地回到家鄉，欣然卸下重擔，在弗農山莊安享晚年。

華盛頓身上所有美德和才學來自傳統英國鄉紳的生活基礎。他是一位擁有房產和農場的好丈夫，愛好體育，與鄰為善，這些都是正常人必備的條件，可是身為士兵、將軍和政治家的特質卻不夠明顯。

He who though thus endued as with a sense
And faculty for storm and turbulence,
Is yet a soul whose master bias leans
To home-felt pleasures and to gentle scenes.[56]

喬治·華盛頓生於西元 1732 年。我們只知道他的父親再婚過一次，是一位名聲不錯的地主和種植園主，也是好丈夫、好父親，死於 1743 年。第一任妻子簡·巴特勒為他生育了 1 女 3 子。第二任妻子瑪麗·鮑爾又為家裡生下 4 子 2 女，喬治便是其中最大的。透過這位母親，我們能找到喬

---

[56] 選自威廉·華茲華斯為紀念海軍上將納爾遜勳爵（1758-1805）所作的長詩《無畏戰士的品性》（*The Character of the Happy Warrior*）。納爾遜富於愛心，善於指揮和激勵士兵，曾經在戰鬥中失去右臂和右眼，在著名的特拉法加戰役中重傷而死。該詩的現有中文譯本很少且不夠理想，大意為：雖然他性格堅毅勇敢，能戰勝狂風巨浪，可是精神追求上更偏向自在從容和安寧愜意的生活，更適合做閒雲野鶴。另參見注釋 62。

治身上很多優秀特質的來源。當時的維吉尼亞女性很少接受教育，更沒有機會接觸外界文化。可是瑪麗的個性很要強，頭腦聰慧，虔誠篤信，治家有方。她能堅持做人的原則，不屑於天真的幻想。當兒子日益聲名鵲起時，她淡然地說：「喬治以前就是好孩子，我相信他能做好分內的事。」直至瑪麗壽終正寢，華盛頓始終對母親滿懷恭敬的真情和深愛。

華盛頓童年時期的故事有很多，儘管符合實際的很少，但是它們都把華盛頓描述成堅強果敢的孩子，有很強的自製力和責任心。體格強健的他熱愛體育運動，騎術出眾。比如一則故事講過他如何馴服母親飼養的一匹性子很烈的小馬，那匹馬又如何在和騎手的較量中血管迸裂、倒地而亡的。我們必須一定不要被傳記作家們的獵奇心理左右。另一篇故事提到，他能把一塊錢拋到寬闊的拉帕漢諾克河對岸，現在的美國人則會心照不宣地說，「那時候的一塊錢應該能飛得更遠」，拋得多遠不是問題，或許過去的人更容易輕信吧。

除了外在的運動天賦，華盛頓的個性從一開始就有其內在基礎。我們對他的內心世界的大致了解，他所表現出的強烈責任感和自制力，以及做事時的條理性和勤勉態度，無一不印證著他所堅守的人生準則。從他上學時的練習本上，我們可以看到這樣的話：「為保持你胸中聖火的火種久燃不熄所做的努力就叫做良心。」實際上，因為這句座右銘代表了他的主要人生基調，所以他的人生經歷的確很值得我們回顧。華盛頓沒有米開朗基羅那樣的豐富想像力和神經質般的創造激情，他的生平算不上傑出天才或知識菁英的勵志故事，更多的是正義和道德力量的完美紀錄，也是馬修·阿諾德[57]那一句格言的完美展現：「Conduct is three-fourths of life」[58]。華盛頓就是一位鄉紳—— 更準確地說，我們可以把他看成英國式的鄉紳—— 他的眼界只局限於自己的莊園及其相關事務，但是由於大眾絕對信任他能

---

[57]　Matthew Arnold（1822-1888），英國詩人、文學評論家。

[58]　原文為 Conduct is three-fourths of life and its largest concern，大意為行動是一個人四分之三的生命，也是最值得關心的部分。

主持正義，一心為公，不圖私利，所以脫穎而出成為司令官、政治家和新國家的創立者，也成為狂熱追隨者的膜拜對象。一個世紀的反思和批評反而推動和提升了人們的這種崇拜心理。

　　華盛頓的求學時間不長。傳聞他 15 歲時試圖參加海軍，成為皇家海軍的一名見習軍官，登上了停泊在波多馬克河上的一艘軍艦。可是他的母親擔心海上的凶險，而且遠在英國的舅舅的來信更令她不安，所以打消了兒子的從軍計畫，華盛頓又返回學校，學習了一年的測量學。他的朋友費爾法克斯勳爵已經和弗農山莊的鄰居成為了姻親，當時和自己在貝爾瓦的同族親戚住在一起。他給華盛頓提供了土地測量的實踐機會。費爾法克斯擁有藍橋邊上的一片土地，為了防止別人非法占用，需要僱人測量面積，明確具體界線。

　　這筆生意交由喬治‧華盛頓負責。西元 1748 年 3 月，他和年輕的費爾法克斯一起前往遠處的林區，開始了探險般的勘測任務。華盛頓有機會累積土地測量的實踐經驗，同時也豐富了其他方面的知識和閱歷。他們一起風餐露宿，沐雨櫛風，有時候要騎馬涉過暴漲的溪流，有時候一起獵鹿射鳥；他們學會了如何忍受野外工作的艱苦條件，培養了獨立克服險阻的精神和信心，更開闊了眼界，學會了如何與陌生人打交道，了解了不同印第安族群和其他邊遠林區人群的生存技能。寧靜的大森林給華盛頓的性格上打下了烙印，在日後的人生中，華盛頓因其不凡的個性贏得了人心 —— 他成為一個寡言少語、思想深邃、氣度莊嚴恢弘的人，也有著一顆敬畏之心。

　　喬治‧華盛頓很快從勘測任務中獲益，精確的測量結果贏得了官方的認可和工作機會。法國人已經在俄亥俄河沿岸修建了要塞。因為華盛頓了解印第安人，掌握林地知識，為解決那裡的領土爭端，不久後奉命帶領一支探險隊與法國人及其印第安部落盟友接觸。

　　這次談判引發了戰爭。華盛頓帶領一隊殖民者撤離後，布拉多克將軍率領一支英國特遣隊繼續同對方周旋，華盛頓又受命在這次遠征中效力。

假如由熟悉鄉村生活和土著戰法的華盛頓負責指揮，那次戰爭的結局可能就不一樣了。布拉多克接受的是西方的正規軍事教育，根本不懂印第安人的作戰方式，準備採用文明國家間常用的正規戰術對付他們。一些維吉尼亞民兵大膽提出，如果攜帶著沉重裝備的軍隊以密集隊形在原始森林裡行軍，無異於自尋死路。可是指揮官對他們的建議嗤之以鼻，認為印第安人在缺乏作戰經驗的民兵眼裡或許是可怕的敵人，但是對於訓練精良的正規軍則不值一提。

傲慢的英國人按照命令上路了，官兵們都對殖民地居民的提醒不屑一顧，而後者更有經驗，心情沉重的他們已經有了不詳的預感。士兵們就這樣一步步走向厄運。有一天，隊伍前方突然響起槍聲，猶如晴天霹靂一般，先頭部隊接著倉皇後撤。周圍的樹林中驟然爆發出印第安人的戰鬥呼嘯，就是不見一個人影。華盛頓又一次懇求布拉多克將軍讓佇列分散開，因為密集隊形很容易遭到分散在林間的小股敵人的致命突襲。將軍依然固執己見。結果可想而知，驚慌失措的士兵們混亂地擠在一起，盲目地向不知身處何處的敵人開火，而隱藏起來的印第安人卻用火槍把他們一片片射倒。只有一部分人沒有倒下，就是那些「沒有作戰經驗的民兵」；策馬奔突在正規軍眼中的「懦夫」當中的只有一個人，不顧一切地沉穩指揮著，那就是華盛頓。戰鬥的結局無疑是毀滅性的，而他是少數倖存者之一。布拉多克本人在戰鬥中陣亡，埋葬將軍遺體時，華盛頓又充當起牧師角色。那次糟糕遠征的唯一亮點是華盛頓，因為他能機智諫言，作戰英勇，並沉著有序地撤退。

他在寫給母親的信中提到了那次九死一生的經歷：「維吉尼亞的民兵們表現得非常勇敢，幾乎全軍覆沒；3 個連隊中活下來的不足 30 人。萬能上帝的庇護了我，幸運程度超乎人的想像，因為外衣上有 4 個彈孔，我騎的兩匹馬接連中彈，雖然我帶領的連隊不斷有人倒下，而我卻毫髮無損。」

有一個傳說記錄了華盛頓奇蹟生還的那次戰鬥經歷。多年以後，一位

上了年紀的印第安酋長不遠萬裡面見華盛頓，說他非常想看看那個殺不死的、得到天神保佑的奇人。酋長又講述了在那次（莫農加希拉）戰鬥中是如何對付華盛頓的 —— 因為他的身高總是很顯眼 —— 酋長的步槍特地瞄著他開火，也號令手下的年輕武士們向他射擊，但是都沒有任何效果，最後他們確信華盛頓的性命一定得到上天的特殊護佑，所以不再向他開火。

華盛頓本人似乎也持有同樣的觀點，雖然在其他事務中經常表現得謹小慎微，可是面臨危險時他卻容易不計後果。據說英王喬治二世在西元 1754 年看到維吉尼亞總督轉來的一份報告，其中有華盛頓少校介紹的一場小規模戰鬥的情況。報告的結尾這樣說：「我聽見子彈在耳邊呼嘯 —— 相信我，那聲音很好聽。」國王說，「如果槍炮聲聽得多了，他就不會這樣講了。」多年以後，有人問起故事的真實性，華盛頓親自印證了國王的說法，「我之所以那麼說，是因為那時太年輕了，尚未體會到戰爭的殘酷性」。

布拉多克將軍統領的那次失敗的遠征發生在西元 1755 年。三四年後，華盛頓領命參戰，負責與印第安人談判。西元 1759 年，他和寡居的卡斯蒂斯夫人結婚。卡斯蒂斯已經育有兩個孩子，男孩 6 歲，女孩 4 歲。華盛頓沒有親生子女，但是對這兩個孩子付出的愛卻不亞於親生父親。

西元 1758 年，華盛頓被選為維吉尼亞州議員。因為他已經聞名遐邇，當選時雖然遠在軍中，但是根本不必為自己四處拉票。

華盛頓的個性在首次參加議會時就有所顯現。他不善言辭，基本上用行動說話。他可以發言，如果必須用語言解決問題，他也可以講得很好，而其他時候經常保持緘默，好像以往的山林生活經歷鎖住了他的嘴。華盛頓剛一走進議會大廳，議長馬上起身，以大會名義表示歡迎，並對他的英勇精神和突出的軍事才能公開表達讚賞。華盛頓對此毫無準備，起身應答時顯得猶猶豫豫，張口結舌，一句話也說不出來。那或許是當時最有效的回應了。議長講出了與會代表的感受：「請坐，華盛頓先生。您的謙遜品德堪比戰場上的勇敢，任何語言也無法表達我的敬意。」

　　儘管華盛頓開始進入政壇，隨後的日子還是相對平靜的 —— 那注定是山雨欲來之前的短暫平靜，到那時必須有人來給航船掌舵，這個人的才能已經得到了證明。

　　在這段平靜期，我們可以看看弗農山莊裡的安寧生活，那裡也是華盛頓牽掛的地方。如果說華盛頓更像英國人，可能在大西洋彼岸招致忌恨。在過去的殖民地時代，傳統的鄉村生活和現代美國人的生活境況存在著巨大差距，而維吉尼亞則是最典型的地方。那時的種植園主都是奴隸主，屬於貴族階層，相互之間保持著純樸的好客精神。華盛頓的鄉紳生活過得井井有條，經營自己的農場的同時，細緻周到地打理著方方面面的事情；他經常在黎明前早起；夏日的 7 點或冬日的 8 點時享用簡單的早餐；然後整天騎著馬管理菸草田；他喜歡打獵，對鄰居熱情大度，有著虔誠的信仰並積極參加宗教活動 —— 尤其忠誠於自己的家族。對於殖民地的人們來說，倫敦仍然是當時的商業中心和時尚之都，他們期盼著來自大洋彼岸的帝國的消息。國王派出的官員在殖民地享有很大特權。幾乎所有的生活用品都從倫敦訂購。華盛頓要每年兩次給倫敦的代理商發去居家和生產用品的訂貨單。這些採購單一方面說明殖民地與宗主國之間的依存關係，也展現出華盛頓做事的條理性和節儉周全的生活習慣。訂購的貨物包括犁、鋤、鍬等各種農具，家人和奴隸們必需的藥品、生活用品、器具和服裝，還有書籍、飾品、傢俱、亞麻布，甚至玩具等等。我們發現這樣紀錄：「6 歲的小主人卡斯蒂斯先生需要一雙漂亮的銀色鞋子和膝扣，10 先令價值的玩具，6 本兒童啟蒙讀物；4 歲的卡斯蒂斯小姐需要兩頂帽子，兩雙褶邊襪子，兩條領布，盡量時尚的圍嘴和圍裙若干；」最後還有「10 先令的穿著時髦的布娃娃，外加同樣價值的其他玩具。」

　　簡單有序的幸福生活就像一幅明快的風景畫，總是陽光明媚，天清雲淡，使人心生安逸。可是烏雲在聚集，開心快樂的日子就要結束了。即使在維吉尼亞人的小圈子裡，問題的徵兆也出現了。華盛頓的朋友喬治·威廉·費爾法克斯已經返回英格蘭。貝爾沃的那些愉快聚會再也沒有

了 —— 那裡的房子被大火夷為平地。

這些僅僅是外來的變故，更糟糕的是邪惡力量開始逐步蔓延。人們對殖民地的政策產生質疑，偏激的立場左右了人們的思想和觀念。弗農山莊成了一些志同道合人士們的聚會之所，在那裡召開了一些重要的政治會議。一場正在迫近的危機將考驗這些人的勇氣。他們當中至少有一個人會在烈火中得以重生 —— 不再是節儉的種植園主和熱衷打獵的鄉紳，而是人民的領導者和國家的創立者。

如果知道了這場重大危機的起因，我們很難在第一時間意識到其中的意義。與結果相比，起因顯得太微不足道了。英國政府通過的一項法案規定，北美各個殖民地的每份報紙、年曆、結婚證書、遺囑、契據合同以及其他法律文書上必須加收印花稅。稅票要向英王派來的稅吏購買，印花稅收入直接上繳英國政府，用以緩解軍費和本土政府其他方面的財政壓力。徵收印花稅是一種變相的斂財手段，侵犯了殖民地人民的權利，因而受到強烈反對。派翠克‧亨利和華盛頓以及州議會的其他議員指出，維吉尼亞有自己的立法機關，應該由它向維吉尼亞人徵稅，而不應由英國議會決定，因為英國議會根本沒有給維吉尼亞人表達民意的機會。

面對這股強烈的牴觸情緒，英國政府為了緩解危機，被迫放棄了以前的立場。遭人詬病的《印花稅法案》廢止後，北美殖民地都感到歡欣鼓舞。

可是英國政府沒有吸取教訓，面臨動亂之際，他們先是因軟弱而屈服退讓，接著卻固執地推出另一項招來對方激烈反對的政策，而且反對聲浪更甚以往。英國人又開始對茶葉、紙張、玻璃和油畫顏料徵稅。

雙方再次爆發危機，而且出現了暴力傾向。一些反英團體要求殖民地人民在廢除新稅制前不購買英國貨。用現在的話說，所有英國商品在北美遭到了「抵制」。殖民地居民在維護自身權益的過程中，主動保持了極大的克制，但是不足以達到目標，所以有識之士意識到，雙方的爭論肯定會導致一場戰爭。

　　我們可能認為一些事情本來不算什麼，卻能引發重大後果。由國會的一項法案引發出不同意見，雙方為了茶葉之類的東西爭論 —— 爭論的核心就是幾英鎊左右的稅款 —— 這件小事為何能引發一個國家的徹底革命並開創了新的歷史時代？

　　我們必須要探究其他更深層的原因。維吉尼亞的那些富裕鄉紳階層更加依賴和看重殖民地的繁榮與安寧，他們在政治紛爭中得不到任何好處，反而會失去自己的財富和安逸的生活，所以這些人並不能轉變成革命者。他們從更寬廣的視野中看清了自己的命運，如果能一直依傍大英帝國，便可以永享榮華富貴。與英國連繫最為緊密的正是這些殖民地的富人階層，他們保留著帝國所有的歷史傳統，一見到英國軍隊和戰艦便心潮澎湃、激動不已。剛開始爭論時，矛頭基本上針對他們，而不涉及普通民眾。在進一步分析就會發現，與其說借助了民眾的力量，倒不如說無視民眾的存在，才使殖民地的獨立事業得以維繫。在殖民地說了算的是地方行政官員、富有的種植園主和大商人；在軍隊中發號施令的是軍官，而普通士兵根本沒有決斷力和指揮權。上流社會必須經常和下層民眾的冷漠態度進行抗爭，努力強化他們那一絲微弱的決心和意志。華盛頓在寫給陸軍上校貝勒的信中說，「我要提醒你，選拔軍官時務必謹慎。除了紳士，別人都不夠格。」這說明華盛頓知道在哪能找到真正的革命力量。

　　只有知識階層才能認清關於稅收問題爭論的實質，而那些文化程度不高的人不可能做到這一點。認清形勢的人們由此產生很強的緊迫感，準備在危難關頭拋家舍業、守住底線。那麼，其中的實質到底是什麼呢？是純粹的愛國精神。他們意識到，除了個人財富，有意義的生活還需要別的東西來填補。他們知道，僅憑一己之力，永遠得不到生活的真正意義、個人尊嚴和幸福，可是加入到某一組織或團體中則可以實現；如同從主幹上斷開的樹枝不大可能開花結果一樣，如果個人滿足於一己私利，不關心政治環境，不在乎自由和尊嚴，同樣不可能成就有價值的人生。他們體會到了亞里斯多德的政治理念，私人財富足以確保一個人的「生存」，但是享有

相應的公民權利卻是實現「幸福生活」的保障。

　　正是富有的知識階層萌生了自由國度和公民權的明確理想。為了實現理想，他們認為犧牲物質利益是值得的。在愚昧的民眾看來，他們看上去就是一群捕風捉影的空想家。可是他們在《印花稅法案》和其他稅制問題上明確地表達了這些思想，而且立場始終非常堅定。如果殖民地的立法機構只是徒有其表的傀儡，而英國議會在投票表決時，不會聽取殖民地的意見，也不會賦予他們表達訴求的權力，那麼他們顯然就是奴隸，其待遇就像被征服的國民一樣臣服於主人，或者像幼稚的孩子一樣不值得信任。自由公民的生活被剝奪了，而且他們覺得那是每個人的恥辱 —— 一種道德上的殘缺，使他們的人生尊嚴和意義蕩然無存。

　　所以戰爭又一次爆發了，就像人類歷史上所有那些偉大的抗爭歷程一樣，人們要為一種理想而戰。戰爭的動機不僅僅停留在物質層面，其實更傾向於道德層面。以前的華盛頓表面上只是一位保守傳統的紳士，其本性隱藏在農場主的簡單外表之下，心中的崇高理想有如金屬般堅實，但是外來的紛爭和矛盾卻是腐蝕性的強酸，神聖的自由火種開始點燃，他將因此邁向輝煌，並以聖人和英雄的形象得到世人的銘記。

　　西元 1774 年 9 月 5 日，來自 11 個殖民地的 55 位代表在費城的史密斯客棧聚會，後來費城的木工們邀請代表們到他們的會所開會。雖然存在競爭關係，但是各個殖民地與母國的矛盾拉近了他們之間的距離。會議上有人提出了關於代表資格的問題，派翠克・亨利馬上表達了自己的想法。他說，「我不代表維吉尼亞，我是美國人。」在共同的訴求面前，各州不僅摒棄前嫌，而且殖民地的不同教派之間也取得了一定和解。首屆大陸會議的開幕前需要進行禱告儀式，可是宗派間的對立使得主持者的人選難以得到各方認可。此時，儀錶莊嚴、白髮披肩的薩謬爾・亞當斯起身說道：「先生們，難道教派分歧真的能妨礙我們祈求上帝的拯救嗎？真是豈有此理！儘管本人是清教徒，可是我要提請費城基督教會的牧師、尊敬的迪什博士主持祈禱儀式。」他的兄弟約翰・亞當斯在給妻子的信中寫道：「當時的場

景讓我難忘，我的身旁站著 20 位貴格會信徒，我們都熱淚盈眶。誦讀祈禱文的時候，覺得上天會庇佑我們這些飽受欺壓的人。『耶和華啊，與我相戰的，求你與他們相戰吧。耶和華啊，誰能像你，救護困苦窮乏之人？求你為我伸冤，我的王，我的主！』[59]」

在持續 51 天的會議中，華盛頓的發言好像很少。我們沒有看到他的講話內容的記載。可是在會議期間，在代表當中，以及私人交往過程中，人們都視其為重要人物。亨利記錄了華盛頓留給他的印象。他是這樣描述會議參加者的：「如果說有什麼確切的資訊和可靠的判斷，華盛頓上校無疑是人群中最惹人注目的。」雖然不知道華盛頓在會上說過什麼，但是他寫給英軍友人的一封信卻能讓我們了解他當時的心境。「請允許我補充一點，準備獨立並不是麻塞諸塞人的本意，北美大陸上的任何一個殖民地都沒有這樣的想法；可是你同時可以相信這一點，他們沒有一個人願意放棄那些權利，那是對所有自由國度的幸福至關重要的最可貴的權利，沒有那些權利，生命、自由和財富都變得毫無保障。」

會議的重要決定是任命華盛頓為武裝力量的總司令。所有人都清楚他的指揮才能，他本人也知道這是眾望所歸。然而，他在重大職責面前卻退縮了，而且態度極其誠懇。「我懇請在座的每一位先生能牢記，」他說，「我認為自己勝任不了這份光榮的使命，今天的這個聲明是完全發自我的內心。接受這一職務並非出自利益的誘惑。我將記錄履職時的具體花費。凡是我認為有疑問的，你們都可以追責。此外我別無所求。」

這次會議之後，接著便是那場歷時 7 年的戰爭，我們這裡不做過多的介紹。華盛頓要戰勝的不僅僅是直接的敵對力量。他必須克服自己陣營中的種種困難。北美各州的民兵都是臨時招募來的，因時間有限，缺乏有效的訓練。他們幾乎不具備軍隊戰鬥力所需的一切條件 —— 紀律性、凝聚力、軍事傳統和同共生死的精神。更為不利的是議會的猶豫和懷疑態度。因為各州的議會克扣軍需給養，華盛頓的部下經常衣衫襤褸、忍飢挨餓、

---

[59] 參見《舊約聖經 - 詩篇》第 35、119 章。

裝備惡劣，險些爆發嘩變。雖然困難重重，華盛頓努力把絕望扭轉為希望，把希望變成真實的勝利，最後他率領的烏合之眾成為英國正規軍的強大對手，並在西元 1781 年的 10 月 19 日攻下約克城，迫使英軍司令官康沃利斯（也稱康華里）勳爵無條件投降。這次戰役的勝利代表著革命戰爭的結束，確立了北美殖民地的最終獨立。華盛頓號令全軍，要感謝上天的眷顧。「本司令官懇請所有沒有任務的部隊，用你們嚴肅的態度和感恩的內心，一起表達對上帝的感激之情，牢記來自上帝不息的偉大力量。」

除了戰爭的偉大勝利，還有令人高興的插曲。在弗雷德里克斯堡舉辦了一場盛大的慶功舞會，而焦點人物是華盛頓的母親，她已經 74 歲了。她步入房間後，依偎在兒子的臂膀上，領受著兒子的好友拉斐特和法國軍官們獻上的得體的恭維話。但是對總司令的豐功偉業，她始終隻字不提，唯一注意到是兒子臉上的柔情，並回憶著過去的時日。他依然是自己的兒子，「始終都是乖孩子，我們相信他能把事情做好。」

一場風暴雖然結束了，但是新獨立的共和國猶如一艘航船，必須要通過重重險惡的暗礁和流沙，才能使憲政得以完善，駛向風平浪靜的天堂。不同派系之間明爭暗鬥。有人密謀要成立軍政府，讓華盛頓登上權力巔峰。華盛頓甚至收到一封信，言辭謹慎地試探他的反應。華盛頓這樣回答，「我感到非常茫然，無法接受自己的什麼行為會勾起人們的無端猜測，讓我稱王的計畫對我來說更像一種莫大的傷害，這種做法在任何國家都是如此。假如我的自知之明受到蒙蔽，你們便找到了實現陰謀的合適人選了……可是我要懇求你們，如果能為國家、自己或子孫後代著想，或者能尊重一下我本人，務必摒除這些想法吧，絕不要再聯絡了，無論是你們還是其他存在類似心思的人，我都不會再理睬。」

然而，軍中到處怨聲載道，彌漫著不滿情緒。議會上下對軍隊產生了猜忌和懷疑，而且給予不公正的待遇，普遍存在拖欠軍餉的問題。華盛頓意識到了軍隊的危險動向，他們已經打敗了強大的敵人，變得英勇無畏，而功成名就後，怨恨和不滿在暗中不斷蓄積，所以他立刻召集會議，要用

自己的全部威信控制事態，號令部下忍耐克制。會議的氣氛很緊張，而華盛頓沒有出色的口才，講話時總是缺乏自信，所以事先準備好了講稿。他唸了一句後停下來，取出眼鏡，一邊戴一邊說：「先生們，請原諒我必須戴上眼鏡。做你們的統帥使我的頭髮變白了，現在我的眼睛也變瞎了。」

華盛頓所講的內容很簡單，講話的方式也極其隨和，但是打動了所有人，其效果勝過別人的精彩演講，成功安撫住了軍隊。

心存不滿的大陸軍引發的危機暫時平息後，華盛頓轉而加強中央政府的權威，並努力在各州確立對中央政府的信心。他致信各州，強調了緊密團結和互信的必要性。

華盛頓的努力有了成效後，準備遣散部隊，並辭去總司令之職。他從紐澤西來到紐約，在法蘭斯酒館和戰友們見了最後一面。他們飲下了一杯離別酒，但是沒有太多的言語交流。在場的華盛頓心情激動，已經無法自如地表達。他只說：「我不能過去和你們逐一道別了，如果你們過來握手的話，我一定會等著的。」他向站在身邊的諾克斯將軍伸出手。諾克斯比他小 20 歲，也是結交多年的好友。華盛頓的眼中噙滿淚水，把諾克斯拉到近前，默默地吻了他一下。華盛頓就這樣默默地和所有的軍官們道別。莊重威嚴的外表背後滿含著袍澤柔情。他經過排列齊整的士兵隊伍，走向來時搭乘的渡船，起航時向眾人揮帽致意。華盛頓在費城向議會提出辭呈，然後返回家鄉弗農山莊，正式解甲歸田。

恬淡知足的品格和平靜自若的人性尊嚴最為難能可貴，很少有人能完全遠離追名逐利的野心，尤其是親手締造並統領軍隊戰勝了艱難險阻，把離心離德、彼此猜忌的各州聯合起來，並建立起統一國家的這樣一個人，可是位高權重的他卻能悄然退隱田園，這種人很是少見。他寫信給拉斐特，措辭依然樸實無華：「親愛的朋友，我終於成為波多馬克河畔的普通人了；在自家葡萄架和無花果樹的樹蔭下，徹底遠離軍營裡的喧囂和公共事務的繁忙勞碌，安寧的私密生活享受令我身心快慰……我不單辭去了所有差事，而且過上了真正的退休生活，能夠心滿意足地獨自散步。我意已

決，一切都令人滿意，沒有什麼可羨慕的；親愛的朋友，這就是我的進軍令，我會在人生的長河裡漫步，最後將和父輩們安眠於此。」

柏拉圖說，優秀的統治者是那些不願意當統治者的人。華盛頓完全符合這一標準。毫無疑問，他故意選擇寧靜生活完全是出自本心。「有些人的權力欲很強，那就讓他們去追逐名利、滿足個人野心吧，好讓那些與世無爭的人多享受幾年快樂時光。」華盛頓就是這樣說的，可是他才 57 歲。他的這種理想卻沒有像「進軍令」一樣得到貫徹執行。獨立後的美國各州經過不記名投票，很快重新啟用華盛頓，所以他只好告別家鄉農莊的退隱狀態，依依不捨地返回名利場，成為登上美國總統寶座的第一人。雖然心情沉重，他還是聽從了國家的召喚。

看望年邁的母親是他去紐約前的最後一件事。老人家已經 82 歲了，這是她生命中的最後一年。下面我引用明尼蘇沙主教大人的文字描述當時的情景，「我們可以想像出辭別時的溫情，身為虔誠的教徒，上帝的力量讓他閃耀出神聖的人性光輝。」

「前往紐約的途中，華盛頓不斷受到人們的熱情歡迎。維吉尼亞的鄉鄰和友人爭相表達祝福。巴爾的摩人的慷慨和熱情發揮到了極致。費城人給他戴上了桂冠；沿途的鐘聲為他歡快地鳴響，加農炮為他轟鳴，人們齊聲高呼『總統萬歲！』紐澤西的特倫頓的熱情不亞於其他城市，當地人沒有忘記西元 1776 年英軍雇傭兵的暴行，解放他們的正是華盛頓。特倫頓人盡情表達著擁戴感恩之情。一座凱旋門上刻著如下文字：『西元 1776 年 12 月 26 日。保護過天下母親的英雄也會保護所有的兒女。』在伊麗沙白港，當地議會特意迎接華盛頓，並派出一支艦隊迎送，身著禮服的官兵和水手們組成儀仗隊，其陣勢絕對超過迎接凱撒大帝凱旋時的盛況。4 月 23 日，艦隊護送華盛頓駛往紐約。一週的行程洋溢著節慶氣氛。」

「4 月 30 日，紐約的所有教堂都在為新政府和選定的首腦祈禱。臨近中午時分，人們紛紛湧上街頭。密集的人群擠滿了聯邦議會大廳附近的所有屋頂、門廊和窗口。總統會見了國會參眾兩院的議員。政要們排成佇

列，華盛頓跟著議員們來到聯邦大廳外的陽臺上，周圍是他的隨員和傑出的獨立元勳。大家的目光都彙集在威嚴莊重的華盛頓身上──他的身高有 6 英尺多，身形勻稱，面色紅潤，深藍色的眼睛深嵌在臉上，濃密的褐色頭髮裡摻雜著灰白色，下頜剛毅，鼻孔開闊，神情和藹自若。這就是國父的形象。」

「紐約州的首席大法官宣讀就職誓詞的時候，這位勇敢的戰士因為激動而顫抖不已。華盛頓的手撫在《聖經》上。『以色列萬能的神使他的手健壯』[60]，不知那是否是天意？祕書會把聖經舉到總統的唇邊。華盛頓莊嚴地說：『我發誓，願上帝助我！』然後恭恭敬敬的鞠躬並親吻聖經。」

他神情專注、雙唇顫抖著發表完就職演說，然後轉身對朋友們說：「我們去聖保羅教堂禱告吧。」

這就是美利堅合眾國憲法的歷史開篇和首任總統的就職典禮。一個新生的國家必將承受各種困難和考驗，而我們無法確切再現那段歷史。

4 年任職期限一到，華盛頓再次當選總統；可是第二任期結束之際，再也沒有什麼能說服他繼續任職了。最後他毅然退出了政治舞臺，回歸故里，安享弗農山莊的平靜生活。那裡一直是他魂牽夢繞之地，現在終於如願以償了。

可是安寧的退休生活並不長久。華盛頓在西元 1797 年的 3 月退休。西元 1799 年 12 月，溼冷天氣使他突然病倒，兩天後便辭世了，而新世紀的腳步也已臨近。「為神的子民永遠安息[61]」。

華盛頓走到生命盡頭時，沒有什麼轟轟烈烈的場面。他在生前和死後始終如一，同樣是一個堅強、樸實、本分的善良之人。他做出了農場事務的最後安排，一再為自己帶來的麻煩向醫生和侍從們道歉；聽到他們在哭泣，又平靜地說：「啊，別哭，別哭！我要死了；可是，感謝上帝，我可

---

[60] 參見《舊約聖經‧創世紀》49:24。

[61] 參見《新約聖經‧希伯來書》4:9。

不怕死啊！」

　　華茲華斯的詩句非常恰當地概括了華盛頓的品性。歷史上很少有人能完全實現「無畏勇士」的理想：

> Who, if he rise to station of command,
> Rises by open means; and there will stand
> On honourable terms, or else retire,
> And in himself possess his own desire;
> Who comprehends his trust, and to the same
> Keeps faithful with a singleness of aim;
> And therefore does not stoop, nor lie in wait
> For wealth, or honours, or for worldly state;
> Whom they must follow; on whose head must fall,
> Like showers of manna, if they come at all:
>
> Who, whether praise of him must walk the earth
> For ever, and to noble deeds give birth,
> Or he must fall, to sleep without his fame,
> And leave a dead unprofitable name--
> Finds comfort in himself and in his cause;
> And, while the mortal mist is gathering, draws
> His breath in confidence of Heaven's applause:
> This is the happy Warrior; this is he
> That every man in arms should wish to be.[62]

---

[62]　這是注釋 56 中提到《無畏戰士的品性》中的詩句。

第十章
亨利·馬丁
HENRY MARTYN

　　我們容易把行善看成是很無聊的事，這是為什麼呢？有一部分原因是書本中描述的好人形象都千篇一律，他們的性情文雅平和，做到行為端正沒有任何難度；而我們這些凡夫俗子卻要承受艱難的掙扎，一旦放任自己，自然天性會使我們在欲望的激流中起伏跌宕，迷失方向。那些意志堅定、心地純潔、正直無私的偉人，都有著極其虔誠的信仰和高尚的理想。可是他們在哪裡和我們一樣呢？我們認定他們的境界高不可攀，所以一直渾渾噩噩地安於現狀，自甘平庸。實際情況卻完全不是這樣。如果我們深入了解那些聖人名士們的生活，就會發現他們也有過軟弱和焦躁的時候，也會表現出惰性或者不願為他人奉獻；即便他們的信念後來變得非常堅定，足以撼動山嶽、撲滅烈火，以前也一定經歷過微小和動搖的時候。但是他們能主動做出選擇，願意相信上帝，篤信萬能的神力可以改變自己，相信上帝救人濟世的諾言不僅對那些身陷絕境的，喜歡幻想的，或者頭頂光環的人，而且對他們自己同樣意義重大。諺語說得好，「每個人都能創造奇蹟」。我們又會說，「但是我們不會成功」，然後放棄努力。另外，耶穌不是也說過，「手扶著犁向後看的人，不配進神的國度[63]」嗎？可是耶穌當時有沒有更深的意思呢？傳教救世的道路將遇到慘痛的失敗；然而從來不扶犁、不願走上聖徒之路的人，他們的歸宿會是哪裡呢？

　　西元 1781 年，亨利‧馬丁出生在英格蘭康瓦爾郡的特魯羅。做過礦工的父親約翰‧馬丁有著常人不及的體力和精力。那時候的礦工要在井下連續工作 4 個小時，然後上來休息 4 小時，所以約翰把閒置時間用於讀書學習和練習寫作。因為有數學天賦，他到特魯羅的一家商行求職，最後成為那裡的高級職員。亨利的兄弟姐妹很多，但是不知為何都夭折了。西元 1788 年，亨利到特魯羅上學，那裡的生活並不開心，他不喜歡遊戲活動，對學業更提不起興趣。他的老師卡迪尤博士的評價是，亨利的進步不如其他孩子快，不是因為他們的能力更強，而是他們更能利用好讀書時間。老師又補充道，「周圍的同學總向我告狀，說亨利生性活潑好動，表現得最

---

[63]　參見《新約聖經‧路加福音》9:62。

懶惰，而且上課時很少甚至根本不做預習，好像在靠著直覺在讀書。」

　　年幼的亨利經常受到欺負，有一部分原因是他表面上極其老實溫順，可是脾氣卻急躁易怒。別的孩子總是利用他的這種複雜性格。隨著年紀的增長，情況有所好轉，亨利結交了一些熱心的好友，他們的友情持續終生。此外，他的功課也在進步，只是速度不夠快。沒有人能想到他能出人頭地，將來會在劍橋大學取得巨大成功。西元 1797 年 6 月，亨利·馬丁從中學畢業。準備上大學的過程中，本該在數學方面下苦功的他卻經常在上午去玩射擊，到了晚上才開始讀書，尤其喜歡旅行方面的書籍。

　　特魯羅是一座萬人小鎮，坐落在一條大河的上游，蜿蜒的河水穿過群山，流經英格蘭西南部的法爾茅斯港。灰色的小鎮周圍山高林密，當時有大片的荒野，石楠叢生的山間盡顯荒涼之象。現在，列車從隧道中飛速衝出，行駛在高大的木製高架鐵路上。鐵路橋橫跨煙霧籠罩的城鎮上方的山谷，木頭支架就像蜘蛛腿，看上去讓人不放心。那裡的教堂是一棟簇新的宏大建築，突兀在一片石板屋頂中，為小鎮帶來以前從未有過的特殊氣象。退潮時，寬闊的河口地帶露出大片的灘塗，河道變成曲折的淺溝，只有小船才能通航。各處可見一塊塊的海草，綿柔地伏臥在泥灘上，也能看到一大堆浮木無助地困在爛泥裡，逃不脫盤根錯節的野草的束縛。海濱沼澤的邊緣就是陡峭的山巒，那裡只有零散的幾家農場。河灣一帶卻是生機盎然：從岸邊很遠的地方就能看見許多水鳥，比如泥地上漫步的麻鷸，時不時發出悠揚的「悲鳴」；小水溝和坑塘邊，各種鷗鳥、鷸類和野鴨們或者盤旋翻飛，或者收翅落地，鳴叫聲此起彼伏，顯得熱鬧非凡。蒼鷺邁著威嚴的步子，略顯笨拙地從旁邊的溪流跋涉過來，好像這裡的河口地帶有著獨特的吸引力。

　　這條河正是亨利·馬丁經常流連忘返的地方。他要麼躲藏起來，等待水邊灌木叢裡膽小的麻鷸露頭，要麼故意驚起溪畔的沙錐鳥。那溪流源自山間高處的沼澤地，喧鬧著流過砂石，最後隱沒在面積愈來愈大泥灘中。

　　然而，這種閒散自在的生活結束了。西元 1797 年，亨利來到劍橋的

聖約翰學院，儘管不如父親希望的那樣刻苦，畢竟開始了他的大學生涯。「新結識的一些同學又使我經常陷入閒散狀態」，他這樣寫道。當年年底，亨利在學院的考試中取得了第一名的成績，這讓他有了發揮才智的新動力。這期間他也得到了一次難忘的教訓，而且和他那沾火就著的脾氣有著直接關係。一天早上，聖約翰學院的一位朋友科特里爾徹底惹惱了亨利。他拿起桌上割繩子的一把折疊刀，向科特里爾投了過去；對方低頭避開了，刀子釘在門上，在那裡顫動不已。可以看得出來，基督徒應有的溫順性情沒有展現在主角的性格之中。因為學業成就遠不及當初的期望，西元1799 年，亨利回到家鄉。他自己承認，如果受到些許委屈或者被惹怒，他一定會跟父親和姐姐鬧彆扭，這樣才能發洩自己的失落情緒。為人非常低調、重情重義的父親能夠體諒兒子的失落感和急躁秉性，他表現出極大的耐心，包容了兒子的一切。然而，直到假期結束，亨利的行為舉止依然不可理喻，態度始終尖酸刻薄，等到他離開康瓦爾時，也沒有一絲悔意。此後，他和父親再未謀面，而後者卻在第 2 年的 1 月突然去世了。每當回憶起自己是如何回報父親那恒久未變的善良和仁慈的時候，年輕的亨利都感到痛徹心扉。他對自己說，「只要能再見他一眼，哪怕時間再短也可以，我要讓他知道我愛他，而且一直愛著他，無論如何也不會留下遺憾啊。」亨利的心態因為這件事得以轉變，開始考慮一些嚴肅的問題。他提到在大學的小教堂裡受到過的心靈震撼，〈聖母頌〉中吟唱到耶穌降世時，歌聲表達出的歡喜之情令他大為驚訝，此前他可從未體會過那種心情。臨近學位考試，他必須全力以赴地溫習功課。在寫給姐姐的信中，亨利發出這樣的感嘆：那些織布工人和莊稼漢們在辛苦勞作的時候，可以同時隨便放鬆精神，也可以沉思冥想，但是不影響工作。可是面對考驗抽象思維的數學課，根本沒有恍神的機會，他無法分心去研究那些自己偏愛的科目，更無暇顧及剛萌生的宗教興趣。

國王學院住著一位關鍵人物，他在三一教堂任職，在宗教界的影響

力無人能及。這便是牧師查理斯·西蒙[64]。此人承受住了瘋狂的迫害和嘲弄，贏得了大家的尊敬和熱愛。他經常成為別人譏諷和攻擊的對象，被朋友孤立和背棄。就像被迫背負救世主的十字架的古利奈人西門一樣[65]，西蒙還是欣然接受自己的命運。他的理想是盡其所能濟世救人，很自然地吸引了對宗教產生興趣的亨利·馬丁。每個星期日的晚上，和西蒙志同道合的亨利都會在國王學院舉行座談會，要好的同學們圍坐在房間裡，每人能有幸輪流向西蒙提問，西蒙盡量一一給出最圓滿的回答。他們的交流方式聽起來有些平淡，但是我們要知道參加此類聚會的人都有虔誠的態度，而且無論是從書籍還是專業人士那裡，當時的人們不像現在這麼容易獲得宗教信仰方面的資訊和說明。

最後，馬丁必須參加劍橋的文學士榮譽學位考試。對於一個家境一般或者研究興致不高的年輕人來說，能否通過考試的意義重大。如果能夠取得好成績，他便可以，而且只能借此出人頭地。第一天上午進入學校的學位評議會堂時，他感到心煩意亂，但是默唸過一句經文後，自己便平靜了，「你為自己圖謀大事嗎？不要圖謀！耶和華說[66]」。西元1801年一月，考試成績發布下來，馬丁名列前茅，他成為當年劍橋大學學位考試的第一名，獲得了學生中的一項最高榮譽。「我實現了最高理想，」他這樣說，而且說得很簡單！「可是很奇怪，我發現抓到手的是幻影。」

西元1802年3月，亨利·馬丁被選為所在學院的研究員。假如他沒有結婚，如果他能接受聖職，這份職位能確保他過上安穩日子，可以獲得劍橋的自用房間，也有權選擇繼續在大學裡深造；如果他願意留在故鄉，一定能生活得安逸舒適、名利雙收。這的確是巨大的誘惑，可是亨利並不滿足於此。他在威爾士的旅行日記中寫道，在從事聖職過程中，他變得非常倦怠，一想到這一點就惴惴不安。這種心境完全不同於常人該有的知足

---

[64]　Charles Simeon, 1759-1836。

[65]　參見《馬太福音》27:32;《馬可福音》15:21;《路加福音》23:26。

[66]　《舊約聖經·耶利米書》45:5。

常樂的心態。他是一個極其矛盾的人，身體一直不夠強壯，最大的願望就是在家裡享受文人的社交生活；即使他隨心行事也無可指責。離開割捨不下的家人和朋友，去異教徒當中傳教的決定對他而言極其痛苦。工作的難度好像能壓垮他。他寫道，「一想到必須在愚昧可憐的人群中不斷重複同樣的工作，我那高傲的靈魂便生出反感。要承擔起牧師和傳教士的責任，獻身給坎坷艱辛的一份事業，那是凡人無法承受之重。我經常感受不到對上帝和世人的愛 —— 每項工作帶來的那種自豪感、不滿足和不情願的感覺都讓我痛苦萬分。」但是他堅持下來了，並在西元 1803 年授聖職成為牧師。他在日記中說：「我堅信，基督徒的修行體驗不是幻覺；無論我的體驗是否是虛幻的，總有一天會看清楚一切。」

亨利開始擔任老友西蒙先生的助理牧師，負責的教區是小村鎮洛沃斯。第一次教區布道之後，發生了一件印象深刻的怪事。亨利注意到集會中有一位老人，一直在找機會與他攀談，正當他準備上馬返回劍橋城的時候，老人請求在一旁邊走邊談，並鄭重警告他要考慮這樣一個問題，如果因為牧師沒有盡到自己的職責，造成任何教民的心靈之花枯萎凋謝，那麼他就應對一手造成的後果負責。這樣的顧慮和新工作的負擔給亨利帶來巨大的精神壓力，他開始厭惡講道說教，並心生抱怨，覺得那是「一塊石頭在對一堆石頭說話」；他說自己再也不能像以前那樣透過閱讀得到樂趣了；他不得不總惦記著下一次的布道活動；他祈禱著，努力做好自己的工作，但是找不到動力。西元 1804 年，新的不幸又來了。由於經營失敗，亨利失去了父親留給他和姐姐一小筆財產，所以姐姐的生活只好靠他接濟。此外，他的心中還有很深的憂慮。基督徒要以「征服世界」為己任，可是亨利開始懷疑自己就像面對強敵臨陣脫逃的士兵一樣，追隨上帝的所有嘗試是不是出於消極避世的目的。同時，他對悠閒生活的誘惑的抵抗力也更低了。「自從追隨了上帝，」他寫道，「繪畫、詩歌和音樂開始有了吸引力，我以前可是一竅不通啊。」

但是亨利‧馬丁還是抵擋住了誘惑；每分每秒，日復一日，他一直在

工作，訪問醫院、救濟院和貧困家庭，力所能及地行善布施，經常累得精疲力竭。他也開始嚴格要求自己。「自我放縱是可鄙的，」有一天他在日記中寫道，「如果總想慵懶地躺在床上，就說明我的性格中有弱點，所以我決意要一輩子生活在自我否定之中。活力和熱情從心底裡迸發而出：通常避之不及的那些工作任務，現在似乎都變成了輕鬆的娛樂活動。」

當時的印度由東印度公司管轄。不久前，亨利·馬丁申請過駐印度的專職牧師職位。東印度公司向各家貿易站聘用的牧師支付薪酬，對於那些有志於傳教事業的人士們而言，這好像是最合適的一條道路。亨利得到通知，任命將很快下達，所以前往康瓦爾和家人道別。他在家鄉還有牽掛的心上人。她是本地名門的小姐，亨利曾憧憬著一樁美滿姻緣和安寧充實的生活。但是他從來沒有公開告白過；現在，經過激烈的天人交戰，他決定做個了斷。他的日記內容中早就有所流露，對於一個情感深沉熱烈的人而言，他決心飲下那杯最為苦澀的酒。他在康瓦爾為大群信眾講道；他在那裡聲名鵲起，前來聆聽布道的人群坐滿了教堂，就連走廊裡也站滿了人，還有很多擠不進來的人只好失望而歸。亨利在布道時預言「那麼現在，我們都是耶穌的使者。」

離別的日子終於到來，就像過去的先知亞伯拉罕一樣，亨利·馬丁毅然決然地離開了家人和故鄉，去尋找上帝之城。

亨利又回到劍橋，懷著極其沉重的心情做最後的安排，很少能靜下心來思考自己設定的遠大理想。「人的肉體畏懼痛苦，」他說，「可是耶穌為我在十字架上受苦，我怎能畏懼苦難呢？」

離開劍橋讓他無法接受。看到月亮從學校莊嚴的外牆邊升起，月光透過禮堂彩繪的窗櫺，他的心飄向遠方。最後，他來到倫敦，被迫在那裡苦等幾個月的同時，開始研習印度斯坦語言 [67]。西元 1805 年 7 月 8 日，亨利終於來到樸茨茅斯港，此時他已經身心俱疲，以至於在旅館過夜時竟然昏迷過去，並陷入抽搐狀態，看得出他承受了莫大的折磨。劍橋友人的來信

---

[67] 印地 – 烏爾都語，也稱印度斯坦語，通行於印度北部地方。

給樸茨茅斯的亨利帶來莫大安慰，他們又送來銀質的羅盤，以便陪著他漂洋過海。

　　當月 17 日，亨利登上東印度商船「協和號」，同行的還有海軍上校賓統領的一隊兵艦。艦隊在法爾茅斯拋錨停留，亨利再一次見到了故鄉熟悉的山巒和特魯羅灣。行程完全出乎預料，他本以為船隊會直接駛過那裡。逆風天氣持續了將近 3 週，所以他們只好滯留不動，上天就這樣把離別之痛拖長了，而亨利則有機會和友人們再聚。可是起航的信號來得太過突然，如果不是「協和號」在離港時出了事故，亨利就很可能趕不上航程了。第二天，康瓦爾依然在他們的視線內。那是一個星期日，亨利應邀布道，布道詞是這樣的：「他們卻羨慕一個更美的家鄉……[68]」他又說，「重複經文的時候，我又一次忍不住落淚，因為聖馬可山、聖希拉蕊的尖頂和樹木馬上要消失在視野裡了。」到訪愛爾蘭南部的科克港後，船隊終於揚帆起航，包括幾艘東印度大商船，50 艘運輸船和 5 艘兵艦。此時的亨利‧馬丁已經苦不堪言，他的身體已經垮掉，精神也已崩潰；他無法入睡，神情呆滯，高燒不止。

　　雖然我們習慣了大輪船上的快捷航行，但是過去乘帆船遠行幾乎是讓人無法忍受的折磨。幾個星期過後，他們仍然位於蜥蜴角[69]一帶的緯度上，船隻不敢掛帆航行，海面上巨浪滔天，細雨淋漓。直到 9 月分，船隊才抵達大西洋上的馬德拉群島。亨利同軍官們的關係不睦。賓上校不接受亨利的講道方式，認為手下人不應該去聽牧師的長篇大論；軍官們也不止一次在講道時退場。但是很多水手和士兵成為了亨利的朋友。10 月 30 日，船隊跨過赤道，3 艘護航船觸礁遇險，而「協和號」成功避開幾百碼外的礁石，僥倖脫險。離開聖薩爾瓦多後，很多船員染上了痢疾，亨利在疾病的侵襲下變得痛苦不堪，日益虛弱，但奇怪的是他很快康復了。上校本人

---

[68]《新約聖經‧希伯來書》11:16。

[69] 蜥蜴角位於英格蘭康瓦爾郡南部的半島一帶，岸陡浪急，是最為凶險的航行路段之一，被稱為「船隻的墳墓」。

也一病不起，臨終前得到了亨利的照料。西元 1806 年 1 月 3 日，船隊抵達非洲的好望角，也是士兵們要占領的地方。附近地區不僅展開了陸戰，軍艦也參加了戰鬥。亨利十分難過地送別了那些上陣的士兵朋友，然後很快跟隨他們登陸，開始履行一名牧師的職責，盡其所能救治傷患。由於工作得十分專注，差一點被喝醉酒的哨兵開槍射中。在好望角停留了一段時間後，他們再次起航。4 月 19 日，他們可以遙望印度洋上的錫蘭島（現在的斯里蘭卡）。22 日，他們在印度的馬德拉斯港停靠。在前往加爾各答的途中，亨利飽受不明病症和憂傷情緒的折磨。如他所言，每天早上起床後，他都感覺缺少生活目標。他渴望能在印度得到解脫，過上一種漫無目的、閒散虛無的生活。盡職工作讓他生不如死，實際上，他也絕不可能盡職盡責。全新的環境，難以忍受的氣候條件，以及繁重的工作都令體質虛弱的亨利灰心喪氣。在海岸邊看到高大的印度教寺院後，亨利才從消沉萎靡中恢復過來。一想到印度那些盛大的宗教儀式，每年的拜神活動能造成的數千人喪命，亨利對傳教事業的前景又熱情重燃。

在艾爾丁鎮安家的牧師大衛・布朗來到加爾各答迎接亨利。布朗把河邊的一座廢棄寺院轉讓給亨利。雖然朋友們懇求亨利留在加爾各答工作，可是目睹過印度神廟中的偶像崇拜儀式，聽到暗黑森林中傳出鐃鈸鐘鼓之聲，看到寺院裡黝黑神像前跪伏在香燭中的信眾，還有亨利來不及阻止的殉夫自焚的印度婦女，都堅定了亨利在異邦傳教的決心。此外，他在加爾各答的布道活動受到很多誤解。人們認為他過於苛刻，他的說教沒有帶來任何希望；他受到攻擊，遭人當面駁斥。最後，亨利接到了去迪納普爾傳教的任務。他只好坐上羊皮囊連成的渡船，沿恒河逆流而上。這種運載工具像游艇一樣龐大，寬度超過 4 公尺，吃水深度達 1.5 公尺，逆流拖拽在河中每天可以行進 27 至 32 公里。在內河航行一般沒有太大的風險，但是強烈的西北風會突然刮起來，印度的大河中也會翻起大浪，足以在頃刻間掀翻大船。亨利乘坐的羊皮船被吹進淺灘後突然漏水了。人們整晚忙著捆紮自救。幸運的是，風暴突然減弱了。攜帶的補給品已經不足，可是亨利

高興地發現，年少時遊戲中的射擊本領沒有生疏，夜間成功地獵到了幾隻飛禽。他對戶外運動的熱情又突然復甦了。談及一次夜間的散步經歷時，他這樣寫道：「10 月 25 日。我來到大河東岸。對面的景色非常浪漫，參天大樹連成壯觀的森林，幽暗的陰影下透不出一絲光亮。周圍的原始風貌使我心生敬畏之情，穿過這片蠻荒之地，我們才能見到文明之光。返回途中，看到一頭碩大的野豬沿著河邊賓士而過。可惜沒有帶槍，不然的話，我本可以獵到牠，因為牠就在射程之內。夜半在船艙裡聽著岸上『雄赤鹿的讚美詩』，我感到很開心。」然而，他發現一旦與土著人打交道，心情又開始低落下去了。

　　他最後寫道：「11 月 25 日。今天下午到達古城巴特那[70]，我們一邊走一邊看風景，以後就要在這裡傳教了。見到那裡的群眾時，我驚呆了 —— 河邊的人多得數不清。」

　　第二天，亨利來到迪納普爾。他發現學會當地不同的方言十分困難。雖然可信度不高，但他聽說那裡的語言每隔 6 公里就會不一樣，用一種方言寫成的書在不到一公里以外的地方便沒人能看懂。所以他著手學習梵文，這是各種方言的基礎。有一次，據說亨利為了去主持婚禮，騎馬走了 110 多公里，我們可以從中大致體會到，做迪納普爾專職牧師的工作艱辛。那裡的 3 月分，樹蔭下的溫度高達華氏 92 度（大約攝氏 33℃）。亨利面臨的最大難題還是如何應對那些原住民，因為要努力改變他們的宗教信仰。一位婆羅門[71]告訴亨利，他不會信仰一門沒有任何修煉難度的宗教，如果每星期只敬神一天，只要你願意，任何時間或地點都可以禱告，不論沐浴與否都可以進食，那麼這種修行過程也太隨意了。另外一位祭司僅僅同意抄寫一份《聖經》裡的「十誡」，其理由卻不是因為戒律能給人什麼正確指引，只不過能從中知道什麼事不能做。這就是向婆羅門傳教的真正困難。其難度不同於給那些一直沒有法度的野蠻人立下規矩，而是要努

---

[70]　Patna，位於印度東北部。

[71]　Brahmin，即印度的貴族祭司。

力說服人徹底捨棄已有的宗教實踐和信仰以及各種儀軌，它們些不僅相當古老，而且絕對比基督教的儀式更微妙複雜；對歐洲人而言，進食動物的肉，獵鳥取樂，飼養成群的大型家畜，贊成死刑等等做法都很正常，而在印度人眼中，拍死一隻蒼蠅也是一種罪過，所以要他們接受一種代表仁慈和人道的全新宗教不太容易。

不信任的第一個跡象表現在，孩子們不斷從亨利開辦的學校裡翹課。不管怎樣，他們後來又逐漸返回英國人的學校，亨利也由此學會了謹慎處事。他用印度斯坦語寫了一本很短的寓言集，但是不敢直接發給孩子們。他又挑選了一本印度教的古籍為教材，那本書論述的是守護神毗瑟挐[72] 的事蹟。「我認為，即便這本書沒有益處，也沒什麼害處，因為不可能讓孩子們真正理解其中的內容」。他開始專注於很有必要的一項工作，把英文的《聖經》翻譯成波斯語。時光在日常工作和事務中不知不覺地流逝，亨利開始稱之為「愉快的隱居」。

從表面上看，亨利似乎學會了不再尋找世間的快樂和幸福。可是心境剛剛開始平復，他便得知姐姐的死訊。考慮到電報技術出現以前，資訊傳遞有很大的滯後性，所以痛失親人之類的消息更具殺傷力，人們往往無力回天，不知道誰更可憐 —— 是獨自在海外吃苦受罪，對親人離世毫不知情的人，還是遠在英國的那些哀悼者？幾個月之間，他們還能從亨利那裡接到一封又一封的信件，每封信都滿含姐弟間的真情，可是她再也看不到了。然而，命運不會永遠作弄人，悲傷之情也總有終結的時候。

這時候，有一位皈依基督教的伊斯蘭教徒薩瓦特來到迪納普爾，他的行為為亨利帶來很大困擾。此人有過從軍經歷，個性粗暴急躁，為了達到基督徒的標準，他付出的努力令人感動。薩瓦特經常自比一隻綿羊，因為身後站著一頭獅子，即便身處豐饒的草場也無福享用。他說，「我的心像一面鏡子，能反映一切，卻沒有自己的內容；它只配歸還給造物主，讓祂重新塑造一番。」然而，怪異的薩瓦特祈禱時，臉頰上竟然留下眼淚。到

---

[72] Vishnu，又稱毗溼奴。

達迪納普爾的第一個星期日，他就去了教堂，但是認為沒有受到應有的尊重，禮拜儀式開始前，便離開教堂回到家裡。亨利‧馬丁找到他，勸其回到教堂裡，這讓他感到羞愧和後悔。馬丁經常和薩瓦特一切閱讀伊斯蘭教經典《古蘭經》。由於馬丁不飲酒，有人傳言他已經變成伊斯蘭教的信徒。一直在幫助馬丁用印度斯坦語翻譯《新約聖經》的薩瓦特固執地認為，馬丁僱用的一位祕書會因為分擔工作而搶了他的部分功勞，出於荒唐的嫉妒心理，拒絕再參與翻譯工作。因此，所有重擔都落在亨利‧馬丁的肩上。此外亨利和駐印軍官兵的關係一直很融洽，自從指揮官換成了新來的陸軍上校後，一切又變了。某一天，一位年輕的英國人來找亨利，直陳對一些重大宗教問題的疑慮。亨利親切直率地同他進行了一番交談。解決疑難完全是託辭，因為這位年輕人後來到處添油加醋地重複亨利講過的話，肆意取笑他們的那次交往。羅馬天主教的那些身披法衣、頭頂剃光的神父們，也嘲諷詆毀亨利顛覆傳統的做派——這位英國聖公會的牧師出於方便的目的，明智地穿上了普通平民的裝束。「看看那個英國牧師吧，」他們說，「穿著皮靴，掛著馬刺，準備去打獵啊！」

最後，亨利‧馬丁終於用印度斯坦語言翻譯完了《聖經》。這部不朽的作品是心血和能力的結晶。要知道他學習新語言的時間很短，所以僅憑一個人的熱情是絕對無法完成的。送走最後一頁書稿的那一天，他這樣寫道，「這一星期的辛勞是我從未經歷過的，即使劍橋學位考試的最後一週也沒有這樣辛苦。我反覆閱讀並修改了翻譯好的《新約聖經》手稿，累得雙眼疼痛。酷熱難當，經常有 98 度（將近 37℃）。每晚都在忍受煎熬。」

在天氣火熱的季節，亨利被派往印度北部的坎普爾。他日夜兼程，400 英里的路程使他勞累過度，抵達目的地時已經虛脫了。他沒有攜帶足夠的補給，後來他這樣描述那一天不堪忍受的行程，「我躺在轎子裡，眩暈伴著頭痛，似睡似醒，生死迷離。刮過的風相當於火焰在炙烤著。我們用 6 個小時走完了最後的 12 英里。」剛一到城裡，他便開始在一個要塞講道。「1,000 名士兵，」他說，「排列在空曠的廣場上；天氣太熱了，雖然

太陽還沒有升起，很多士兵已經昏倒在佇列裡。」3 週之後，亨利還要動身去勒克瑙主持一對歐洲人的婚禮。「我帶著 4 人的騎兵衛隊，他們佩帶著火繩槍和長矛。我想起了尼希米[73]，可是我遠不如他勇敢和堅定，而看到身邊威猛的衛兵們，我又感到非常滿足」。另外一次，亨利向近 600 人的一群乞丐講道，聽講時人群報以喝采聲，可是他一旦開始談評論偶像崇拜，卻得到一片噓聲。

在完成這些艱苦工作期間，命運又給了亨利一擊 —— 他的妹妹去世了。此時，他的身體徹底垮掉了，在面對一群印度民眾的一次布道中間，他不得不停下來，坦承自己虛弱得說不來話了。聞聽此言，幾百個聲音一齊祝福他健康長壽。亨利決定返回英格蘭，打算用 9 個月時間恢復修養。4 年過後，他又和加爾各答的朋友們見面了，但是身體狀況非常不佳，所以這一次的返鄉經歷中既有欣喜，也夾雜著遺憾。他的安排是經由阿拉伯半島返回英國 —— 因為他已經掌握了阿拉伯語 —— 如有可能，順便在那裡傳教。他訂好了船票，乘「阿里穆迪」號前往孟買。他悲情滿懷地離開了印度半島的海岸，而且以後再也無緣重訪那裡了。

大船載著亨利從孟買駛向中東的巴舍爾。極度的高溫天氣使得旅行充滿危險，可是他堅持要繼續前行，並且穿戴上了波斯服裝 —— 紅靴子，寬大的藍褲子，襯衫加印花棉外套，頭戴一頂黑山羊皮的大尖頂帽子；更顯眼的殊榮是他騎乘的一匹矮種馬，脖子上掛著大鈴鐺。一行人趁著月色上路了。最初的時候，暑熱尚可忍受，可是到達營地的時候，太陽已經升起，氣溫也升到 112 華氏度（超過攝氏 44℃）。亨利被迫用所有衣物裹住自己，以免體內的水分蒸發得太快；可是溫度計的讀數又升到了 126 華氏度，已經超過高燒極限 14 華氏度。亨利說，「後來，我認為自己應該昏厥過去了！」第二天夜裡，直到日出之前，他躲在樹枝搭成的小涼棚裡，那裡的溫度從未高於 114 華氏度，這令亨利略感欣慰：「我裹在一大塊溼毛巾裡，勉強打了個盹。黃昏時準備起身上路，一隻蠍子竟然從衣服裡掉了

---

[73] Nehemiah，西元前 5 世紀的希伯來領導人。

出來；我不認識那東西，多虧我們的隊長及時提醒並打死了蠍子。」「第二天早上，我們到達山腳下，」他寫道，「我們發現，那裡的一處景象異常，如同大自然長出了一塊疥瘡。石腦油的氣味讓人窒息，附近汙穢的條件超乎想像。我們看到一條河，裡面流淌的東西很難形容，不知是水還是發綠的石油；那條河幾乎靜止不動，河邊被沖刷過的石頭顏色灰暗，好像得了麻瘋病一樣。」到達山區的兩晚之後，寒意刺骨，雖然他們套上多層衣服，還是凍得瑟瑟發抖。「在卡爾祖龍（Carzeroon），我的頭上似乎在冒火，皮膚像煤渣一樣乾澀。第二天夜裡無法入睡，以前的老毛病又找上門來了；我在馬背上搖搖欲墜，直到我奮力向前趕去，超過隊伍很遠後才能靠著一堵牆休息，不知睡了多久，好心的趕騾人過來把我輕輕喚醒」。最後，一行人抵達了伊朗的設拉子（Shiraz）。

亨利・馬丁在設拉子城的日子好多了。他受到熱情接待，各界伊斯蘭教徒天天和他探討宗教話題。亨利來者不拒，誰都可以和他辯論。「在清澈的溪水邊，躺在一叢叢的葡萄樹下，」他說，「我度過很多安寧時光。」

伊斯蘭教徒們終於答應進行一場公開的討論會。某個星期一的晚上8點左右，亨利・馬丁要和一位伊斯蘭教律法教授共進晚餐。他們進入一座公園，途徑幾條街道，最後到達一處建有池塘的庭院，池塘邊有一處高8英尺的平臺，上面鋪著地毯。教授請亨利坐在他的左手邊。討論會開始後，由教授先發言。在一定程度上，伊斯蘭教徒信仰耶穌基督；他們相信耶穌是神聖的先知，他的宣教為穆罕默德鋪平了發展道路，但是又不得不承認，他們沒有強而有力的證據。教授接著談到《古蘭經》，認為除了神的代言人，無人能寫出他所引用的一些經文。亨利・馬丁也在《聖經》中引述了幾句經文。「這些語句為何比不上《古蘭經》裡的說法呢？」他問。教授笑著說，「啊，原因麼，你一定要理解修辭的差異。」在場陪同的人很快開始減少，到了午夜，晚餐擺了上來。討論本身沒有任何成果，但是亨利・馬丁引起了大眾的注意，人們了解到他正在用波斯文翻譯《聖經》；一些德高望重的人士開始拜訪亨利。身為大部族酋長的軍事頭領也來探

望。告辭前，他說，「您是不是把我們看做異教徒啊？」「是的，」亨利回答，「你們都是異教徒。」酋長很欣賞亨利的坦率，並聲稱這一點值得敬重。要人接連來訪，亨利逐漸熱衷於向城裡的大人物們闡述基督教信仰。這些活動期間，亨利藉機參觀了古波斯帝國都城之一的波斯波利斯遺跡。嚮導不明白他為何要去那裡，一直說古城荒廢已久，不值一看。他們一到達規模龐大的古蹟遺址，都累得躺倒在地，然後就睡著了。一名嚮導對他說，「真是好地方啊，先生；空氣清新，有花園和樹林。您可以在此悠閒地喝著白蘭地啊。」最後，他們認為亨利肯定要在那裡偷偷施行某種神祕的咒語。

　　西元 1812 年初，亨利完成了《新約全書》的翻譯工作，可是這本書帶給他大麻煩。他決定去伊朗北部的大不里士（Tabriz），親自向波斯國王呈遞經書。此時，英國大使也住在那裡。他花了 8 星期到了大不里士。6 月上旬，亨利到達德黑蘭，然後又繼續獨自趕路，先去國王駐地面見相當於首相的高官維齊爾，以求得他的引薦。謁見維齊爾時，他剛一把經書放在對方面前，一群穆斯林立刻圍了上來，挑釁性地提出一些五花八門的宗教問題，態度極其輕蔑和惱怒。為了不讓心血之作遭到踐踏，亨利克服困難，保住了波斯版的《聖經》。一位穆斯林說，「你褻瀆神明，應該燒掉你的舌頭，看你有何話講？」亨利心情沉重地獨自回到自己的帳篷。晚上，維齊爾大人派人告訴他，如果沒有英國大使的引薦信，就不必觀見國王了。幸運的是，亨利找到了大使，他們二人一起啟程返回大不里士；但是在炎炎烈日下騎馬趕路的莽撞之舉，使二人中暑並患上了瘧疾，忍受了三天的病痛折磨。他們堅持趕路，但是瘧疾不停地發作。亨利說，那種痛苦是一輩子未曾承受過的。馬背上的他如同夢遊一般，幾乎不知道身處何處，也不知道自己在做什麼。最後他們回到大不里士，可是亨利因高燒病倒，臥床兩個月無法起身。他冷靜地寫道，自己不奢望能活著離開大不里士，幾乎開始等死了。亨利向國王獻書受阻，而一路護送並在生病期間悉心照料他的大使承諾，他本人可以向國王呈遞經書。最後亨利的身體康

復了。「真是幸運啊，」他說，「上帝讓我恢復健康，又讓我活過來了。」他決心繼續回鄉之旅。這裡距離君士坦丁堡將近 1,300 英里，大部分路程必須騎馬完成。他在波斯停留的經歷總體上不堪回首，但是當地人對《聖經》的好奇心得到了進一步的激發和調動，他能感覺到自己的努力沒有徹底白費。

因為身體康復而感覺良好，亨利情緒飽滿地再次出發。他隨時帶著大使寫給沿途主要城鎮長官的通關信函。有一天，他騎馬從一處山谷進入平原地帶，眼前的景象令他震撼，一座巍峨的銀白色的高山在低矮的山間顯得十分顯眼。這就是著名的亞拉拉特山 [74]。亨利在當地處處得到禮遇，也有幸住進了「馬廄房」——就是大門開在馬廄裡的房間，冬季可以更保暖。在生性清雅的亨利看來，這種優待卻沒有多高的價值，因為那種氣味通常很難忍受。不管怎樣，那畢竟是當地人善良的待客之禮，所以他只好欣然領受。他在亞美尼亞的大修道院裡找到了條件更好的住處，也受到良好的款待。在卡爾斯 [75]，鑑於該地不夠太平，亨利得到 10 人組成的衛隊，然後安全到達土耳其東部的艾斯倫城。可是離開這裡後，由於患上了感冒，瘧疾又開始發作，而且更加嚴重。因為找不到馬匹，亨利和護衛們在山區的一個小村莊裡耽擱到 10 月 6 日。他在日記中寫道，「10 月 6 日。僱不到馬；我本不想停歇。坐在果園裡，心情舒暢、平和安靜地獨自對話上帝，我的同伴，我的朋友，還有慰藉者。啊，我不想再看到，或者聽到任何平添人間痛苦的腐敗罪惡現象，可是正義當道的新天地何時會出現啊？」

這是亨利·馬丁最後留下的文字記載。我們知道他到達了土耳其的托卡特省。10 月 16 日，身形憔悴的亨利在此長眠，年僅 32 歲。他畢其一生，追求和倚仗的是人類的至親至愛的情懷，最後在一群陌生人中間，在

---

[74] Ararat，土耳其東部山脈，據基督教《聖經》所載，大洪水後諾亞方舟曾停靠此山。參見《創世記》8:4。

[75] Kars，位於土耳其東北部。

異國他鄉，完成了與痛苦、疾病和死神的最後一戰。

讓我們思考一下，亨利的貢獻到底是什麼呢？在其短暫的一生中，他贏得了劍橋大學裡的至高榮譽，為了把耶穌的福音傳播到異邦，抵擋住了在家過清閒日子的種種誘惑。他把英國國教的制度和整部的《新約聖經》翻譯成印度斯坦語，又把大衛的《詩篇》和《新約聖經》譯成波斯語，還有其他令人嘆為觀止的許多功績。這些功績都有永恆的意義和價值。與其他傳道者相比，他的工作既是基礎性的，更富於獨創性，而且他不貪圖任何世俗的物質回報。作為獻身上帝的人，他有著至深的感懷：「因為我熱愛正義，痛恨不公，所以願意死於放逐」；可是他沒有一句怨言──他甚至對自己說，「祂必殺我，我還是要信靠祂[76]。」

亨利·馬丁就這樣英年早逝了，他一生中遭遇的磨難和痛苦是超乎常人。自從決心獻身上帝、追隨耶穌的那一天起，大多數時間都在忍受著身心之痛。好像是上帝的神祕使命，世間必須有人要承受苦痛，儘管他們沒有顯赫的功績，在非常有限的小圈子裡可能形成了示範作用，但是磨難卻似頭上的金箍一樣擺脫不掉。漫漫長夜裡輾轉反側，無奈地等待著窗櫺縫隙間透出的一線曙光，而高枕安眠心無牽掛的其他人如何也體會不到這樣的痛苦。受苦之人經常會拷問自己，上帝為何讓我承擔重任？這重擔對我有什麼好處呢？對別人有益嗎？會不會妨礙我為耶穌效勞呢？但是亨利·馬丁從來沒有如此懷疑過。因為輕賤的金屬不配在熔爐裡鍛鍊昇華，所以他把苦難看做是上帝的眷顧，證明自己有機會獲得拯救、洗清罪惡。然而，苦難沒有耗盡他的才能，無人不真心敬佩他潛心事業、淡泊名利的精神──在翻譯經典、著書寫作、傳教布道和禱告時，無論身體多麼病弱不堪，無論靈魂遭受怎樣的哀痛吞噬，他都在堅持一貫的行事風格。大主教派特森[77]是英國教會裡的楷模和烈士，但是此人一直洋溢著過人的精力和熱情，對懶惰倦怠、消極避世和無所作為之人憎恨不已。而亨利·馬丁

---

[76] 參見《舊約聖經·約伯記》13:15。

[77] John Patteson, 1827-1871 年。

則表現出更多的英勇豪俠之氣，為了實現自己的理想和目標，就像《天路歷程》裡堅毅的朝聖者 Standfast 先生一樣，他和群敵艱苦地抗爭，前進道路上的每一步都充滿艱險。他這樣說：「我喜歡人們談論我主耶和華，無論在哪裡，只要看到上帝的腳印，我都渴求能追隨而去⋯⋯」「悅耳的琴聲為他奏響之際，他步入美麗的天國之城的大門。」

第十一章
阿諾德博士
DR. ARNOLD

　　約翰‧班揚的《天路歷程》一書中有這樣的情節：基督徒來到「釋者」家裡，釋者「引領他進入一間密室，吩咐手下打開一扇門。進門後，基督徒看到牆上掛著一幅畫，畫中最明顯的特徵是人物的表情很嚴肅。那人雙目仰望天空，手捧精美的圖書，雙唇間流露出浩然正氣，世界隱在他的身後。他頭上戴著一頂金冠，好像在向眾人祈求著什麼」。

　　「基督徒問：『這是什麼意思？』」

　　「他是釋者。畫中的人是萬里挑一的：他能創造生命，並能養育那些出世的孩子。」

　　傑出的阿諾德博士堪比畫中的聖人。他是一位嚴肅認真、真誠超脫的偉人。身為一所著名公學的校長，他把成千上百的孩子培養成人，竭盡全力塑造他們的人生；他注重責任感和自由精神，他的無畏和質樸不僅對一所學校和整個國家，乃至整個文明世界的教育界都產生了重大影響；他是人中之傑，在其培養和塑造之下，孩子們不僅有了生命，而且他們的成長更得到了阿諾德的呵護與庇佑。

　　西元 1795 年 6 月 13 日，托馬斯‧阿諾德生於英國的懷特島。6 歲時，父親死於心臟病；12 歲時遷居溫徹斯特。他是一個不善交際、個性靦腆的孩子，小時候非常固執和拘謹。後來，他的性格又變得樂觀、純樸、好學、沉默寡言，而且結交了很多摯友，他們之間的友誼維持了一生。有趣的是，童年和青年時期的阿諾德非常貪睡，早起對他來說是一大難事，差不多也是一個天生弱點；後來完全改掉了賴床的習慣。他經常說，自己一直不明白其中的道理 —— 一旦習以為常，世間再無難事。阿諾德精力過人，早年的一位校友說他「只要做出決定，無論對錯都會堅持己見，對威脅和欺詐則完全不為所動。」少年的阿諾德對民謠詩歌產生過濃厚興趣。有記載說，他時常在父親的花園裡進行划船比賽，模仿荷馬時代的戰鬥英雄。和許多聰明孩子一樣，他也喜歡寫劇本和詩歌。

　　阿諾德的記憶力異於常人，總是非常縝密。8 歲時讀過普里斯特利先生的歷史論述，多年後，他竟然能在牛津的一次講座中引用了那本書的觀

點。他那強烈的鄉土情結也廣為人知。老家的田地裡有一顆大柳樹。每次遷居別處，阿諾德都會把大樹分出的一株小苗移栽到自己家裡。16 歲時，他進入牛津大學的基督聖體學院，並在西元 1815 年被選為奧里爾學院的研究員。他在牛津的主要消遣活動是在鄉間奔跑馳騁，與三兩好友一起跨圍欄、躍溝渠，雖然體格不是很健壯，但能不畏疲勞，堅持長距離的越野鍛鍊。主要的友人包括《基督教會年鑑》的作者基布爾；後來成為法官的柯勒律治；還有成為都柏林大主教的惠特利。

在牛津求學期間，阿諾德的內心受困於一些宗教信仰方面的疑問。正如他後來所言，世俗的考驗是最難以化解的。致力於宗教事務的同時，他勇於直面那些問題，努力打消疑慮。可是使徒多馬的故事卻始終無法忘懷，因為耶穌對多馬的疑慮非常寬容[78]。事實上，正如他的朋友所言，「阿諾德的疑慮遠勝過別人的信心。」

西元 1818 年，阿諾德領受聖職成為教會執事。西元 1819 年，他在英格蘭東南部斯坦斯附近的拉爾漢姆定居，擔任教區的義務助理牧師，同時開始輔導學生。他在西元 1820 年結婚。此後，他身上的惰性、躁動和對職責的偶爾厭倦好像都消失了。

「沒有人能真正了解他的全貌，」一位最要好的朋友這樣形容此時的阿諾德，「也無人能真正體會他內心的善惡掙扎；因此，就像聖徒保羅一樣，他似乎一直在和人性邪惡的一面抗爭著，儘管能感受到上帝的幫助與他同在，內心裡也滿是鄙夷和憤恨。」

有一次，他這樣說，「我相信我天生屬於志向高遠的那種人；我的遠大理想是成為一個偉大王國的首相，一個偉大帝國的總督，或者能流芳百世、世界聞名的作家。」他在拉爾漢姆寫過的一封信中說，「我只想做凱撒那樣的偉人，既然心願注定難以達成，我也很滿足於老老實實地當一個平凡人。」

---

[78] Apostle Thomas，耶穌的十二使徒之一，其餘使徒有彼得、約翰、雅各、安德列、腓力、巴多羅買、馬太、亞勒腓的兒子雅各、西門、猶大和馬提亞。

　　在拉爾漢姆村，阿諾德一度找回了對大自然的熱愛。他喜歡米德爾塞克斯的大平原，喜歡獨自漫步在寧靜的泰晤士河畔，喜歡躲在花園裡玩遊戲。以前的花園被他稱為「戰神廣場」。屋後的樹林裡也是他喜歡去的地方。在學生中間，他也變成了一個孩子，和他們一起洗浴，散步，奔跑，划船，揚帆航行，盡情享受著一切。他說，「很多時候，就像在山坡上踢球一樣：你把球踢到 20 碼的地方，它會滾下 19 碼，你仍然前進了 1 碼，所以多向上踢幾次，總能向前推進。有時候踢出的足球會滾回來 25 碼，那你就輸了。」

　　西元 1827 年，拉格比公學的校長職位出現空缺。阿諾德遞交申請資料的時間很晚，對求職成功本來不抱什麼希望。然而，奧里爾學院的院長長霍金斯博士在推薦信中卻預言，如果阿諾德先生當選校長，全英國公學的教育面貌一定會煥然一新。這份證明資料很有分量，阿諾德因此脫穎而出；西元 1828 年 8 月，他走馬上任，成為拉格比公學的新任校長。

　　當時的社會輿論對英國公學很不利。所謂的好人們斷言公學都是惡行的溫床和搖籃。本應是神聖之地的校園為何墮落成為藏汙納垢的所在？阿諾德本人在以前的一次布道過程中，曾分析過其中的一些原因。我們只會在《湯姆·布朗的學生時代》（*Tom Brown's School-Days*）[79] 中大致了解理想與現實的巨大反差。在書中描寫的那所英國學校裡，學生們都是一群惡棍和暴徒。雖然很難判斷藝術再現的差距是否足夠大，但是 50 年前的公學校園生活給人的第一印象還是很震撼的，其粗暴惡劣的程度超乎我們的想像。人們希望透過這種外部影響力改變人的內心，但是又有理由擔心人性不會很快或者很徹底地改變過來。恃強凌弱的現象肯定比以前少多了，虐待和欺凌事例也不多見了，旁觀弱小者受虐的過程中只不過給人帶來一些殘忍的樂趣罷了。可是我們是不是依然在不擇目標、不擇手段地放任惡

---

[79] 又名《湯姆求學記》，作者為托馬斯·休斯，1857 年出版。小說以作者的親身經歷為主，以 1830 年代的拉格比公學的校園生活為背景，主角的原型是托馬斯的兄弟喬治，也描述了當時的校長阿諾德。後來被改編成多部影視劇，對英國的校園文學產生了一定影響，包括後來的《哈利·波特》系列。

行，迫害那些群體中的弱小者呢？雖然人心皆向善，但是我們是否意識
到，那些不正常的惡習會給那些弱勢個體留下怎樣的印記呢？他們的人
格會變得扭曲，變得笨拙、敏感、膽怯或愛幻想，成為我們發洩獸性的
對象。

　　毫無疑問，英國公學在過去的 60 年間興起的抑惡揚善的浪潮，基本
可以追溯到當年的阿諾德和拉格比公學。在我看來，他並不是運動的實際
發起人；但凡出現重大的變革，很少能透過一個人發起，一定是水到渠成
的結果。同樣的思想認知在大家的心中累積彙聚，突然間火花迸發，星星
之火從點到點，然後成燎原之勢。一旦那些勇於發聲，身體力行的人首先
點燃了火種，他們就成了所謂的天才、領導者或改革家。

　　阿諾德有一套非常成功的體系，我們根本不可能深入其中，探其究
竟，但是最為關鍵的一點是，賦予學生充分的自由。他說，「你們都是自
由的，但也要負責任 —— 你們是基督徒和紳士；如果必須要對你們嚴加
看管、呵護備至、嚴密監視，你們只會在成長過程中養成奴性，總有一
天，你們必須主宰自己的人生。享有自由卻不知如何駕馭，這樣的自由如
同一頭野獸，反過來會把你們咬死。在你們年輕和順服的時候，我們應該
堅決地給予自由，從現在開始，放手讓你們自主決定很多事情，讓自由之
神守護著你們，為你們的人生添彩。」

　　上任後的阿諾德開始解放學生們，在信任的基礎上與孩子們相處。以
溝通方式為例，他聽完學生的陳述後，先克制住妄下結論的衝動，然後會
說，「如果你這樣講，那就足夠了 —— 當然，我相信你說的屬實。」這樣
做的結果是，孩子們都認為向阿諾德撒謊是很丟臉的事 ——「因為他總
是相信你的啊」。

　　「這還是一所基督教學校嗎？」在一次發言的結尾，阿諾德這樣憤然
質問。先前他批評了學生中普遍的不良表現，接著又說：「如果一切秩序
都必須靠管束和暴力維繫，我是無法留在這裡的；如果要我扮演典獄長的
角色，我馬上就辭職好了。」還有一次，開除了幾名惡意滋事的學生後，

面對學校裡的抗議、激動和不滿情緒，他這樣回應，「對於一所 300 人或 150 人的普通學校而言，其實沒必要這樣做，但是我們的學校應該培養出一群信仰基督教的紳士，我們有必要嚴格管理。」

　　阿諾德一直關心和強調的是，改革的風險主要展現在各界態度的趨同以及對大眾輿論的過度順從。詩人丁尼生說，「社會如石磨般不停轉動，我們磨掉了各自的稜角[80]。」很多心存善念、想法獨到的人會隨波逐流，也有從眾心理，而大眾輿論和法律制度一樣，總是低於道德標準的要求，也低於有德行之人的認知標準。阿諾德關於校園惡習的思考和言論極其深刻和懇切，感人至深。看到一群品行不端的孩子聚集在學校大堂的火爐邊，他會說，「我不得不認為，我看到了他們身上潛在的邪惡力量。」有些人以為這些孩子不會惹是生非，也有人覺得他們不做壞事才怪呢！

　　為了管理好學生，阿諾德一定要依靠高年級的學長們，各個級長和宿舍的隊長們的幫助。他對他們說，「你們應該明白慈不掌兵的道理，如果沒有堅持正義的勇氣，就會被視為懦弱的表現。」在一次辭別演講的最後，他又說，「一旦我信任六年級的學生，在英國就沒有什麼能比得上這個校長職位；離開他們的支持，我也必須離開了。」當然，學生的智力發展同樣受到他的重視，但是遠不及他對塑造紳士舉止和道德要求的重視。「如果世界上真有什麼值得推崇的東西，那就是要確保上帝的智慧能普惠到天賦不足的人群中，使他們得到公正、真實和貼心的教育和培養」。他曾這樣評價自己的教育理念：「對於畢恭畢敬的人，我一定會起身致意，投桃報李。」

　　為了全面了解阿諾德的為人，我們有必要說說他是如何當教師的。在低年級的孩子們眼中，每當有大規模的考試，或者在他為數不多的課堂上，阿諾德都是令人生畏的形象。《湯姆求學記》提到中的「狼群效應」是廣為人知的情節，正好符合阿諾德的作風；但他在講學時清楚明瞭的風格又贏得了學生們的尊崇。

---

[80] 摘自《悼念·第 89 首》。

　　他的辦公室在圖書館大樓裡，凸出外牆的窗戶俯瞰學校的大門口。學生們在那裡充分而真切地領教了他的治理方法。阿諾德對待學生時非常直率，莊重得體，彬彬有禮，而且尊重對方。只要不影響彼此的良好關係，他也用同樣方式對待同事。他以驚人的真誠態度應對任何輕浮或粗暴舉動，這種印象深刻得令人難忘。學生們日後時常會談起和懷念的是恩師身上特有的個性和高超的感染力。

　　最為突出的教育貢獻展現在他對《聖經》的解讀方式。他習慣於把教義落實在行動中。一位友人說，「他對耶穌基督的生與死有著全新的見解，這是絕無僅有的。在他豐富的思想中，《福音書》（*Gospel*）就是一部趣味十足的歷史書 —— 如同發生在近代歷史的事件一樣真實、刺激（恕我冒昧），其中的那些事件記述的非常生動鮮活。」

　　學校的小禮拜堂是阿諾德最喜歡去的地方，認識他的人都對那裡的儀式活動記憶深刻，尤其忘不了是他主持的布道活動。他每星期要主持一次簡短的布道（在拉格比學校是從來沒有過的）；他幾乎總是自己講道 —— 時間從來不超過 20 分鐘。無論想到多少題目，講稿內容都是利用上下午儀式之間的空隙完成的。儘管時間很緊，甚至講稿的最後一句墨跡未乾，可是當禮拜堂的鐘聲響過，講稿上不會出現一點刮擦的痕跡。他的講道平實、坦率，沒有絲毫的愚腐之氣，簡潔中透著莊嚴。聆聽講道的學生不會感到絲毫的厭倦和拘謹；即使那些最頑劣的孩子，也把每週的布道活動看做一次難道的自省機會。其中一個孩子說，「我經常心懷敬畏，從頭到尾聽完阿諾德先生的講道。有很多次，走出禮拜堂後，我都不想再和狐朋狗友鬼混了，只想獨自走回家；我記得那些布道或多或少對其他孩子產生了同樣的效果，我本以為他們都是鐵石心腸的傢伙，阿諾德先生也可能認為他們也是學校裡最壞的，但是無一不被他的布道所打動。」

　　經過我的介紹，你們是否認為阿諾德就是一個嚴厲、強悍的人，一個冷漠無情、毫無同情心，而且沒有人性弱點的人呢？如果是這樣，那就大錯特錯了。假如他說，「如果當發現自己已經爬不動圖書館的臺階，我該

知道該退休了」，此人一定是在為學生們著想的。他喜歡讓學生們經常去找他，也願意在假期裡邀請六年級的孩子到威斯特摩蘭的家裡做客。每天下午，他會親切地站在一邊觀看孩子們踢足球，完全是出於真情實意和個人愛好，所以能贏得了孩子們的喜愛。可是他的為人處事風格不是一開始就能得到認可。他的發言簡短，甚至不夠華麗流暢，部分原因是個性靦腆，而且他不喜歡在瑣事上浪費口舌，這就會引起孩子們的反感，沒有發揮勸慰和說服作用。另外，他本人根本沒有意識到，自己講話時的口氣和表情過於嚴肅刻板。實際上，他的言談頗有幾分幽默的善良和柔情，他也總是用這種方式和孩子們交流，但是留給孩子的第一印象通常是很嚴厲的。這種威嚴甚至達到了他看你一眼就能洞穿一切的程度。另外，阿諾德會努力克制天生的的剛烈脾性，但是遇到任何粗俗、虛偽、殘暴或者惡劣的現象，難以言表的鄙夷和義憤之情讓他變得面如死灰、眉頭緊鎖，完全暴露出一副嫉惡如仇的神態。

可是孩子們都知道阿諾德愛他們，這就能化解所有的障礙。如果在一名很有前途的孩子身上出現了問題，他會對相關的老師說，「如果他走了歪路，那會讓我心碎的」「如果一位父親把孩子託付給我，而我無法傾注感情，那麼就不配當老師，不應該留在學校裡」。看得出來，阿諾德不可能是一個固執僵化、缺乏愛心的人，而我們有時候會認為教育工作者理應如此。學生們對阿諾德逐漸產生了感情，都變得忠心耿耿。一名拉格比公學的學生雖然很少和阿諾德有過私交，但是他講的一句話卻充分表達出這種感情：「阿諾德先生絕對是一個好人、了不起的人，我敢說對他的喜愛和尊敬之情沒有一點誇張的成分，我一直記得有這樣的想法，願意為他捨棄自己的生命。」

現在，有必要談談阿諾德此時的個人生活。除了授課和校園講道，他的業餘研究工作能讓我們進一步了解他的為人。人們認為阿諾德的品味應該是貼近現實的；他的生活情趣來自主動的追求。他曾引用過《出埃及記》中摩西的一句話，「只管站住，看耶和華施行救恩」，又說那無疑是給當時

紅海岸邊的以色列人的寶貴建議，但是卻不適用於一般情況 —— 他們要征服迦南的時候更不需要這樣的指引。阿諾德也喜歡華茲華斯，引用過這樣的詩句 ——

> 對於我，最卑微的野花也能喚起
> 那淚水不及的最深處的思緒。（《不朽賦》）

他認為「過分糾纏細枝末節就是在虛度人生 —— 其實這種想法多少有些病態」。

阿諾德把大部分的熱情和精力投入到歷史研究之中。由於各種事務性來訪經常干擾在拉爾漢姆的生活，所以阿諾德培養出一種特殊能力：透過高效閱讀獲得盡量多的資訊，充分利用各種資訊來源，並能利用好零星的時間。他經常說起探尋真相的樂趣，對他而言，研究歷史越來越輕車熟路，而且每天都覺得自己越來越接近歷史真相，過去的形象習慣性地駐留在頭腦中，即使在睡夢中，歷史畫面也會如親歷般神奇地再現。他會夢到自己回到古羅馬時代，親臨凱撒大帝遇刺的現場，與大政治家布魯特斯對話，或者在耶路撒冷城下的提圖斯[81]大軍佇列中，或者與雅典的亞西比德在西西里的敘拉古城牆邊散步。他好像親眼看到了羅馬統帥蘇拉，雖然臉上有青灰色的斑點，也有和蘇格蘭的克拉弗豪斯同樣的英武氣概；這種身臨其境的感覺如此強烈，以至於對李維和修昔底德產生了反感和同情，在阿諾德的理想中，他們好像是歷史學家中的兩個極端。阿諾德寫道，「閱讀李維的著作就像在聽斯巴達的卑賤奴隸的醉話。他歪曲歷史的手法非常雷人。」

正如我們前面提到的，阿諾德在研讀聖經時投入很深的情感，也使用了研究歷史事件和人物的同樣方法。他和自己喜歡的人物建立起密切的連繫（因為強烈的派系傾向是最突出的個性 —— 他根本不可能保持中立的立場）。根據記載，他的家人曾做過大不敬的比較，似乎把聖保羅的地位

---

[81] Tirus，古羅馬皇帝。

凌駕於聖約翰之上，這令阿諾德立刻雙眼含淚，深情地反覆唸誦聖約翰的語錄，然後懇求他們不要再做這樣的比較。

　　阿諾德對宗教話題的研究同樣投入極大熱情，可是他的興趣所在難免存在傾向性，與新興的牛津學派勢不兩立。有人不理解阿諾德為何反對那些顯赫的牛津好人。其中的緣由在於，他認為，牛津學派的主張實際上會造就一個特殊的社會階層（神職人員），規定他們在特定方面比教會之外的普通人更能接近上帝，只有他們才有權享有教會最寶貴的特權。那些「牛津運動」[82] 的發起人，紐曼、基布爾和普西等人完全依照傳統理論和經典，建立起一套嚴密的教會教育體系，而且只能按照特定方式加以解讀。但是阿諾德的偉大理想是維護教會的多元性，而不是排除異己 —— 雖然有些不太現實，但他更願意看到一個統一的教會。他把任何教會和世俗的分裂視為牧師群體的陰謀；他希望看到非神職人員有權講道和主持聖餐禮，而一些傳統宗教禮儀的復興，比如日常的教堂儀式，耶穌基督紀念儀式上必備的十字架和路旁的演講，聖徒的紀念日，不同教派的共存 —— 尤其是女性教派 —— 只要沒有他所謂的依靠終生誓言設定的圈套和罪惡，任何人都可以成為主導者。他認為國家和教會是一體的，希望看到兩者的地位得到認可。他更願意看到至高的世俗權力能統領教會的發展；也認為違犯國家法律的行為和違反教規的行為都是罪過。這些是阿諾德的夢想，理論上很有現實意義，但是很難付諸實踐；他只是形單影隻地堅持自己的理想。令他感到極度鬱悶和困惑的是，幾乎所有的朋友都在疏遠自己，他得不到任何鼓勵和支持，差不多是在孤軍奮戰。

　　現在我們還要再了解一下他在拉格比公學的生活狀況；不是他在書桌前或講壇後的經歷，而是看看他的低調的居家生活，正是這一側面才勾畫

---

[82] 牛津運動，19 世紀中期由英國牛津大學部分教授發動的宗教復興運動。又稱冊頁派運動。該運動主張恢復教會昔日的權威和早期的傳統，保留羅馬天主教的禮儀。運動領導者紐曼、基布爾、普西等人發表了一系列書冊或論文，為這些主張作了理論說明或論證，故被稱為冊頁派，反對他們的英國政界和國教會人士則斥之為羅馬主義派（紐曼後來確實皈依了羅馬天主教會）。該運動對英國國教會的保守傾向影響甚大。

出他異於常人的特點。阿諾德是一個非常好學、肯專研的人，也有很多著述，但是最讓人不解的是，他完全沒有為了研究學習而與世隔絕。他可以坐在拉格比的書房裡工作，家裡的孩子們同時在屋裡玩耍，大家照常談話，客人們可以隨意進出，為了回答別人的問題，他總會隨時停下手頭，好像歡迎打擾的意思。有人請他出去後，他總是趕回書房，重新開始工作，好像從未被打斷一樣。到了晚上，他會這樣說，「我感覺自己好像能同時向 20 位祕書口授任務。」曾經拜訪過阿諾德的卡萊爾這樣形容他的行事作風，「不慌不忙，勤勉不息。」平時他和孩子們相處時很隨和，愛開玩笑，而學生眼中的他卻是不苟言笑的嚴師形象，所以他們不敢相信自己的眼睛。他會走進學生中間，樂於陪他們遠足，喜歡參加學生的活動，而且興奮之情讓人意想不到。學生們形容他就像前蹄不停刨地的一匹馬一樣，總是急於出發上路。阿諾德永遠不會真正喜愛上拉格比學校的所在地。不知為何，他不喜歡學校東面平坦的田野。他說過，「我們認為從這裡到烏拉爾山脈之間沒什麼好景致，所以不喜歡向東眺望，這很自然……想想能看到什麼吧，你看不到峰巒疊嶂的瑞典，只有平坦的荷蘭，德國北部，還有俄羅斯中部的大平原，提不起人的興致。」西元 1832 年，阿諾德購買了名為福克斯豪的一小塊地產，在安布賽德和萊德爾之間的公路上可以看到房子的煙囪和屋頂。每當完成手頭的工作，他都會趕回新家，以便盡情享受山間的生活。他希望退休後在那裡安度晚年 —— 那時他可以卸下所有的重擔，悠然生活在潺潺溪水和山花之間。他曾這樣說，「我的遺骨可以送到格拉斯米爾的教堂墓地，埋在華茲華斯種下的紫杉樹下，旁邊有靜謐幽深的湖水，任由車來車往。」

奇怪的是，品味如此清雅的一個人卻義無反顧地投入到一場大論戰當中。西元 1833 年，阿諾德發表了《教堂改革的原則》（*Principles of Church Reform*），從而引發了一場理論風暴。我們必須承認，這本冊子的發表顯得草率，他沒有真正理解英國國教和傳教士群體。改革心切的阿諾德想得過於簡單了，沒有留給普通人改過的餘地。更要承認的一點是，清規戒

律森嚴的宗教體制並不是最受歡迎的，而包容人性弱點的教會才能贏得人心。阿諾德先生不諳此道——他不理解教會中為何產生如此強烈的不滿，因為當時英國人的宗教感情之強是前所未有的。

我們可以舉例說明。阿諾德曾建議村莊所在的教區教堂應該由不同教派的人共用，各自在不同時段舉行儀式。這種設想當然不錯，如果施行起來，無疑會消除現存的很多分歧；但是不如阿諾德激進的人考慮到了現實困難：哪些人有優先權、誰來規定各派儀式的時長等等。如果教區內的國教信徒和其他教派的信徒恰好互相敵視，或者牧師對教派分歧的立場強硬，矛盾便難以調和。本來是為了增進和諧的這種設計會不會造成無休止的衝突呢？在很多地方，這樣安排不是等同於把貓和狗栓在一起嗎？阿諾德表示，他不會糾結於具體的改革細節，身為一個注重實際的人，他更樂見民眾的信任和尊敬，因此，他的那些建議一定會遭到猛烈的批評。

輿論風暴就此爆發，阿諾德承受了 4 年的迫害、譏諷和誹謗；每週出版的某郡報紙連篇累牘地抨擊他；很多宗教組織指名道姓地譴責他，即使在牛津也是如此；他的布道活動被迫停頓；許多老朋友和他斷絕關係。必須承認，他輕鬆地化解了民眾的不滿和敵意。實際上，他甚至主動與之抗爭。例如，阿諾德為了參加競爭激烈的選舉，不辭辛苦地從格拉斯米爾湖區的家裡趕來，專為拉格比的自由派候選人投票。事後發現，雖然在拉格比有住所，但是按規定他依然得不到投票資格，所以枉費了一番周折。當史丹利博士（拉格比教務長的父親）榮任諾維奇主教後，他要求阿諾德在出任聖職的儀式上布道，而坎特伯里大主教則不允許這樣做，理由是牧師當中存在異議，會做出不利之舉。儘管阿諾德的學生在大學裡表現優異，但是拉格比的學生入學人數卻在減少。此時的阿諾德還是倫敦大學理事會的成員，他頂著巨大壓力提出了一項動議，要求所有學生必須用希臘語寫一篇關於聖經中《福音書》或《使徒行傳》方面的論文，合格之後才可以考取文學士學位。這遭致對立的傳教人士的強烈指責，而這些人在當時的倫敦大學勢力龐大。因此，我們看到一幅奇景，阿諾德被其中的一派人指

責為盲從固執之人，另一派指責他是異教徒。此間的一封書信充分表達了他的心情，也反映出他的才能。「打量周圍的孩子或大人，我好像發現了真正高尚之人與一般人相區別的關鍵品格：不是宗教感情，不是誠實或善良，而應該是能立刻得到增強、弱化和提升的道德意識，它指引一個人去熱愛耶穌，而不是成為狂熱的盲信者，即熱愛真理又不會冷漠或無情」。在另一封信中，他說自己見過很多有意思的人，但是更願意和熱愛生活的人交流：沒有過多的宗教話題，他認為經常把信仰掛在嘴邊是膚淺的表現，倒不如談談別的內容；「我希望看到這樣的跡象，找到人和人之間能意氣相投的相處之道，所有人都能掌握自己的人生，清楚自己想要什麼，應該為什麼努力。」

　　大約在西元 1838 年，出現了變故。阿諾德曾說過，他的人生樂趣早已開始枯萎了。看到自己的兒子們長大成人，事業有成，他的興趣又復甦了。有越來越多的牛津人和劍橋人將他奉為再生父母，這種認可使得阿諾德欣喜；在歐洲大陸遊歷使其健康狀況得以好轉；大眾輿論也開始逐漸接受他。人們認為，即使在一些小問題上有錯誤，他還是誠懇正直的人，這是難能可貴的。西元 1839 年，阿諾德博士這樣寫道，「一想到教會，我只能坐下來哀嘆，沒有活路了」，人們覺得此言不虛，也不是在故意誇大其厭惡之情，這正是他的心聲。其實很多人都有同感。即使他的反對者也無法完全克制對教會的不滿。同時，活在日益美好世界的阿諾德一直渴望著安寧和閒適的生活狀態。他在信中總對朋友說，「我很羨慕你，聖職薪俸讓你過得平安舒適。我也經常憧憬那種可望不可及的生活，就像大海上的水手見到的海市蜃樓一樣，那種失落感很痛苦。」阿諾德又說，「有時候身在名校工作非常挺考驗人，絕不要奢望悠閒和清靜；一旦孩子們的青春活力受到玷汙，靈魂沒有得到淨化，各種欲望卻變得膨脹，那種情景令人眼花撩亂，道義上也難以接受。太多的人明明有罪卻絲毫不知悔改，更是觸目驚心。」

　　西元 1841 年，阿諾德欣然接受了墨爾本勳爵提供的一份職位 —— 牛

津大學近代史欽定教授。他對歷史科目的研究熱情每年都在遞增，用畢生心血完成兩部了不起的著作，《羅馬史》（History of Rome）和《修昔底德》。

工作繁忙的阿諾德一天時間也抽不出來，只好等到 12 月 2 日才和夫人離開拉格比，前去牛津就職。他很早便出發了，天剛剛放亮，中途便忙著批閱學生的作業，中午時分就到趕到牛津城。來聽講座的人數眾多，只好安排在能容納 4、500 人的劇院裡舉行。能有這麼多人聽一位教授的講座是前所未有的。一部分聽眾是牛津的學生，他們只想和大師一起研究歷史；很多阿諾德以前的學生也來旁聽，他們只是出於個人興趣和對恩師的愛戴；還有很多人是出於好奇，想見識一下這位盛名已久，勇於對強勢的牛津毫不妥協的另類人物到底如何。這是遲來的成就，但是看到阿諾德在他鍾愛的大學裡分享自己寶貴的研究成果，並享受到榮譽和尊敬，這仍然是非凡的成就。

1842 年初，阿諾德在牛津開始上第一門課程，受到越來越多的友人和仰慕者的歡迎；他的精力太過旺盛，魅力十足，吸引了牛津大學裡最活躍的一群菁英。我們能看到這樣有意思的記載：在工作期間，阿諾德經常帶著地圖，攜家人或朋友一起探訪以前的故地 —— 巴格利的那些田野，溪流和樹林，重溫所有昨日的記憶。正是在這些講座中，阿諾德提到了自己心中的焦慮不安，如果有人不幸突然離世，他便產生了奇怪的預感，「不知道一個人先前的言行是否會預示出他以後的命運」。

早已確定的從拉格比退休的日子鄰近了，但是阿諾德的精力和活力依舊十足，滿心歡喜地期待著日後的生活；亞里斯多德認為人的各項才能在 49 歲時達到頂點，他還沒有到那一步呢。而此時拉格比公學爆發了傳染病，已經有幾名學生死亡；阿諾德在此間的布道詞中多次出現死亡的典故，或許與此相關。有兩條記載可以證明之。他曾向一名學生說起過自己的故事，在突然離世前的那個星期日晚上，他的父親讓他朗讀了「你不要為明天自得」的布道詞，並補充道，在新一卷布道詞手稿的開頭寫上日期是他做過的最嚴肅的事情，而在手稿結尾部分要留下空白，不寫完成日

期,「因為我可能活不到那時候了」。另一天早晨,他在禱告時,向學生們宣布了一位同學的意外死亡的消息,然後說,「我們都應該重視這些反覆的告誡和警示。仁慈的上帝向我們發出了警告 —— 我說『出於仁慈』是因為他在警告我們在座的所有人 —— 我們應該感受到這種警告的意義」,接著又強調,「我確信自己已經感受到了。」人們從未注意到阿諾德自己非常健忘,卻總為他人著想,為人又很溫和儒雅。他患上嚴重的熱病,又完全康復了。他在病中對妻子表達了心中對上帝和耶穌的強烈感情。

在退休之前,阿諾德開始在日記中簡要記錄自己最為私密的感想。

學校到了一個學期的最後一週;他照例擔任期末考試的主考,精力充沛的他一如既往地拒絕別人的主動幫助。最後一個星期六,他進行了例行的校長巡視,與很多學生道別,並頒發了各種獎項。當天下午,他與往常一樣散步,在雅芳河裡洗浴;晚上與陪在身邊的一名往屆學生在花園裡漫步,接著完成了幾篇報告,在日誌中記下了最後一條內容後安歇入睡。最後的日誌內容是:

「6 月 2 日,星期六晚。後天是我的生日,如果能活到那天。第 47 個生日。我已經在人世間度過了這麼長的一段啊!那麼以後會怎樣呢?好像不必再為別人工作了,慢慢地年老體衰,只能做些力所能及的事了,這是必然的啊!一方面,我現在離 49 歲不遠了!感謝上帝,就個人野心而言,我敢說完全未得施展。我無欲無求,只想退休歸隱,而不想爬上高位。如果上帝允許,黑夜降臨前,我還是願意做事。但是,首要的是專注自己個人的事情 —— 保持自己的純潔和熱情,堅守信念,盡力服從上帝的旨意,我更願意用一己之力服侍上帝,即使有悖天意,我也心安了。」

西元 1842 年 6 月 12 日,星期日的清晨,5、6 點之間,阿諾德在胸部的一陣刺痛中醒來。他告訴了妻子,並說前一天洗澡時感覺也發作過一次。鎮靜下來後接著睡覺,但是病痛很快強烈起來。阿諾德夫人對疾病的細微跡象總是很在意,所以急忙去請醫生,回到房間時聽到丈夫在自言自語,語氣頗為認真:「管教原是眾子所共受的,你們若不受管教,就是私

子，不是兒子了[83]。」醫生進門時，阿諾德的氣色與以往差不多，他高興地對醫生說，「對不起啊，這麼早打擾您」，接著又描述自己的症狀，詢問病情。突然間劇痛再襲，醫生來不及解釋，馬上開始救治，最後病情得到緩解。阿諾德夫人發現醫生表現得很驚慌，便去找家中最年長的次子。妻子離開後，阿諾德再次問起病因，得到的答案是心臟痙攣。他用特有的認可方式叫了一聲，「哈！」醫生詢問以前有過暈厥現象？「沒有。」「從未出現過呼吸困難，或者胸口刺痛嗎？」「從來沒有。」「有家人發生過胸口疼嗎？」「有的，我的父親——他就是因此而死的。」「多大年紀去世的？」「53歲。」「發病很急嗎？」「是的，突然間喪命。」他又問，「這是常見病嗎？」「不太多見。」「哪裡發生率最高？」「我想是大城市吧。」「為什麼？」（醫生提到了兩三個原因。）「通常會死人嗎？」「對，恐怕是這樣。」兒子進來後，他說，「謝天謝地，湯姆，讓我承受病痛。我的一生沒受多少苦，所以上帝賜給我痛苦是一件好事，我非常感激上帝的恩賜，」接著又說，「頭腦沒問題，真是感激不盡啊！」

後來醫生又進行了醫治，可是病痛又輕微發作過。阿諾德說，「如果發作得像您來之前一樣嚴重，我都不知道怎樣承受了。」然後盯著醫生，反覆問先前的一兩個問題，「病情可能復發嗎」「會的。」「都會致命嗎？」「一般會的。」醫生又問他是否感到難受，回答是「不」，又問開出了什麼藥物。得到答案後說：「啊，很好。」他便安詳地躺在那裡，雙眼緊閉。過了一會，醫生聽到他的喉嚨裡發出咯咯聲，身體抽搐了一下：他倒在床上，頭歪向一側肩膀。醫生馬上離開去找不在場的阿諾德夫人回來，此時她正向孩子們通報病危父親的情況。阿諾德此後再也沒有恢復意識，子女們剛一進來，他就離世了。

一切來得太突然了，此前外界無人知悉他的病情。幾乎在同時，拉格比公學的各所公寓都得到了消息，學生們驚聞「阿諾德先生去世了」。「很難描述那個星期日的拉格比的反應——懷疑、困惑、茫然，甚於悲傷的

---

[83] 參見《新約聖經·希伯來書》12:8。

種種情緒籠罩著空蕩蕩的校園,那一天過得漫長又沉悶」。往屆學生和老朋友如何得知噩耗的情節在《湯姆求學記》裡有過重點敘述,所以我不想在此贅述了。等到星期五,人們將他埋葬在學校的禮拜堂裡,正好在聖餐臺的下面。

阿諾德博士不到47歲便去世了。他的長子成為久負盛名的文壇名人,其文學成就甚至超過自己的父親。很奇怪的是,人們認為阿諾德博士現在依然在世:他的貢獻如此巨大,思想如此全面,很難相信他的生命會如此短暫。的確,詩人和畫家在世時可以很快博得長久不衰的盛名;但要說能腳踏實地、辛勞一生,在短暫的人生中影響如此深遠的名人卻是屈指可數。

面對這樣一個社會貢獻如此巨大的生命的終結,我們不禁感嘆命運的多舛。我們只會用這句經文安慰自己,「我所作的,你如今不知道,後來必明白[84]。」我們一定要相信,這樣的靈魂升天後,是應招到更加美好的世界去效力了,他們給我們留下了效仿的榜樣。辛勞之後,他們安歇了 —— 我們相信他們不辭勞苦 —— 那個世界裡沒有世俗的牽絆,不存在罪惡和疑惑,不用犯錯便可尋得真理,走正路時更不會承受磨難。

---

[84] 參見《約翰福音》13:7。

第十二章
李文斯頓
LIVINGSTONE

　　放眼全世界，非洲在發展競爭的起跑線上顯然處於最不利的位置。那裡無疑曾孕育出埃及和迦太基之類的文明古國；征服過西班牙的正是來自非洲的摩爾人；但是在漫長的歷史長河中，非洲在世界舞臺上很少亦或根本沒有表現的機會。如果看一看老地圖就會發現，僅僅在海岸線附近和幾條大河的河口地帶，才會有一些國家的位置標注；大部分內陸地區都是代表沙漠的點狀陰影。在多數人心目中，沙漠的印象就像水位線之上的沙灘一樣，非常平坦，地貌因為偶爾出現的一片綠洲、一頭獅子或一塊慘白的駱駝頭骨才會有所變化。地圖上通常會散落著一些神祕的名稱，比如撒哈拉，廷巴克圖，月亮山等；用均勻分布的大象圖形填補那些空白處（至少在老舊的地圖上是如此）。在不到 20 年的地理書上，非洲的人口登記數為 6,000 萬，據估計現在的數字增加了將近一倍，而且可能是很保守的估計。

　　可是近些年，非洲已經發生了巨變。我們自以為完全了解現在的非洲，因為經歷過多次的征戰和探險，以及近來歐洲列強在黑色大陸部分地區的你爭我奪，我們對非洲的了解肯定增多了，而且將來一定會知曉更多。很多人在傳播相關的知識，他們的動機也各式各樣，有的高尚，有的卑劣。人們可以在那裡功成名就，但即使不會灰飛煙滅，也可能沾上汙名或傷痕累累。各路人等到那裡狩獵，開闢商路，進行地理探險和救援，只要敢不走尋常路，也能博得好名聲。這些人無疑都在向非洲傳播著文明，但是文明也伴隨著邪惡。很多人可以成為英雄，成為暴君的也不罕見。可是有一群人卻不能指責他們的動機卑劣 —— 那就是傳教士群體。他們中的一員曾努力統治非洲當地人，當然不是透過殘暴的手段，而是憑藉堅定和決然的精神力量實現的 —— 這就是大衛・李文斯頓[85]。很多人雖然承認傳教士的動機是最高尚的，但是又從兩個方面攻擊他們：首先，他們認為「仁愛始於家」，慈善要由近及遠，英國的那些大城市比蠻荒之地更需要傳教士們的工作；其次，非洲和亞洲的各種族不可能真正皈依基督教。他們

---

[85] David Livingstone（1813-1873），又譯為大衛・利文斯頓或利文斯敦。

認為那些人不再適合基督教，只適合其固有的傳統信仰，進而進一步豁免其苦難。可是我認為，反對海外傳教的第一條根據主要源自那些自己不喜歡海外傳教之人，他們樂於尋找冠冕堂皇的藉口，儘管沒有一點興趣，卻不想輸給別人；第二，我們可以用一位傳教士的人生和工作來駁斥那些反對者。

西元 1813 年 3 月 19 日，大衛・李文斯頓出生在蘇格蘭的布蘭太爾，此地位於格拉斯哥以北的克萊德河畔。兩年後，著名的滑鐵盧之戰爆發了。他的父親是經營茶葉的遊商，祖父是烏爾瓦（Ulva）島上的小農場主。曾祖父曾與斯圖亞特王朝作戰，在西元 1745 年的卡洛登戰役中陣亡。

童年時的李文斯頓體格強壯，性格堅韌，不到 10 歲便能背誦出《聖經・詩篇》中第 119 篇的全部 176 行詩句，期間旁人僅僅提示了 5 次。在攀爬博斯維爾（Bothwell）城堡的遺跡時，別的男孩子都沒有他爬得高，並按照倫敦人的時尚，在那裡刻下了自己的名字。他也是一個愛思考的孩子，主動幫母親擦地、打掃屋子，又羞於被小朋友看見，所以要求做事時擋住房門。門口的擦鞋墊下即使不打掃也沒人會注意到，可是李文斯頓也會盡心盡責地掃乾淨。10 歲時，他到棉紡廠裡打工。從早 6 點到晚 8 點，雖然要勞動 14 個小時，但是他卻擠出時間學習拉丁文，通常要跟學校的老師學到 10 點，然後再自學兩個小時。到 16 歲時，他已經能輕鬆閱讀維吉爾和荷馬的作品了。同時他也在研習自然科學，收集家鄉附近能找到的各種花卉和化石標本。儘管父親嚴禁看小說，他還是讀遍了所有能搞到的通俗讀物。

李文斯頓一定是在 19 或 20 歲時開始產生了去亞洲傳教興趣。最早的打算是用全部的積蓄資助別的傳教士，後來決定自己親自去傳教。他為此加入了倫敦傳道會，並在西元 1838 年 9 月 1 日前往倫敦，接受理事會的考評。通過考試後，被派到艾塞克斯郡的導師那裡接受為期 3 個月的試用，以便適應實際的工作。「見習教士的部分任務是準備布道詞，經過導師的修改後，要熟練掌握並在鄉村集會上宣講。某個星期日，李文斯頓受

命代替生病的牧師去斯坦福德講道。他拿起經文，非常小心地朗讀起來，接著卻把布道詞忘得一乾二淨。等到午夜降臨，他突然說：『朋友們，我忘了該說什麼了，』然後急忙衝下講道壇，狼狽地離開了禮拜堂」。

這件事正是他的試用期延長 5 個月的部分原因，但是最後得到傳道會的認可，接著到倫敦走訪各家醫院，並在西元 1840 年 11 月完成了傳教士培訓。11 月 17 日，他向身在格拉斯哥的父親辭行，此後父子二人再未謀面。20 日，他在倫敦領受聖職，正式成為教士，12 月 8 日登上「喬治號」帆船離開了英格蘭。

可是李文斯頓沒有按計畫前往亞洲，而是非洲。這一改變源自和非洲的傳教士摩法特博士的一次碰面。摩法特正好在倫敦參加公開會議。他建議李文斯頓不要去南非現成的駐地，而是應該奮力向北發展，到無人涉足的鄉間開闢新天地。因此，12 月 8 日，他乘船前往阿果亞灣。

李文斯頓如期抵達好望角，然後船隻在那裡停留了一個月。雖然行程得以繼續令他很開心，但是也發現開普敦的傳教士中存在種種矛盾。不久以後，他的船到達英國的開普殖民地東南角的阿果亞灣，西南方就是開普敦了。他立刻坐上牛車向北方前進，於西元 1841 年 3 月 31 日抵達 700 英里外的庫汝曼。他先在那裡學習土著語，希望在北方找到一個合適的新基地。李文斯頓開始行醫，在周圍的當地人中贏得了口碑，很多人相信他是法力高強的巫師。一位名叫希庫米的酋長找上門來說，「希望你能幫我換心。幫我弄點換心的神藥吧，因為我有一顆驕傲、易怒的心，總是愛發脾氣。」李文斯頓捧起一本《聖經》，可是酋長打斷了他的話，「用不著，我要你用藥來換心，一口喝下馬上見效的藥，我的心總是很驕傲，很不舒服，總跟別人生氣。」酋長不聽他講經布道，起身走開了。

有一次，駕車的牛生病了，李文斯頓只好步行走完餘下的路程。「那些最近加入我們隊伍的一些人，」他寫道，「不知道我懂一點他們說的語言，所以我無意中聽到他們在議論我的長相。他長得可不壯實，太瘦弱了，因為套著『口袋』（褲子）看起來才胖了一點；很快就會累垮的。這讓

我這個高傲的蘇格蘭人熱血上湧，我一直帶著他們極速飛奔了好幾天，最後終於聽到他們誇獎我的腳力了。」經過努力，他終於在西元 1843 年 6 月獲准擴大傳教範圍。他在一封家信中說，得到批准讓他充滿「無以言表的快樂」。同年 8 月，李文斯頓出發北上，進入白人從未涉足過的地區。他的落腳點是位於庫汝曼東北 200 英里左右的瑪保薩谷地。到達目的地後，他憑自己的雙手搭建了一所房子，安頓好之後開始在巴卡特拉部落中傳教。他在那裡工作了 3 年，在此期間，經歷了遭遇獅子的傳奇事件。這是他本人的介紹：「非洲獅帶給瑪保薩村的巴卡特拉人麻煩，牠們會在夜裡跳進牲畜圍欄，把牛咬死。甚至光天化日之下也會襲擊畜群。這種情況很少見，人們認為獅子著魔了，『某個鄰近部落幫牠們施了魔法』。」巴卡特拉人曾攻擊過獅子，可是他們不如波札那人勇武，所以無功而返。「眾所周知，如果獅群中有一頭被殺，其餘的都會離開那一片棲息地。因此，畜群再次遇襲的時候，我陪著當地人一同獵捕，鼓勵他們不要怕命喪獅口。我們在一座樹木覆蓋的山丘上發現了獅群。村民形成包圍圈，逐漸向目標逼近。我和原住民校長馬巴維一同躲在下面的平地。我看見一頭獅子正坐在岩石上。馬巴維首先開火了，子彈擊中了獅子身下的岩石。就像一隻狗會啃咬投過來的棍棒或石頭一樣，獅子也去啃咬彈著點，然後一躍而起，毫髮未損地衝出包圍圈逃脫了。如果巴卡特拉人能按照非洲習慣的做法行事，本應該在獅子突圍時用長矛刺牠，可是他們都不敢放手攻擊。包圍圈再次圍攏後，我們又看到裡面有兩頭，但不敢開槍，以免傷到別人。牠們衝過封鎖線，而我顯然說服不了人們勇敢迎敵，所以我們便要折返回村子。轉過山丘的過程中，我看到一頭獅子正蹲在 30 碼開外的岩石上，前面有一株小灌木。我隔著樹叢瞄準了牠，將兩發子彈都射了出去。村民大喊，『打中啦！打中啦！』還有人喊，『別人也打中牠了；我們去收拾牠！』我看見發怒的獅子豎起尾巴，轉向村民們，便說，『稍等片刻啊，等我再裝上子彈！』就在子彈上膛的時候，我聽到一聲呼喊，扭頭一看，那隻大貓正躍起向我撲來。牠撲在我的肩頭上，然後一起倒在地上。獅子一邊發

出可怕的吼聲，一邊不住搖晃我，獵犬也會對獵物那麼做的。獅子把我搖晃得頭暈目眩，覺得自己就像貓爪下等死的小老鼠一樣。雖然很清楚發生了什麼，但是恍惚如在夢中，感覺不到疼痛或恐懼……牠用一隻爪子按住我的後腦，所以我只好側過頭來減輕壓力，並看到獅子正瞪著馬巴維，而校長則在 10 到 15 碼遠處舉槍瞄著牠。那把燧發雙筒獵槍的兩發子彈都打偏了。獅子立刻放開我，轉而去攻擊校長，一口咬住他的大腿。在場的另一個人，當他被水牛掀到在地的時候，我曾救過他的性命，此刻試圖用矛去刺，而獅子馬上鬆開馬巴維，撲向新目標，咬住了此人的肩膀。這時先前射中的子彈才產生效果，獅子倒地死掉了。這些情節都是在幾分鐘內發生的，瀕死的野獸總會奮力一搏的。為了破解害人猛獸身上的魔法，巴卡特拉人在第二天點起篝火焚燒屍體。據稱那是村民見到過的最大的獅子。那個傢伙不單咬碎了我的骨頭，11 顆利齒又咬穿了我的上臂。傷處開始大量結痂、化膿，後來時不時感覺到疼痛。我穿了一件格子呢夾克，可能擋住了雄獅牙齒上的病菌，因為另外兩位傷者都飽受折磨，而我要幸運得多，只是裝上假關節後肢體活動不夠靈活而已。肩膀被咬傷的那位在第二年的相同月分，傷口再次復發感染了。」

　　西元 1844 年，李文斯頓娶了摩法特的長女瑪麗為妻，婚後在瑪保薩生活了一年多。有一位傳教士從庫汝曼起便和他相伴而行，但是二人產生了分歧，而李文斯頓不願意在外人面前與之爭論，便北遷到了 40 英里外的喬努安村。住在村裡的酋長席其理是他的老熟人。儘管追隨他皈依基督教的人很少，但是瑪保薩人都依依不捨，如果他能留在他們當中，什麼條件都可以答應。雖然如此，李文斯頓還是離開了，又在喬努安開始傳教，而席其理酋長成為他的第一個信徒。酋長提出用自己的方式說明他爭取信徒。「除非用鞭子抽他們，」他說，「不然我也沒辦法。假如您願意，我就把部落的人叫來，用上犀牛皮的鞭子，他們很快就全部改信基督了。」

　　不幸的是，當地發生了旱災，並持續了 4 年時間，土著人把乾旱歸咎於新來的宗教。他們說，「讓酋長降雨吧，如果馬上下雨，就能讓你稱心

如意，我們都去學校學習，一起唱聖歌、一起禱告。除了長矛、牛群和雨水，天神沒有給我們其他東西。別的部落在我們的土地上施法用藥，不讓下雨。你根本不知道，天神傳給我們一項本事——調配求雨的藥物。雖然不懂你的那些本事，但是也不會瞧不起你。你同樣不懂我們的小本領，也不應該看不起它。」該部落被迫向北遷移了 40 英里，來到現在波札那境內的科蓬，可是乾旱變得更加嚴重，而且那裡的布爾人非常敵視他們，所以李文斯頓決定繼續前進，準備到西比圖安酋長統轄的馬科洛洛村落腳。他攜妻帶子，一路上倍受乾渴之苦，經過 3 次努力才在西元 1851 年到達現在的辛巴威。那位酋長非常善良，答應李文斯頓可以在領地的任何地方安家。雖然又向北深入非洲腹地 130 英里，發現了尚比西河的確切位置及其上游支流，但是李文斯頓找不到一處適合落腳的地方，所以與家人會合後，決定帶他們到開普敦，然後送回英格蘭。家人們於西元 1852 年 4 月登船起航，而李文斯頓自己留下來準備新的旅程，後來又因此取得了更重大的發現成果。這一次，他要克服很多政治和宗教方面的困難，而且很難得到補給，也必須忍受破牛爛車上的勞頓之苦。直到 6 月分，他才能從開普敦出發，9 月分又一次到達庫汝曼，但是聽到了壞消息。布爾人襲擊了科蓬，李文斯頓的房子在衝突中遭到洗劫，全鎮幾乎被徹底燒毀。李文斯頓自然無法忍受這樣的情景，「難以想像，肥碩的布爾族婦女可能會拿我的咖啡壺喝咖啡，油膩膩的軀體壓在我的沙發上，或者在我妻子的書桌上擺弄針線！」

席其理酋長和巴克瓦因族人都從戰亂中恢復了元氣，而李文斯頓決心繼續傳教之路。這一次他為了避開布爾人，選擇了一條西行的新線路，但是發現行不通。部分地區被洪水淹沒，一行人必須在蘆葦蕩中艱難跋涉，鋒利的草葉能割破人的皮肉。最後他到達馬科洛洛村。大酋長西比圖安已經在上一次到訪時去世了，他的女兒瑪莫奇莎內由於保有的夫君數量超過女酋長的標準，被迫交出權力棒。她的兄弟塞克勒圖繼任酋長後，對李文斯頓也很友好，而後者發現情況依然如前，想在附近找到一個適合的定居

點根本做不到。李文斯頓患上了熱病。因此，他下決心前往非洲西海岸，並在西元 1853 年 11 月動身。高燒伴隨著他，但是旅途的初期很順利。他和巴隆達部落的女酋長瑪南科成為了朋友。在李文斯頓的描述中，她是一位「身高體壯，20 多歲的女子」，能率領族人在叢林中健步如飛，累垮腳力最厲害的人。除了李文斯頓，瑪南科是最執拗的非洲土著。李文斯頓本來打算坐獨木舟去酋長叔叔所在的村鎮。可是她堅持要傳教士一行人走陸路，又命令族人替他背行李。「我的人不敢頂撞，我也無能為力。惱火之極的我要去找船，可她卻手搭我的肩膀，露出慈母般的神情，說道，『喏，小個子，由他們去做吧，你就別管了。』煩悶的心情當然一掃而空，我只好找藉口出去尋些肉食」。

可是此後麻煩不斷。為了尋找食物，他們進入了一片充滿敵意的奇博克人的地盤。對方包圍了李文斯頓的營地，但他設法安撫住了酋長和他的族人，坦然地圍著他們反覆勸慰，勇敢冷靜地化解了對方的敵意，最終全身而退。繼續遠征的李文斯頓與土著居民之間不斷出現新問題，和自己人也產生了矛盾，但終於安全抵達剛果的一個附屬國，由此又行進了 300 英里，來到歸屬葡萄牙的魯安達，該鎮位於安哥拉的西海岸。跟隨李文斯頓的馬科洛洛人第一次看到大海，各個驚奇不已。「我們和聖父（李文斯頓）一路遠行，」他們說，「始終堅信先人所言不虛，世界是沒有盡頭的。可是這個世界馬上告訴我們，『我完蛋了 —— 我的人生結束了。』」

此時的李文斯頓雖然病弱不堪，仍然決定返回，可是直到 9 月才康復啟程。返程之路很順利，因為奇博克人已經變得友善了，所以他們順利回到了馬科洛洛，受到族人們的熱烈歡迎。李文斯頓在那裡休整了 8 週，然後向非洲東海岸進發，完成穿越大陸的行程。一行人沿著尚比西河東進，而李文斯頓是第一個見到大瀑布的歐洲人。他用女王維多利亞的名字為之命名。壯觀的維多利亞大瀑布在高度上比尼加拉大瀑布多出一倍。乘坐獨木舟登上瀑布上方的一座小島之後，他描述過眼前的奇景。「我們登上的小島一端後，」他寫道，「誰也看不清如此寬廣的滔滔激流跑到哪裡去

了，好像大河突然消失在僅僅 80 英尺寬的裂縫中一樣。從島上戰戰兢兢地爬到盡頭，盯著下方的大峽谷，那是寬廣的尚比西河在兩岸間衝擊而成的，我看見 1,800 碼寬的水流急落 320 英尺，然後突然被壓縮進 15 到 20 碼寬的地方。」在接續的行程中，他又遇到了心懷敵意的土著民，最後爭取到了意欲攻擊的穆蓬迪部落的信任，在他們的幫助之下，順利渡過尚比西河。生活在南岸的是本分的原住民，所以李文斯頓的行程便有了更大進展，如期趕到泰特村。土著民形容李文斯頓是「聖子降臨，能從天上取下太陽，夾在腋下」。其實那是六分儀。李文斯頓在泰特停留了一個月後，繼續向東進發，5 月 20 日到達東岸莫三比克的海港克利馬內。六週後，一艘英國商船答應載他去模里西斯。同年 8 月，他到達模里西斯，一個月後登上回英國的一艘船，12 月 12 日回到了故鄉。原打算帶回英國的一名土著無法面對全新的生活環境，在巨大的心理衝擊之下，到達模里西斯後便精神失常，投海自盡了。一返回英國，李文斯頓就發現自己名聲在外了。他在國內盤桓了 18 個月，多次在民眾集會上布道演講，也獲得了很多榮譽。他接受了巴麥尊爵士要他擔任駐東非領事的請求。英國政府為他提供了一切條件，以便組建新的遠征隊伍。他把傳奇經歷付印成書，賺了一大筆錢。臨行前他表示，再次橫穿非洲的難度小多了。他的妻子要在新旅程中陪伴左右。

　　西元 1859 年 3 月 10 日，他們乘坐的「珍珠號」起航了，船上裝著從汽艇「羅伯特老媽號」拆解下的零件。那艘汽艇是為內河航行準備的。後來，出於顯而易見的原因，與帆船大不相同的汽艇被改名為「喘氣鬼」。一家大船廠把它廉價出售給李文斯頓，「目的是表達對海外傳教事業的敬意」，他說。他們在 5 月分到達非洲東岸，探查了尚比西河的部分河段和北岸的一條支流希雷河。西元 1859 年 9 月，李文斯頓第三次沿希雷河考察時，發現了希雷河的源頭尼亞薩湖。以前的探險中，他把追隨自己的馬科洛洛人留在了尚比西河邊的泰特村，現在決定帶領他們返回家鄉。他們一起穿過的很多地方都有獅子出沒。如果有獅子在宿營地徘徊，那些土著

會這樣嘲笑牠:「你是酋長嗎?你自封老大,對嗎?暗中下手偷吃我們的牛肉,你算什麼酋長啊?難道不覺得丟人嗎?真是了不起啊,你就是一個吃腐肉的蟲子,只管自己的死活。你可沒長酋長的心。幹嘛不去自己獵食啊?」

李文斯頓深知馬科洛洛人的生活艱難。他們遇到過旱災和叛亂,酋長塞克勒圖又患上了痲瘋病。他要盡可能幫助他們,所以離開6個月後有回到泰特村,帶領他們沿尚比西河向東海岸進發,去和「開拓者號」會合。這艘汽船將從英格蘭趕來,搭載著英國大學派出的傳教團。而「喘氣鬼號」的狀況大不如前,途中漏水更加嚴重,好像知道自己的末日到了,最後擱淺在一片沙洲上,船艙裡灌滿了水,只好被人棄掉。

第二年的1月31日,「開拓者號」到了,同行的還有主教麥肯齊及其隨員。李文斯頓對新來的使團寄予厚望,但是注定會失望。他利用「開拓者號」探索了魯伏馬河,它的入海口在尚比西河以北,現在是莫三比克與坦尚尼亞的界河。他又再次考察了希雷河,但是沒有像以往那樣如願到達尼亞薩湖。因為那裡地處葡萄牙人的領地之外,可以成為傳教團理想的駐地。此後傳教團不可避免地捲入土著民之間的爭端,主教也患病去世了。這令李文斯頓難過不已,但是厄運接連而至:他的妻子在西元1862年4月21日染上熱病,27日不治而亡。李文斯頓一度為此精神崩潰。西元1863年1月,乘坐另外一艘汽艇逆流而上去尼亞薩湖時,英國派人將他召回,原因是葡萄牙人對他反對奴隸貿易的做法提出了警告。其實暗中鼓勵販奴活動的葡萄牙人妒忌英國人的探索活動,結合傳教團的出師不利,他們的代表便藉機唆使英國政府發出召回令。李文斯頓沒有任何怨言,盡快返回了沿海地區,並打算賣掉手中的內湖用船「尼亞薩夫人號」。最近的販奴集市在孟買(那裡不屬於葡萄牙),李文斯頓乘坐這艘小船進港時,沒有任何人注意到。他由此出發前往英格蘭,於西元1864年7月21日安全抵達。李文斯頓回國後,一刻沒有耽擱,求見了約翰·羅素爵士和巴麥尊爵士等人。最後英國政府和皇家地理學會做出安排,再次把他通派往海

外。這次的任務是沿魯伏馬河向上游探查，最終到達尼亞薩湖西北部的坦噶尼喀湖。可是李文斯頓拒絕了，他只想去非洲探險，不願意用傳教士的身分前往。有人認為，基督教讓非洲土著變壞了，李文斯頓表示強烈反對。「那是胡說八道，」他說，「呸！全都是鬼話。」

　　李文斯頓先去了孟買，完成了「尼亞薩夫人」號汽艇的轉手交易，然後前往東非的尚吉巴。西元 1866 年 3 月，帶領 13 名印度士兵和 3 名黑人在魯伏馬河口登岸，隨行的沒有其他英國人。那些從印度帶來的士兵百無一用，懶散凶暴，每天走不了 5 英里。到了 7 月分，李文斯頓只好把他們都打發了，然後在 8 月趕到了尼亞薩湖區。9 月分，一些手下人離開了他，並散布他已死亡的消息。消息傳回英國，不久被證明那是謠傳。李文斯頓繼續向西北進發。他飽受熱病和風溼病的侵襲，補給品也開始短缺。西元 1867 年 4 月，他才到達坦噶尼喀湖的南端，由此再轉向南方探查，發現了現在尚比亞境內的姆韋魯湖和班韋烏盧湖，而後者水質很好。接著他向北挺進，希望探尋尼羅河的源頭。隨後幾年，他親歷了疾病，叛亂，遺棄，戰爭和販奴等諸多不幸，這裡無需贅述。李文斯頓在日誌中寫道：「西元 1871 年 10 月 24 日。心情低落到極點，幸好有撒瑪利亞一樣的好人陪在身邊。一天早晨，蘇西飛奔而來，喘著粗氣稟報，『有一個英國人！我看到他了！』然後又跑去迎接。大篷車頂的美國國旗說明了來客的身分。看到車上一包包的貨物，錫製澡盆、大水壺、烹飪鍋具、帳篷等一應俱全，我認定此人出行太奢侈了，沒有我計劃得巧妙。來者是亨利·莫頓·史丹利，《紐約先驅報》（*New York Herald*）的旅遊記者。詹姆斯·戈登·貝內特出資 4,000 多英鎊，派他來尋訪李文斯頓博士的確切消息，要求活要見人，死要見屍，然後把遺骨帶回家。」

　　史丹利找到李文斯頓的消息一時成為熱門話題，可是其他的事件又沖淡了人們事後的回憶。兩個人很快成為好朋友，李文斯頓無法穿越馬尼烏馬地區西行，去探索他認為是尼羅河的部分流域（其實是剛果河），所以史丹利便勸他向北走，探索一下坦噶尼喀湖的上游地區。他們就這樣徹底

探查了那一帶，一路上的艱辛加深了兩個人的友誼，彼此受益良多。11月11日，到了他們必須返回的時候，史丹利試圖勸李文斯頓同他一起回國。李文斯頓只答應同行到坦噶尼喀湖東面的溫亞尼安貝。穿過烏坎巴森林的時候，一位醫生認為，「如果他要穿越非洲寂靜幽深的原始森林，一定會葬身在那裡的落葉底下。」西元1872年2月14日，他們到達溫亞尼安貝。一個月後，史丹利帶著李文斯頓的旅行日誌離開了。分手時，向東而去的史丹利「時不時回過頭來，依依不捨地看看那個孤單的身影，那是一位身著灰衣的老人，低垂著頭，步履蹣跚地踏上孤旅……，我向他揮舞手帕，」他這樣寫道，「他也舉起帽子回應。」此後，李文斯頓再也沒有見過一個白人。

他在溫亞尼安貝等著史丹利新派來的護衛者。護衛直到5個月之後才到。期間李文斯頓過得很開心，一直在研究土著文化，觀察動物習性，堅持閱讀。8月25日，一切準備就緒後，他率領65人的團隊開始了最後一次探險歷程。

2,000年前，古希臘的希羅多德從埃及祭司那裡獲悉，非洲中部有兩座山——克羅皮山和莫皮山，兩條河分別由此流出，一條奔向埃及，另一條流向衣索比亞。這一故事多少影響了李文斯頓的判斷，他打算向南去班韋烏盧湖，然後向北沿著姆韋魯湖西岸找到盧阿拉巴河，確定那裡到底是尼羅河還是剛果河，之後渡河，繞過坦噶尼喀湖北端返回溫亞尼安貝。然而，他的健康狀況開始惡化；雨季開始後，班韋烏盧湖區變成一片澤國。儘管如此，行程依然在繼續，他對手下人的要求從未放鬆。雨水使該地洪水氾濫，他的熱病更加嚴重起來。有時候，他在日記中只寫下日期，沒有別的內容。4月27日，他只寫道，「真是筋疲力盡啊。」到了29日，病弱得幾乎無法前行的他還是設法跋涉到伊拉拉村，那裡的酋長很友善。30日晚上，他讓隨從馬伊瓦拉去找貼身僕人蘇西。蘇西進來後，主人叫他燒水，然後取來藥箱，舉著蠟燭；他注意到主人幾乎失明了。他吃力地找出通便的甘汞，又按吩咐倒了一杯水，另外準備了一隻空杯，都放在床

邊。「好了，你可以走了」，李文斯頓氣息微弱地說。這是蘇西聽到的最後一句話。4點左右，馬伊瓦拉又來了。「去看看老爺吧，恐怕 —— 不知是不是還活著呢」。

蘇西、朱瑪以及其他 5 人正圍在帳篷門口。李文斯頓跪倒在床邊，雙手摀著臉伏在枕頭上，已經咽氣了。

沒有歐洲人在場，只有 56 名非洲黑人。他們沒有遲疑，選定蘇西和朱瑪為負責人。眾人決定把遺體和財物運到尚吉巴。

他們按傳統把遺體的內臟取出，埋葬一棵樹下，把名字和日期刻在樹幹上。遺體經過脫水後包裹起來，所有的裝備和書籍等物品經人登記造冊後一起裝運，在大家的護送下前往尚吉巴。

休斯先生說，「隨從們帶著李文斯頓穿過沼澤、沙漠，承受不同部落的阻撓 —— 他們很迷信，生活貧困，常常不懷好意 —— 歷經艱險，向東海岸前進。途中只有過一次衝突，他們先在一個村莊受到攻擊，不得已進行了報復。他們的壯舉是史無前例的。他們的前進路線上曾有一萬名希臘勇士走過，大軍中還有那時在世的大師色諾芬；可是此時李文斯頓已經死了，而這隊人又是黑人，多數是近期獲得自由的奴隸。」

西元 1874 年 4 月 16 日，遺體運達倫敦。經過檢驗，獅子咬傷造成的胳膊假關節證明了那確是李文斯頓。19 日，他被埋葬在西敏寺中殿的正中。

儘管在最後一次探險中沒能成功，或者在別人看來是失敗的，可是他多次在大範圍的傳教活動中取得了豐碩的成果，為基督教在東部非洲的傳播做出了巨大貢獻。因為他的努力，合法貿易活動得以發展，而且罪惡的奴隸貿易也注定會被廢止。歐洲列強近來爭相進入非洲，不顧一切地爭奪利益，而英國則獨占了最大一份蛋糕。所有這些國家都有責任努力透過合法手段，促進上述目標的實現。歐洲勢力在非洲林立，這一格局存在嚴重的風險，而阿拉伯人恢復了內部的奴隸貿易，並在非洲的很多地方建立了強權政治，更是令人擔憂。現在，世界經歷著滄桑巨變，非洲每天都在我

們眼前書寫著新的歷史篇章。我們都可以讀一讀這部歷史，或許我們之中的什麼人也會在其中發揮一點作用。

第十三章
戈登將軍
GENERAL GORDON

何謂英雄人物？

要回答這一問題，我們只好追溯「英雄」一詞最初的含義。對於古人而言，英雄是為人類完成壯舉的人 —— 比如古希臘神話中殺死怪物的赫拉克勒斯和忒修斯，還有為人類帶來重大發明創造的卡德摩斯和普羅米修斯等。英雄身上一般都異於常人，攜帶著天神的某些基因，所以人們也把英雄視為天神的後代。

我們雖然生活在 19 世紀的英格蘭，可是當今世界沒有丟掉對英雄人物的喜愛和讚美。有一句老生常談這樣說，只要我們能恪盡職守，人人都可以成為英雄。童年時的納爾遜就講過，「我就想當英雄」，可是臨死的時候卻說，「感謝上帝，我已經盡職盡責了。」各行各業都有英雄人物湧現出來，那些和病魔、貧窮或各種惡行爭鬥的醫生、牧師、發明家和慈善家等人，都可以成為英雄。現如今，我們還崇拜有一些過去的戰鬥英雄 —— 他們不是為了殺戮而戰，而是為了正義而戰；與人類社會早期的英雄們一樣，他們在戰場上地書寫著的輝煌的傳奇經歷和俠義精神，他們的功績堪比赫拉克勒斯在勒納沼澤殺死九頭蛇怪海德拉，也不亞於忒修斯殺死強盜斯喀戎和佩里裴忒斯，然後成功地統一了國家。

查理·喬治·戈登來自古老的戰鬥民族。其家族姓氏「Gordon」的本意就是「長矛」，先祖曾多年征戰，經歷過英格蘭與蘇格蘭高地之間的大部分武裝衝突和戰爭。後來，他的三代直系先輩都先後在英國陸軍服役過。

我們對戈登的童年經歷知之甚少。據說他小時候曾跟隨身為指揮官的父親，住在希臘西北部的科孚島。因為他非常害怕槍炮聲，一聽到槍響便跑開，埋起頭來躲避。9 歲時，雖然不太會游泳，他也經常大膽地跳進深水中，而附近洗澡的水手一定會把他拖上來。在出生地伍利奇，戈登找木匠打造了一把大號的弓弩。某一星期日的下午，他用弩連續擊碎了 27 塊玻璃。因為射出的一枚螺釘打傷了一名軍官的頭部，後來他改用一把殺傷力不大的噴水槍。新武器能裝一夸脫（四分之一加侖）的水，軍校士官生

們的臥室經常成為戈登的射擊目標。一旦有人不堪其擾前去追趕，他便躲進防禦工事的某個角落裡不出來。他在兵營裡已經輕車熟路了。後來，戈登也成為一名士官生，並在西元 1852 年得到正式委任。年輕士兵所處的時代紛繁複雜；英國經歷了 40 年的太平日子；在倫敦舉辦的世界博覽會結束了，當時的人們希望那次盛會能開啟和平的新時代；隨著年邁的威靈頓公爵去世，戰勝拿破崙的榮光也一同散去；兩年後，克里米亞戰爭又開始了。西元 1855 年的元旦，年輕的戈登來到塞凡堡城外的聯軍營地。戰爭的高潮階段已經結束了。占領阿爾瑪高地的英勇突擊行動，穿越巴拉克拉瓦的死亡山谷的絕地進軍，以及在英科爾曼迷霧籠罩的山地的那次短兵相接，都已成為往事。戈登趕上的只有嚴冬和漫長而無奈的圍城戰。最後進攻「大凸角堡」的行動損失慘重，聯軍費了九牛二虎之力才占領了一座廢墟。

　　身為工程兵的戈登負責修築逼近塞凡堡守城堡壘的戰壕和工事。6 月18 日，聯軍開始向堡壘進攻 —— 英軍的目標是「大凸角堡」；法軍的目標是馬拉可夫要塞。當天是英法兩國在歐陸的最後一戰 —— 滑鐵盧戰役後的一周年，曾經的對手現在要並肩而戰。但是攻擊行動一度受挫，傷亡巨大。進攻一方重新開始緩慢艱苦的塹壕挖掘工作。11 月 8 日，聯軍發動了新一輪攻勢。法軍向馬拉可夫的基地發起攻擊，趁著俄軍換崗之際，透過突襲的方式攻占了目標。工事制高點上揮舞的三色旗指示著英軍繼續突擊。他們要到達堡壘前的坡地還需要穿過 200 碼的地域。雖然英軍冒著猛烈的炮火成功衝到堡壘的圍牆內，但是減員嚴重，而且增援部隊沒有按計畫給予支持，所以不足以展開進一步的攻勢。城內密集的後備力量憑數量優勢，最終擊退了英國人。馬拉可夫已經落入法軍之手，對大凸角堡形成鉗制態勢，所以俄軍連夜從堡壘的南半部撤出了。

　　塞凡堡就這樣陷落了，雙方就此休戰議和。在此後的 4 年多時間裡，戈登一直在東方執行任務，參與解決俄羅斯與土耳其之間的邊界紛爭。在亞美尼亞期間，他差一點登上了傳說中諾亞方舟停靠過的阿勒山（Ararat，或亞拉拉特山）的頂峰。戈登在信中提到過一次惡作劇經歷：在地方長官的會議廳上，棲息著一群鸛，他找機會在一個鳥巢中放了一枚鵝蛋。小鵝孵出後，母鸛便注意到了它的怪異長相。小鵝越長越大，母鸛只好在同類的注視下，不停地呵護著這隻怪胎。消息很快在鳥群中傳播開來，所有的母鸛逐一過來查看，以滿足其好奇心。最後牠們成排站在那裡，用極其異樣的目光打量著不幸的母子倆，好像在說，「這可怎麼得了啊？天知道那傢伙會長成什麼樣？」

4 年後，戈登返回英格蘭，但是已經不適應家鄉的生活了。他渴望獨處和冒險；在繁華的城市和人群中，只有孤獨陪伴著他。所以，西元 1860 年離開英格蘭時的戈登一定是滿心歡喜的。他要去參加那一年爆發的對華戰爭。

他在中國度過了西元 1860 年以後的幾年時間，人們經常稱他為「中國的戈登」，可是其本人不太喜歡這個稱號。實際上，那場戰爭並沒有給他帶來多少揚名的機會。英法聯軍輕鬆戰勝中國，占領了北京城。大清帝國內爆發了反抗運動，號稱「太平軍」的叛軍已經攻占了一些重要省份和城鎮。為了抵抗太平軍，一些本地人和外國僑民集結了一支義勇隊[86]，指揮官是美國人華爾。歐洲列強和中國休戰締約後，在英國、法國和清軍的幫助下，華爾率領這只軍隊征戰了兩年時間，人數從 100 人增加到 2,000 人，大小 70 次戰鬥無一敗績。因此，清帝國頒布詔令，敕封其為「常勝軍」。

英法兩國的基本目的已經達到，所以撤回了自己的軍隊。華爾戰死後，繼任者無一成功，常勝軍在太倉一戰首嘗敗績，傷亡近 500 人。第二次重大失利發生在紹興。此時，戈登的機會來了。陸軍上校巴特勒回憶道，「剛過 30 歲的戈登時來運轉，幸運之神敲開了通往榮耀的大門。」

西元 1863 年 3 月，戈登宣布，將在 18 個月後的西元 1864 年 8 月平息叛亂。他的話提前應驗了，因為西元 1864 年 6 月，常勝軍便解散了，對抗太平軍的戰爭也結束了。

---

[86] 即當時所謂的「洋槍隊」，參與了鎮壓太平天國運動。

我們看看這期間的幾段插曲。

3 個月前，常勝軍在太倉吃了敗仗。該城為長方形，城牆堅固，深壍包圍。戈登決定由西側進攻，前一次是在南側攻城。他用兩片木柵渡過一條運河，把槍炮安排在距城 600 碼的地方。在可移動掩體和盾牌的掩護下，火槍隊慢慢推進到 100 碼之內，打開了攻城的豁口。我們可以想像一下城牆豁口的樣子。人們容易認為那是城門的開口處，攻城部隊可以大踏步地從容而過。正相反，當時的豁口陡峭不平，亂石堆砌，瓦礫縱橫，即使沒有設防，翻越過去也是難上加難。城牆豁口和攻城者之間還有一條很寬的深溝。他把船隻從運河調來，架起浮橋直抵城牆豁口的陡坡腳下。冒著垛口上猛烈的槍炮火力，戈登的手下人成功過橋。此前他們借助自己的火槍攻向豁口，現在因為雙方距離太近，已經無法舉槍射擊了。太平軍中也有歐洲人在統領，他們也有部分英國製造的武器。可是經過一輪堅決的攻擊，以及隨後的一兩次城下混戰，進攻方登上了城牆豁口的上方，奪取了城池。若干年後的喀土穆，有人看見手下的一些蘇丹士兵正把炮口對準戈登時，他也回憶起太倉之戰。「那時候，手下的士兵就向我開過槍，以後有可能再遇到這樣的事，」他寫道，「在太倉的城垣缺口處，第 31 步兵團的一名士兵已經陣亡，另一名被彈片擊傷後有過被俘的經歷。『戈登先生，戈登先生！您別讓我死啊。』『把他拉到河邊槍斃吧』，旁邊的人說：『送到我的船上吧，讓軍醫看看，再送到上海去。』」

在浙江昆山，戈登帶著區區 40 人，駕駛一艘小汽艇開進運河，成功扭轉了戰局，使得兩岸幾千敵軍陷入混亂。

很多人都知道，歷經多次戰鬥的戈登從來不帶武器，只拿著一根手杖，任憑槍林彈雨呼嘯而過，卻傷不到他。洋槍隊中的中國人迷信地認為，正是他拿的魔杖引領著他們打勝仗。戈登取得了一場又一場的勝利，直到西元 1864 年 6 月，常勝軍終於解散了。

巴特勒說，「有一次，孔子的弟子問道：一個人怎樣才能叫做通達？

『你說的通達是什麼意思？』孔子反問。弟子答道，『在國君的朝廷裡必定有名望，在自己的封地裡也必定有名聲。』『那只是虛假的名聲，不是真正的通達』，聖人說，『所謂達，那是要品德正直，遵從禮義，善於揣摩別人的話語，對察別人的臉色，經常想著謙恭待人。[87]』」戈登具備的正是這種通達的品性。他在中國效力，卻不願意為此接受酬勞。攻占蘇州城之後，他拒絕了一大筆賞金，但後來接受了另一份殊榮：獲准穿著御賜的黃馬褂，成為精選出的 20 名皇帝侍衛之一。帶著飾物的滿清官帽有 3、40 磅重，所以他不喜歡戴在頭上。戈登返回了英格蘭，而中國文獻這樣描述那個遙遠的國度[88]：

> 遠隔重洋，西北極遠之地；
> 有此國度，名曰英吉利國。
> 氣候嚴苛，務必傍火驅寒；
> 國民虔誠，以儀式拜神明，
> 重德行者，皆奉聖經爲典。
> 唯其宿敵，法蘭西國是也。

正是大英帝國的宿敵給了戈登機會。因為擔心法國入侵，英國人處於驚慌之中，樸茨茅斯和多佛爾等地嚴陣以待，而重金修築的工事未到完工，大部分已經廢棄了。工兵出身的戈登受僱駐防泰晤士河口。在格雷夫森德生活的 6 年中，他利用全部業餘時間扶弱濟貧，尤其是救助街頭流浪的孩子們。戈登為他們建立了夜校，自己負責一切事務。他稱孩子們「國王」，帶領他們登船出海。一位友人寫道，「戈登的客廳裡有一大張世界地圖，上面插著圖釘，標注著他的『國王們』乘坐的不同船隻所能到達的

---

[87] 此處所引述的是《論語·顏淵篇二十》，古漢語原文——子張問：「士何如斯可謂之達矣？」子曰：「何哉爾所謂達者？」子張對曰：「在邦必聞，在家必聞。」子曰：「是聞也，非達也。夫達也者，質直而好義，察言而觀色，慮以下人。在邦必達，在家必達。夫聞也者，色取仁而行違，居之不疑。在邦必聞，在家必聞。」

[88] 原文出處不可考，有可能出自清宮的外交文檔或奏摺。

地方。」這些孩子用自己的方式表達對戈登的感情，鄰家柵欄上會有粉筆寫的「上帝保佑他」。戈登給了格雷夫森德流浪兒童容身之所，人們當然不會忘記他的義舉。而我們更不要忘記，這項義舉完全是他的額外付出和奉獻。

西元 1871 年，戈登離開格雷夫森德，前往多瑙河執行任務。西元 1872 年 11 月，他和埃及的努巴爾帕夏[89]大人在君士坦丁堡相遇，此後二人又多次見面，並促成了他去蘇丹和喀土穆發展。洞察力過人的努巴爾注意到，戈登和他認識的其他英國官員很不一樣。

努巴爾決定讓戈登幫助自己實現心願：當時的埃及總督伊斯梅爾野心勃勃，因為大興土木不惜四處借債。他決心在非洲中部，即現在的蘇丹和衣索比亞地區，建立一個埃及大省，這就能促進埃及的貿易，透過尼羅河的便利航運條件，徹底打開非洲內陸通往外界的大門。我們都知道，這些理想遭受了何等慘痛的失敗。可是在西元 1874 年，接受了努巴爾邀請的戈登來到埃及，成為這個赤道省份的全權總督，宏大的擴張理想便有了實現的希望。3 月 13 日，首次來到喀土穆之際，戈登受到鳴禮炮和迎賓曲的禮遇，並得到好消息，尼羅河上的「浮島」已經瓦解散開了。他在信中解釋過「浮島」是怎麼一回事：「你知道，尼羅河從亞厘畢湖流出後，在岡多柯羅下游分別注入幾個胡泊中。這些湖邊水生植物茂盛，它們的根系深入水中長達 5 英尺。水草乾枯時，當地人燒掉其枝葉，灰燼聚集則聚在一起，然後新草又長出來，直至形成浮島狀的堆積物。隨著河水上漲，堆積物會順流而下，停留在河道的拐彎處。浮島越來越多，最終完全堵住河道。雖然河水可以在堆積物形成的浮島底下流動，但是它們綿延幾英里，造成水上交通阻斷。地方官派人把大塊的堆積物切割開。一天晚上，河水終於衝破殘餘的浮島，裹挾著一切咆哮而下，把輪船沖到了 4 英里開外，河道由此通暢了。那些順流而下的河馬一路吼叫著，呼呼地噴著氣，鱷魚們也在水中不斷盤旋著。因為大量堆積物的衝擊，河面上滿是已死的和奄

---

[89] Pasha，舊指土耳其古代對高官的尊稱。

奄一息的河馬、鱷魚和各種魚類。」河道變得暢通，乘船到喀土穆的行程可以縮短到 3 個星期，否則可能需要 18 個月，甚至兩年時間。

戈登乘坐輪船繼續趕路。如同往常一樣，兩岸總能見到無數的新奇動物——比如鸛、鷺和鵜鶘，只有鼻孔露出水面的河馬，還有逗人的猴子，「牠們的長尾巴像劍一樣挺立在身後」。他也能見識到當地原住民的奇異風俗，有的頭頂葫蘆瓢，而不是帽子，有的則光著腦袋。

行程的第 5 天，他寫道，「我們昨晚在月光下緩慢航行著，突然從一大片樹叢中傳來的陣陣笑聲令我不寒而慄，其實那是鳥兒的叫聲。躲在樹叢裡衝著我們怪笑的是一種鸛，牠們興致好像很高，對任何想去岡多柯羅有所作為的人，都會幸災樂禍的嘲笑一番。」

距此不遠，有一個名叫阿巴的小島。巴特勒上校說，「那純屬巧合，也非常不可思議。阿巴島上的一個岩洞中，正住著一位托缽僧——穆罕默德·艾哈邁德。此人在蘇丹的阿拉伯人中已經小有名氣，7 年後更是廣為人知，成為『救世主』馬赫迪。月光下的航船上載著的陌生人一心想要完成一項無望的開拓任務，因為伊斯蘭教奉鸛為神鳥，不知那些報以嘲笑的鳥是不是不詳的兆頭？掌管命運的偉大先知說，『鸛能預知大勢』。難道蘇丹的鸛鳥們看清了『大勢』？——這兩個人的生活軌道在此交集過後，不知若干年的各自前途會怎樣呢？」

一週後，在戈登一行人的說服之下，當地的一位酋長帶著 4 個人登船。「他身著盛裝，帶著項鍊。」戈登寫道。「我們送他一些禮品。為了表示感謝，他上前抓住我的雙手，在手背上一番舐舐；然後捧著我的臉，做吐唾沫狀。酋長很貪心，我們給他一些食物時，他毫不猶豫地拿走了鄰家的那一份。」

4 月 16 日，戈登到達岡多柯羅，發現那裡處於無政府狀態，除了大行其道的奴隸販子外，完全缺乏行政和稅收之類的治理方法。他開始著手建立兵站，安排士兵耕種土地，不許他們搶劫土著人，全力抓捕所有的奴隸販子，緩解當地百姓的苦難。岡多柯羅一帶的生活充斥著無盡的煩惱和

憂慮。死亡和疾病奪走了多數人的性命，可是戈登卻不畏勞苦地堅守著。他發現周圍的人表現異常。一位殖民者帶著妻子和兩個孩子在附近安家。不久之後，戈登注意到，只有一個孩子經常露面，便向母親打聽情況。「哦，送給丟牛的那個人了。」（殖民者從先前住所的鄰家偷了一頭牛吃掉了，他搬家的主要原因也是因為這件事。）那位母親說話時面帶喜色。戈登說，「可是，你不感到難過嗎？」「不會啊，我們更願意要牛！」戈登又說，「你們吃完了牛，口腹之樂也結束了。」「反正都一樣，我們願意先得到牛！」

　　西元 1874 年 12 月，戈登這樣寫道：「我很好，各方面進展順利。上帝保佑，我相信能在這裡多做些事情。」秋季已過，儘管有大雨、疾病和孤獨感，戈登的影響力卻開始受到關注。他從未放棄過希望，如果同大湖地區建立起通道，相信情況一定會變得越來越好。但是身處各種焦慮之中的他仍然能發現周圍的自然奇觀。他說，「觀察蟻蛉就是一件趣事。這些小昆蟲長著彈性十足的大腿，能挖出火山口型的土堆，自己卻躲在頂端，時不時蹬出沙土。走在邊緣的螞蟻會滑下來，向上攀爬的時候，蟻蛉又拋出沙土，一次又一次，螞蟻就像落入維蘇威火山的灰渣一樣被陷住，最後落到坑底，一對鉗子把牠拖入密室，晚餐就齊備了。我用湯匙挖出一隻蟻蛉，其大小如褐色的臭蟲。其實它沒有彈性腿，卻有一對牛角般的東西，那才是挖土的工具。牠總是向後爬。3、4 個土穴裡接連噴出沙土的情景一定令人奇怪。第一次見到時，我以為那裡有氣體冒出。它們能把沙土揚起 1 英寸那麼高。因為藏身處很深，要捉住它們可不容易，除非等它們捕獲螞蟻後，其注意力顧及不到你時，迅速用勺子挖下去，這樣才能得手，不然它們就溜之大吉了。」

　　與亞厘畢湖區的交通最終建立起來了，可是維多利亞湖區卻不易到達。烏干達國王穆提薩異是一個怪人，很排斥白人、土耳其人、埃及人或阿拉伯人，而且顯得理直氣壯。這裡有他寫給戈登的一封信，英文拼寫和文法也同樣怪異難懂：

致上校戈爾登先生，1876年2月6日。

親愛的朋友戈登，聽聽我的這番話，別和安哥拉國的卡維雷古蘇丹生氣，聽說你帶來兩條戰船，我希望你不要和那些安哥拉人開戰，他們都是不知好歹的人。我是烏干達國王穆提薩，如果你要打總督，如果你要打總督（原文如此），就是向本國王宣戰。我想提出一個要求，但願你們所有歐洲人能滿意如果我想去孟買假如孟買總督不讓過去我就找不到別的路線因此我求你我的朋友們看信後聽話如果非要開戰把船開到尼羅河西北方我去東南方讓安哥拉人處在中間再開打但是先給我回信吧。因爲我想和英國人交朋友。我是穆提薩太陽之子烏干達國王願上帝與閣下和你們所有人同在阿門。

穆提薩 烏干達國王

1876年2月6日

儘管中尉蓋瑟爾坐船在維多利亞湖環遊過，可是戈登不打算在湖區建立基地。取得了非凡的成就之後，戈登於西元 1876 年 10 月分返回喀土穆，然後在 12 月分回到倫敦。但是他的往返讓人不解，而且短短五週後，他又踏上前往埃及的航船。經過四週多的航行，他在紅海邊的馬薩瓦登岸，成為全蘇丹的全權總督。

埃及南部的阿比西尼亞很早就成為基督教國家，並成功地獨立於伊斯蘭教勢力之外。而戈登來此的意義正在於此。埃及總督曾設想征服阿比西尼亞，雖然阿比西尼亞人信奉伊斯蘭教，一旦有人想要征服受穆罕默德庇護的人民，將會受到詛咒，可是埃及總督卻全然不顧，試圖吞併那裡。雙方便刀兵相見，紀律嚴明、裝備精良的埃及士兵卻在戰鬥中士氣低落，膽小怕死，第一次面對凶悍敵人的長矛和砍刀時崩潰了。他們以後便經常吃敗仗。9,000 人在首戰中斃命。失利的消息很快傳遍蘇丹。廣闊的區域內接連爆發一波又一波叛亂。戈登被派到動盪不堪的是非之地平叛。他知道阿比西尼亞人不會離開山區，所以沿著蘇丹國最西邊的一側前進，明智地

避開他們。蘇丹的奴隸販子正在起兵造反。他騎著一匹健步如飛的駱駝，從喀土穆向西奔往達佛，去進攻奴隸據守的要塞。一場經典戰役開始了。戈登可以指揮的軍隊人數很少。一些埃及人和獲得自由的奴隸被訓練成了士兵。由於行動迅速，並善於控制相隔 30 到 60 英里的各處水井，戈登一方成功擊敗了單兵能力更強、數量上十倍於己的敵人。奴隸販子們正式提出投降，叛亂得以平息。可是除了戈登，無人能認清一點：勝利沒有什麼意義。他歷盡千難萬險，想擺脫各種痛苦，可是又看不到光明，更沒有退路。「我只是覺得，」他說，「無論埃及人給出什麼條件，我都不會棄之不顧，那是膽小鬼的做法。」「我要盡量走正道，我知道自己的弱點，任由萬能的上帝安排，把一般問題留給他裁斷吧。」

　　叛亂再次發生，戈登只好繼續進行鎮壓。最後返回開羅時已經到了西元 1879 年。我們可以略過他此後幾年的經歷。他曾拒絕領命到南非的開普敦殖民地任職；去印度當過新總督里彭的祕書，可是做了三天便辭職了；他又再次前往中國，在其建議之下，清帝國避免了與俄國的戰爭；接著到了愛爾蘭，然後去南非，最後在巴勒斯坦安享假期。時間來到西元 1883 年，戈登的人生大戲開啟了最後一幕。

　　埃及及其附屬地又爆發了戰爭。英國人挫敗了阿拉比率領的起義。亞歷山大港遭到轟炸後，埃及軍隊瓦解了。可是蘇丹國依然動盪不安，數以萬計的蘇丹人心存不滿，在一個人的領導下，他們走上了起義抗爭的道路。他就是穆罕默德·艾哈邁德，大名鼎鼎的「救世主」馬赫迪，其父親是努比亞的木匠。馬赫迪出色地把尼羅河中游的各個國家聯合起來，建立了一個同盟體，目的是驅逐土耳其人和埃及人。土耳其勢力在當地造成腐敗現象頻現，新聯盟也想重振伊斯蘭教的雄風。巴特勒上校說，「朋友們把穆罕默德·艾哈邁德視為天才，引路人和救世主；在敵人眼中，他是騙子，惡棍和瘋子；在歷史上，他用自己的功績證明了自己的才能：率領伊斯蘭教徒奮起反抗，戰勝了歐洲列強的先進軍隊，締造出一個大帝國。」他號召人們為獨立而戰，善於鼓舞他們的士氣，使之勇於向壓迫者挑戰。

獨立運動初期也受到嘲諷和詬病，無疑同伊斯蘭教初創時的遭遇完全一樣。直到西元 1883 年，英國才開始有了警覺。在英國軍官的帶領下，披堅執銳的埃及軍隊到蘇丹境內作戰。突然有消息傳來，希克斯帕夏麾下的部隊被馬赫迪的部落軍團全部殲滅了。雖然只有 10 個英國人隨軍，實際上也等於是英國的慘敗。英國徹底醒悟了：要麼重新征服蘇丹，要麼抽身撤退。無論如何，堪當大任的只有一個人。

　　可是此人身處何處呢？此時他已離開聖地巴勒斯坦，去了比利時，計劃向國王提議去比利時的剛果殖民地效力。聽說英國終於給他一次機會，他認為值得一試，便放棄了剛果的任務，立即返回倫敦。我們都知道戈登的行事風格，然而那時候真正了解他的英國人不太多。一位政府的副部長聽說過「中國的戈登」，以為他是留著辮子、黃皮膚的中國人，不理解政府為何要派他去蘇丹。「動身去喀土穆之際，」戈登的兄弟說，「大部分英國人才第一次聽說有他這樣一個人。」

　　1 月 17 日，戈登到達倫敦，見到了沃爾斯利勳爵，然後又面見內閣各部長。下面引用他本人的描述：

　　「中午時分，沃爾斯利過來帶我去見閣僚們。他先進去同他們談話，然後回來說，『陛下的政府希望你接受這項任務；政府決定從蘇丹撤離，因為他們失去了將來治理那裡的信心。你願意完成使命嗎？』我說，『願意。』他說，『進去吧。』我進入議會廳，見到了他們。他們問，『沃爾斯利向你傳達了任務嗎？』『是的。』我回答，『你們保證不了蘇丹的未來穩定，想叫我現在去收拾殘局。』他們說，『沒錯。』會見就結束了。下午 8 點，動身去加萊港。」

　　西元 1884 年 2 月 18 日，戈登再次出現在喀土穆。他把營地設在舊王宮，然後釋放了關押的囚徒，免除了賦稅，又燒毀了契約文書和刑具。可是第一天即將過去的時候，他意識到處境危險，所以向開羅發報，請求他們派土耳其軍隊去救援。3 月 8 日，他獲悉一支實力強大的部落向他宣戰了。3 月 10 日，有人前來報告，反叛的阿拉伯人大張旗鼓地聚集在埃爾

豐村。第二天，從喀土穆可見大隊人馬在逼近。4 月 8 日，在劫難逃的喀土穆被包圍，通訊被切斷。我們不太清楚接下來的 6 個月內到底發生了什麼情況。城內食品匱乏，敵人的進攻接連不斷，自己的軍隊已經靠不住了，但是尚未出現直接的危險。到了 9 月，食物供應只能維持 3 個月了。戈登、斯圖爾特和鮑爾開始向連綿沙丘的北方眺望，眼巴巴地等著外界的救援。

不斷上漲的尼羅河水使得輪船能穿過瀑布險灘。9 月 9 日夜，斯圖爾特、鮑爾、法國領事和其餘的大約 60 人乘坐「阿巴斯」號蒸汽船離開喀土穆，前往北部的棟古拉鎮，船上帶著通信設備、圍城期間的日誌、緊急求援信，還有一份要從棟古拉發送的電報稿。死氣沉沉的王宮中只剩下戈登一人。救援隊的第一艘船同日從英格蘭起航。5 個月後，該船途徑「阿巴斯」號殘骸的所在地，看到了被殺的全部乘客和船員的遺體。

10 月 21 日是阿拉伯曆法中的新年。馬赫迪大軍已經進抵喀土穆城下。第二天，戈登耳聞「阿巴斯」號被毀的消息，但是他仍然沒有畏懼。「告訴馬赫迪，」他說，「無論他俘獲了 20,000 艘阿巴斯那樣的輪船，還是 20,000 名斯圖爾特那樣的軍士，對我來說都是一回事，我希望看到新來的英國人，如果艾哈邁德說英國人都死了，那也無所謂 —— 我絕不會屈服。」

可是孤城之中的守衛者一定會孤獨地不停眺望北方的沙海，等待著英國人來解圍。可是救援會不會來呢？

其實在很遠很遠的地方，英國的救援遠征軍正在趕過來。

10 月 21 日，救援隊到達海法谷地，距離喀土穆600 英里。11 月 2 日，戈登得到了消息。自尚迪鎮起航的一艘汽船帶來了沃爾斯利的一封電報，可是斯圖爾特把密碼本帶上了「阿巴斯」號，戈登無法讀懂電文內容。城中只有 6 週的給養了。11 月 12 日，阿拉伯人發動了一輪更為猛烈的進攻，戈登的僅剩的一艘汽船，最初在泰晤士河下水的「哈辛納耶」號已經沉沒了。22 日，戈登整理了一下損失情況：1,800 到 1,900 人陣亡，242 人負傷。

部隊中的逃兵越來越多，食品供應日益緊張。12 月 10 日，全城的給養維持不到 15 天了。臨近的尚迪鎮隨時可能陷落。尼羅河對岸的烏姆杜爾曼要塞失守了；喀土穆開始陷入饑荒。飢不擇食的人們只好吞食老鼠、皮靴、皮帶、金合歡樹膠等物。面對絕境，戈登始終沒有動搖。救援不會來了嗎？

救援力量已經更近了。12 月 14 日，遠征軍先頭部隊到達了庫爾提。過了一個多月，救援隊全部在伊薩克多爾集結完畢，距離喀土穆 300 英里。西元 1885 年 1 月 17 日，救援隊在阿布克里的水井地區打了一場漂亮的勝仗。19 日，遠征軍在尚迪對岸的米提瑪又一次獲勝，同年 1 月 21 日，陸軍和尼羅河上的輪船在這附近會師。24 日，兩艘汽船向 100 英里外的喀土穆推進，途中要越過第六瀑布區。28 日，援軍已經能目視到喀土穆城了。

可是很奇怪，宮殿屋頂上沒有任何飄揚的旗幟，看不到守城者發出的迎接信號。河岸上的槍炮卻向靠近的輪船開火；攻擊不僅來自河邊，也來自水邊的房屋內。守在岸邊的是身穿陌生制服的士兵，等待喀土穆援軍的是歡聲雷動的馬赫迪軍團。

關於此前城中發生的情況，我們知之甚少。阿布克里戰役中的起義軍傷患被送到馬赫迪的營地，同伴們看到他們的慘狀後怒不可遏，便提出要發動總攻。他們沒有時間了，大概因為飢餓和逃兵的原因，他們已經急不可耐了。不管怎樣，忍飢挨餓、士氣低落的起義軍從營寨壁壘中蜂擁而出，阿拉伯人魚貫衝破防線。破曉之際，睡不好的戈登醒來後聽到了歡呼和吶喊聲。他帶領一小隊士兵急忙離開王宮，逃往奧地利傳教士的教堂，那裡是城中的彈藥庫，一旦城池陷落，可以成為最後的據點。

戈登帶領一隊人穿過王宮和教廷之間的開闊地的時候，太陽剛剛升起，可是一群阿拉伯士兵卻從臨近街道衝了過來，雙方面對面地站住了。戈登知道大限已到。一陣步槍齊射後，那個時代最英勇的一位英國戰士中彈身亡。

在遙遠的非洲，一個偉大的生命就這樣結束了。很多人不願意接受現實，幻想著戈登逃出重圍，跑到了非洲腹地，將來還會現身，解救奴隸制蹂躪的非洲，保住大英帝國的臉面。戰爭失利或事業失敗的時候，人們總希望英雄能大難不死，再創輝煌。在基督教文化中，挪威的奧拉夫國王或英國的亞瑟王等人，都會死而復生，再次為自己的國家而戰。對於撒克遜人而言，英王哈羅德[90]成功地從森拉克戰役中逃脫了；一旦丹麥陷入危機，傳說中的英雄霍爾格‧丹斯克（Holger Danske）就會從長達數百年的沉睡中甦醒，拯救故鄉於危難之中。這種想法自有一種現實意義。偉大的事業永遠不會失敗，戰場失利只是暫時的；衝鋒陷陣的領導者更不會死去。如果一個人努力過，付出過，盡到了自己的職責，他所做的將惠及後世，他也會繼續活著，不僅在另一個世界裡，而且也活在我們的世界裡。他樹立了榜樣，他的信念將激勵著後來人。逝者的奮鬥精神將陪伴著我們走出生命中的那一片荒漠。

> 上帝的僕人啊！或者神的子民
> 難道我不應這樣稱呼汝輩？
> 因為身為僕人，你們卻不懂
> 聖父的內心思想 ——
> 祂本不願看到
> 任何一個兒子迷路 ——
> 如果人類在征途中
> 沒有昏迷，跌倒，死亡，
> 你們便是在頌揚祂！
> 看吧！人類艱苦跋涉在
> 滿是岩石的天地間，
> 虛弱又踟躕的佇列。

---

[90] Harold II.，1066 年 10 月 14 日英軍和諾曼第軍決戰於黑斯廷斯，結果英軍戰敗，哈羅德二世戰死。諾曼第公爵威廉進入倫敦加冕為英格蘭國王。

他們要去何方？
一位天神統領著他們，給了他們目標。
啊，前路如此漫長！
他們已在荒野中跋涉了多年！

當此危難之際
在萎靡困頓的征途中，
你們如天使般現身
散發著神聖的光芒。
你們的出現便是希望的燈塔！
你們的心中不存倦怠，
言語中沒有絲毫軟弱，
眉宇間更無疲憊神情。
你們降臨在我們的篷車上！聽到你們的聲音
恐慌和絕望逃遠了。
你們在隊伍中穿行，
召回那些落伍者，恢復疲憊者的力氣，
讚揚、鼓勵那些奮勇前行者。
隊伍恢復了秩序和勇氣；
希望之光重新在眼中點燃，
禱告聲跟隨著你們前進的腳步。
你們填補了佇列中空缺，
信心堅定起來，我們繼續長征，
前進，直到世界的盡頭，
前進，直到上帝之城。

第十四章
哈羅德達米盎神父
FATHER DAMIEN

　　在過去，基督徒當中有一個常見的現象 —— 現在其他宗教的信徒中也很常見 —— 那些希望脫離凡塵、極力成為聖徒的人，都想退隱江湖，獨自苦修，甘心忍受各種痛苦和磨難。這樣做的思想基礎是：他們認為人由靈魂和肉體構成，兩者相互之間存在著亙古不變的截然對立關係。因此，靈魂愈能支配肉體，則人愈能變得如神一般聖潔。這其中確有可信的成分，但是他們又堅持一點，如果肉體因痛苦磨難先一步衰弱，則更容易變得順服平和；而靈魂則愈能徹底戰勝各種欲望和誘惑，隨著禁錮靈魂的肉體的壁壘變得越來越薄弱，人的精神視野也會變得更加明晰，更加深遠。毫無疑問，很多隱士雖然獨居荒野之中，也曾用全部精力抵擋著纏身的誘惑，克制著追求安逸的欲望，齋戒和苦修使其身體病弱，精神錯亂，但是他們見識過天使和魔鬼，善與惡的較量顯得非常真實生動。我們現在認清了這一點，肉體乃聖靈棲身之所，而基督徒勞其筋骨、空乏其身之後，並不一定能使靈魂昇華；如果身體病弱，神志不清，罪惡的誘惑力量將變得更加強大；同時，處於隱修狀態的人要始終提防著各種誘惑，隨著身體的衰弱，其頭腦同樣會變得疲弱不堪。當然，放縱肉體、肆意妄為也是不對的。大致說來，與不健康的身體相比，健康的靈魂能在健康的身體裡得到更好的滋養。

　　時下的很多人都認為，毫無目標的肉體痛苦是不必要的，甚至很愚蠢。如果是出於利他目的苦難和磨練，我們則有著截然不同的認知。耶穌就是最好的例子；他是所有基督徒主動追隨的榜樣，除了效仿耶穌，別無獻身於他的更好途徑了。其實犧牲自己、說明救濟他人的方式有很多 —— 可以捨棄自己的金錢、時間、健康甚至生命。有些人放棄了個人的一切。我們的主說：「人為朋友捨命，人的愛心沒有比這個大的[91]。」雖然那是至高無上的義舉，我們經常出於一時的衝動或意氣，即使是最寶貴的生命也可以捨棄，但是為別人承受艱難困苦需要過人的勇氣，有可能身染惡疾，直至生命耗盡 —— 這是必然的命運，但是這一過程將很漫長，

---

[91]　參見《約翰福音》15:13。

又給本已苦不堪言的負擔上增添了一份憂慮和忐忑。世間確實存在這樣的至聖至賢之人，而且數量要遠遠多於過去的任何歷史時期。然而這種榮譽不只屬於某個時代或地域，而是屬於整個世界和全人類。其他一些人覺得自己無法達到那麼高的標準，只能謙卑又驚奇地遠遠仰望著，但是他們會感謝上帝把勞動者派到了他的田地裡，因為「要收的莊稼多，做工的人少[92]」。

　　有一個人十分值得我們關注，上面關於苦難和自我犧牲的評價正適用於他。其近期的死訊為他帶來的榮光更甚於過去，讓人心口相傳。他畢其一生為我們服務，樹立了效仿耶穌的完美榜樣，其生命的終結換來了殉道者的稱號，同時也在基督教會中樹立了聖徒的完美榜樣——這就是比利時牧師，達米盎神父。

　　西元 1841 年 1 月 3 日，約瑟夫‧達米盎出生在比利時魯汶城附近的特里米盧斯（Tremeloos）村。年紀輕輕的達米盎好像是一個多面手，據說在家鄉做過「醫生、護工、木匠、教師、文官、畫家、花匠、廚師，甚至當殯儀員和挖墓人」。19 歲時，他被父親送到在魯汶修習神學的哥哥那裡，由此立志也要當一名牧師。3 年後，他的哥哥將要去南太平洋諸島傳教，但卻一病不起，年僅 22 歲的約瑟夫‧達米盎再三懇求，最終獲准代替兄長完成使命，前往太平洋的島國，以普通傳教士的身分在那裡工作了10 年。西元 1873 年，達米盎等到了一個機會。當地的主教正苦惱於找不到人去摩洛凱島的痲瘋病區傳教，派駐專職牧師就更難了。主教訴苦時，正巧在場的達米盎說，「主教大人，您手下有新人啊（剛來了一批青年牧師），可以找一位接管我的教區，如果仁慈的您能夠同意，我願意去摩洛凱，為那些可憐的痲瘋病人效力，他們身心的不幸和苦難經常讓我的心滴血。」同一天，他便乘坐一艘運送牲畜的小船去了痲瘋島。

　　摩洛凱是三明治群島（夏威夷群島的舊稱）的第五大島。群島位於太平洋，大致在美國與澳洲的中間位置，庫克船長首先在西元 1778 年發現

---

[92] 參見《路加福音》10:2。

此處。直到西元 1820 年，繼貿易商和捕鯨人之後，才有白人到訪那裡。可是他們帶去了飲酒之類的惡習和外來的疾病，所以當地的原住民數量從 400,000 人銳減到 40,000 人。

然而，群島在西元 1820 年卻接受了基督教信仰，同時因為卡美哈梅哈一世這位偉大的酋長發動了一次革命行動，把各島統一在自己的管轄之下，廢除了原有的社會禁忌制度，所以基督教的推廣變得更加順利。作家巴特利特博士說，「凡事都有禁忌，比如一個人的影子如果落在酋長身上，或者進入酋長家的圍牆，此人就要被處死；如果酋長的名字出現在歌聲中，人們也要起身肅立。女人不可以和丈夫一同進食，也不能吃禽類、豬肉、椰子和香蕉——那些都是供奉給偶像的祭品。」有人問一名小女孩，「你怎麼瞎了一隻眼睛？」孩子回答，「因為吃了一根香蕉。」

美國傳教士登上島嶼的那一天，他們看見正在用餐的卡美哈梅哈站起身，便走過去坐到了酋長的妻妾中間，由此打破了島上的一項禁忌，而且各處的禁忌也一併破除了。儘管酋長在臨終前希望皈依基督教，但是未能如願。他的改革措施一定是出於其與生俱來的善良本性和睿智，所以更應得到人們的稱讚。我們必須記住一點，他見過的基督徒只會是往來的貿易商，而他們是不太可能擔負起傳教任務的。

繼任的酋長非常歡迎那些傳教士。可是他尚未達到衣著得體的文明程度，只是為了讓客人們高興，才勉強答應穿上一雙絲襪，又戴上帽子。他用王室規格的盛宴款待傳教團，主菜是狗肉，有時候一餐就要烹製多達 200 隻狗；主人上菜時，把豬頭放在烤好的狗肉上，以此騙過了挑剔的白人。基督教很快傳播開來，而一位不凡的女酋長也發揮了部分作用。她竟然登上火山，走到熔岩湖邊，把聖果投入其中進行獻祭。據說湖裡是可怕的女神佩莉的居所，而女酋長用最極端的方式冒犯了女神。考慮到當時的環境，她的舉動的確需要很大的勇氣。因為沒有出現災禍，所以三分之一的島民摒棄了對佩莉的崇拜，轉而信仰基督教。

夏威夷群島都是火山島，由北向南依次噴發的熔岩形成了大小不一的

島嶼，烈火大多已經熄滅了，可是在南端最大的夏威夷島上，仍然存在著活火山。火湖裡翻滾的岩漿在白天呈紅色，夜晚變成黃色；同樣的物質到了 3 英里外，變得又黑又硬，凝固成千奇百怪的形態，有時候熾熱的熔岩之上只有一層 8 英寸厚的硬殼。我們要特別關注的摩洛凱島則大不一樣。它是一個楔形的島嶼，南岸地勢低窪，向北逐漸抬高至海拔 1,500 英尺的最大高度，然後又陡然跌落下來，越過懸崖才能到達島的北岸。那些麻瘋病人所在的村子就位於陡崖底部和海岸之間的地域。整個島很可能就是一座傾斜的死火山，一半火山口已經沒入海平面以下了，而村莊正坐落在這個火山口裡。

我們說到過麻瘋村，但是還沒有解釋過它們是如何形成的。如果要弄清楚這一點，必須再回顧一番。

麻瘋病顯然來自東方，但現在已經傳播到了世界各地，所以在冰島、蘇門答臘島、大西洋的馬德拉群島、墨西哥、中歐的西利西亞、印度斯坦等很多地方都能見到麻瘋病人。儘管東征的十字軍可能把病原體帶回家鄉，但是在歐洲能追溯到更早的時期。在「征服者」威廉一世王朝，坎特伯里就曾有兩家收治麻瘋病的醫院。

這種可怕的傳染病很快肆虐起來。在 12 世紀的法國，幾乎不存在沒有麻瘋病醫院的村鎮。英國的每個大城鎮都建有一家麻瘋病醫院，或者附近有一個麻瘋村，只是相互隔離起來。諾維奇甚至建有 6 家專門的醫院；金斯林也有 5 家。

英國王室也未能倖免。亨利三世和亨利四世都疑似染上了麻瘋病。蘇格蘭國王勞勃‧布魯斯和耶路撒冷拉丁王國的的鮑德溫國王 [93] 均死於麻瘋病。可是中世紀的歐洲透過隔離病患，將乾淨的和不潔的人分隔起來的方法，要不遺餘力地消滅病魔。正是遵循這一原則，夏威夷島民在摩洛凱島設立了麻瘋村。50 多年前，一位來自亞洲的外國人把麻瘋病傳過來，引起群島上的疾病爆發。它的擴散很快，但卻沒有立刻採取預防措施。原住

---

[93] 參見「十字軍東征」的相關內容。

民熱情好客的生活習慣無疑助長了疫病的傳染。而痲瘋病的發作也非常緩慢，因為症狀不明顯，所以患者可能在幾個月或幾年內都不知道自己被感染了。因為極度的無知，這一過程中可能造成莫大的傷害。

　　疾病的擴散程度非常令人擔憂，人們終於意識到了採取行動的必要性。唯一的方法就是把痲瘋病人同社區中的其他人完全隔離開來。但是實施的難度很大。患病的原住民懼怕與親朋分離，不願意被放逐一輩子；而健康人甘願面對染病的風險，也不願意讓親人離開；由於夏威夷人十分重感情，他們不怕生病，更不怕死。病人被隱藏起來，必須動用強迫手段帶走，所以搜捕過後，往往是令人心碎的離散情景。但是這樣做是其餘國民的唯一生機。因此，大約 20 年前，摩洛凱島山崖下的那一小片低地變成了安全區，轉移病患的工作也馬上開始了，而且必須繼續下去，直到徹底消滅王國內的傳染病。我們看看親歷者從山崖上所目睹的低地景象：

「從茂密的樹叢和藤蔓中鑽出來後，我們爬上峭壁邊緣，向下一看，下面有一片不寬的平地延伸到海邊。烈日下的土地呈灰褐色，邊緣地帶又變成黑色，粗糙的火山岩裸露著，承受著翻滾的碎浪的反覆沖刷和侵蝕。放眼望去，幾乎看不到一顆樹木，但是低矮的石牆把土地分割成大小不一、形狀各異的形狀，因為摩洛凱曾經是人口稠密的島嶼，以前一定有人耕種過，低地的一側海岸上有一小村莊，幾座白色的村舍分散在綠茵之中。兩英里的另一側岸邊還有稍大一點的定居點，村舍也更加分散，周圍的綠色卻少了一些。兩個村莊都建在山崖附近，其中一個更是罩在山崖的陰影之下。村莊之間很少有人居住，而低地突出入海的那一側則沒有人煙。」現在目擊者開始下山了。
「我們順著斗拱般陡峭的山崖側壁下行，其實是在滑降和亂爬。我們艱難地踏著雜亂的步伐緩慢下降，有時只得在岩石間跳來跳去。為了下滑順利，我們經常要解下背包，然後拖著背包前進。我們連續向下走了兩個小時，艱險的路途中不時遇到牲畜的屍體 —— 畜群有時被趕下來供應痲瘋村的市場，期間總會有一些折損。」

「我們時不時地穿行於涼爽的小片樹蔭之間，透過稠密的樹冠，勉強能看到居民點和來往走動的男男女女。最後，我們終於來到了開闊的平地。」

「乍一看去，距離我們1.5英里左右的卡拉瓦奧村能讓外來者誤以為那裡是一個500人左右的興旺村落。唯一的街道兩邊是粉白乾淨的村舍，數不清的小花園裡，栽種著鮮豔的花草和一簇簇優雅的熱帶景觀樹。因為小村緊靠著山腳，所以很多大石頭在雨水的沖刷下從高處跌落下來，幾乎滾到了村外四周的柵欄邊。一間小禮拜堂坐落在村子和大海之間的路邊。禮拜堂的大門半敞著；過了一會，有人推開門，一位年輕牧師在門口停頓了一下，對我們表示歡迎。他的法衣已經褪色破舊，頭髮凌亂得像個男學生，粗糙的雙手因操勞顯得不夠潔淨；但是臉上洋溢著健康的容光，舉止間顯露出青春的活力；他有著響亮的笑聲，又富於同情心和鼓舞人心的吸引力，無一不證明他是一個可以在任何地方做出一番崇高事業的人，而正是由於自己主動選擇了這樣的道路，他也正在從事著一項最為崇高的工作。此人就是達米盎神父，甘願背井離鄉的牧師，麻瘋病人中的那位聖潔之人。」

這裡描寫的是西元 1884 年 10 月的情景，10 年前的達米盎神父。讓我們再把時間拉回幾年，看看另外一段場景。

「現在他（達米盎神父）49歲了 —— 一個敦實健壯的人，滿頭烏黑捲曲的頭髮和短鬚開始有了灰白色。看得出以前的面容一定很英俊，嘴巴的線條飽滿，鼻子不高，但很挺直；可是現在麻瘋病把他的容貌改變了很多，雖然不至於太嚴重，那張鮮明睿智的面孔還是讓人不忍直視。腫脹的額頭向外凸起著，眉毛全沒有了，鼻子有些塌陷，雙耳也腫得很大；雙手和臉上的皮膚變得粗糙不平……身上也顯現出患病的多種跡象。」

我們看看這兩個場景之間的 5 年裡發生的情況。

還記得達米盎神父是在西元 1873 年到達的卡拉瓦奧村。他發現，那裡的狀況很悲慘。醫院裡住著大約 80 名痲瘋病人，其他患者則生活在自己找的地方——很多人棲身在蓖麻杆搭成的搖搖欲墜的棚子下面，經常不分男女和年紀大小，胡亂擠在一處，環境汙穢破敗，任何正常人，甚至包括達米盎神父在內，幾分鐘也忍受不了那樣的條件。島上有很多人願意向外來者宣傳他們的老道理，「這裡是一個無法無天的地方」。飲酒是摩洛凱島上的另一條魔咒。山崖腳下大量生長著一種植物，土著人稱之為「Ki」，其根部經過加工發酵，可以釀成一種烈性飲料，喝醉後能使人進入一種近乎瘋狂的狀態。提煉這種毒酒名義上是非法的，但是總有人公然違犯。達米盎神父卻不怕得罪人，不顧威脅和勸阻，在村中四處奔走，勸導大家扔掉了用來造酒的器具。這一行動曾遭遇強烈抵制，但最終得以實現，也清除了造成痲瘋病人道德墮落的一個主要根源。

另外，神父剛到摩洛凱島時，居民沒有正常的飲用水供應。他們必須用肩挑背扛的方式到很遠的地方取水，所以生活的不便讓他們不注意衛生。神父在山裡發現了天然的水庫，貯存著冰涼的清水的盆地從未乾涸過。他找來水管，請那些最強壯的病人架設起來，乾淨的淡水便源源不斷地輸送到村子裡，以供村民飲用和洗涮之需。

大約在達米盎神父登島的一年後，一股強勁的風暴——土著人稱之為「cona」——席捲島嶼的南坡，翻過北部的山崖後，摧毀了大部分痲瘋病人的居所，人們只好露宿在風雨中，沒有任何遮蔽和防護。神父卻藉機為他們重建條件更好的新家。他自己說，「我立即向相關方面報告災情，喚起了他們的同情，所以不久後便有縱帆船多次運來建造框架的結實的木料，困境中的病人提出申請後，能得到建造體面家園的所需材料。」

由於夏威夷國王和王后的仁慈和當地政府的無私貢獻，舒適的新居建在支架上，這樣就不會接觸地面。島上修建了 5 處教堂，所有人都能定期得到肉類、餅乾等食品和其他供應。此外，幾家醫院也建起來了，病情嚴重的人可以在那裡得到治療和護理。我們知道，島上的疫情不可能全部消

除。神父在西元 1880 年寫過一封信，看一看他是怎麼講的：

親愛的兄弟，

1月2日收到了您在去年11月12日發自魯汶的信。真奇怪，我已經在痲瘋病人當中生活了將近7年時間！在這麼長的時間裡，因為我可以親自接觸疾病，所以能有機會近距離觀察到病魔給人類帶來的痛苦。有一半的病人生不如死，致病的蟲子先是從體內，然後在外部開始吞噬肌體，最後形成極其醜惡的傷口，而且很難癒合。

一位見證人描述過他在醫院裡所目睹的可怕情景。雖然極其恐怖，但是透過直接引述其原話，我們或許可以充分了解到那些工作在醫院裡的人所必須經歷的事情。

他說，「有一天，我們走進卡拉瓦奧醫院的各間病房，我清楚地記得，達米盎神父突然轉身對我們說：『啊，我一定要讓你們看一看這裡！』我們走上前去，看到一小堆破布頭或者垃圾一樣的東西，一塊髒兮兮的毯子半遮半掩著；好奇的醫生們準備檢查一下，這時神父抓住我，激動地喊道：『千萬別看！千萬不要看啊！』我告訴他說，即使眼前出現了最看不下去的東西，我一點也不害怕；我的眼睛已經習慣了各種恐怖景象，再噁心的事情也影響不了我。毯子的一角被人小心提起，下面臥著一具喘著氣的物體；一張面孔，人的面孔，慢慢轉向我們 —— 臉上幾乎沒有留下任何人類的痕跡。深色的皮膚變得鬆弛黝黑，覆蓋著一層發亮的、黏糊糊的苔蘚或黴菌樣的東西；嘴邊的肌肉已經收縮乾癟，裸露出慘白的牙齒；齒間的舌頭像無花果一樣肥厚；眼瞼緊緊地翻捲著，暴露出內層表皮，突出的眼球已經原形全無，看上去就像破裂的葡萄粒。那是一名患病的孩子，已經活不了幾天了，可是他大概清楚自己的相貌很嚇人；人之將死，再也沒有什麼更可怕的了！」

在人們的印象中，南太平洋島嶼的天氣應該是風和日麗的，可是摩洛凱島上的天氣總會和人們的想像背道而馳。風暴經常連日不絕，時而又風

雨交加，別的時候又變得又溼又熱，令人忍無可忍。

達米盎神父臨終時，島上還有方濟會的兩名牧師，兩名庶務修士和仁愛會的 3 位修女陪伴著他。島上已經有了 5 所教堂，當然還有了幾家學校。一些學校裡的男孩子的名字起得很怪，比如，簡·彼得，亨利·安，「獨坐寒風」，「食鼠徒」，「落馬者」，「鼻子一號」，「死房子」，還有「噁心鬼」等等。火奴魯魯（即檀香山）的一些人名更是奇怪，有「剪刀先生」，「傻瓜」，「洗酒窩的人」，「疲勞蜥蜴」，「胃先生」，「大水壺」，「小貓咪」，以及「豬圈」等等，不一而足。

達米盎神父剛到摩洛凱時，島上有 800 名病人；現在的人數則超過1,000，但是在各個方面的生活狀況都有了一定改善，他們生活得很舒適，注重道德修養，甚至可以說身體健康；儘管痲瘋病無法治癒，但如果得到妥善照料，病人可以少受很多痛苦。西元 1883 年，已經和痲瘋病患者相處 10 年的達米盎神父開始懷疑自己也染病了。很久以來，醫生卻告訴他不必為此擔心。一年後，人們給他的評價是「一群痲瘋病人當中最潔淨的人」。終於有一天，神父不小心燙傷了自己的腳，可是卻感覺不到疼痛，這令他十分奇怪和恐慌。這種手足部位的感覺缺失狀態正是患上痲瘋病的一種跡象。他立刻去見醫生。「我不忍心如實相告」，經過檢查，醫生說，「您說對了。」

「我一點也不驚訝，」達米盎說，「因為我早就感覺得病了。」

神父可以自由往來於其他各島的許可自確診後就馬上作廢了，他只能留在摩洛凱島上，但卻沒有表現出苦悶和絕望。他覺得自己和他的人民處在平等的地位上。因為早期的一些改革措施，使一些島民對神父產生了不滿，但是他現在也和他們一樣成了病人，因此人們的態度有了轉變，都能接受和支持他了。柯利弗德曾著書介紹過自己在摩洛凱島的見聞，他去該島的一個目的是向神父推薦一種治療痲瘋病的藥物。柯利弗德宣稱，那種在印度的監獄中使用過的神油很有效。但是他不太相信在神父那裡能發揮什麼作用，一方面是痲瘋病人從心底裡總是不大願意為治病勞神費力，而

那種油膏必須要每隔 4 小時塗擦一遍，天天如此，對於印度的囚犯當然可以使用強制性的手段，可是對島上的自由人卻行不通；另一方面，當時痲瘋病主要侵害的部位是肺部，所以外用藥的效果很有限。他的判斷沒錯。到了西元 1889 年 1 月，塗過油膏的病人的容貌雖然有了暫時的改善，可是到了下個月又有了變化。2 月 28 日，達米盎寫信給柯利弗德，表示他們只能在天堂裡才能再見面了。神父的生命即將走向盡頭。復活節之後的第二個星期日，是達米盎在人世間度過的最後一個禮拜日。那一天所用的《福音書》在英國和羅馬天主教儀式中都是相同的，其中有一句說，「我是好牧人；好牧人為羊捨命 [94]」。再沒有更恰當的語言能夠形容這樣一位牧師了，他就要離開自己呵護的羊群，他就是為羊群而死的牧人。終有一死的凡夫俗子很快將走向不朽和永生。在島上共事的一位神父這樣描述達米盎的最後時日。他寫道，「臨近 3 月底，達米盎神父感覺到大限將至，便把手頭的事務做了有序的安排。28 日，他開始臥床休息，30 日的時候開始進行最後的準備，做了全面懺悔，重新唸誦了入職誓言。第二天，領受了臨終聖餐。『你看我的手，』他說，『所有的創口都要癒合了，結痂也變黑了。你們要知道這是死亡的跡象。看看我的眼睛吧，我目睹了太多的病人死去，我不會搞錯。死亡離我不遠了。本該面見主教大人一次，可是上帝在召喚我與他一同復活。祝福主啊！』4 月 2 日，康拉迪神父為他施臨終塗油禮。『多麼仁慈的上帝啊！』當天他說，『給了我這麼長的壽命，臨死前還有兩位牧師陪在身邊，又派來醫院裡仁愛會的修女們。那是我的西面頌 [95]。救助病人的工作已經步入正軌，沒有必要再久留於此，所以我將去世界的那一邊了。』一旁服侍的溫多倫神父說道，『升天後，神父，您不會忘記留下的那些孤兒吧？』」

「『啊！不會的。如蒙主信任，我會為醫院裡的所有孩子向上帝求情。』」

---

[94] 參見《約翰福音》10:11。

[95] 《路加福音》第二章第 29-32 節中西面頌的祈禱語，用作頌歌，以「主啊…釋放僕人安然去世」開始。

「我懇求神父像希伯來先知以利亞一樣把斗篷留下，這樣我也可以擁有他的偉大胸懷了。『為什麼，你要它做什麼呢？』他問道，『斗篷上都是病菌啊！』後來幾天的狀況有所好轉，甚至讓人產生了康復的希望。仁愛會的修女們經常來看望神父。所有人都敬佩他待人的超凡耐心。『雖然沒有遭受過太多的痛苦，可是曾經熱情洋溢、充滿活力、非常健壯的神父就這樣被病魔擊倒了。他和別的病人一樣，可憐地躺在地上的一塊破爛的墊子上。我們費了很大周折才說服他躺在床上。臨終時的神父是多麼淒慘啊！為了救濟病人，他花費了太多金錢，卻絲毫不顧及自己，甚至從未更換過法衣或床單。』4 月 13 日，神父的病情又更嚴重，根本沒有好轉的希望。剛過午夜，他最後一次領受了聖餐禮，接著不時陷入昏迷狀態。第二天，他仍然可以辨認身邊的人，不時深情地按一下他們的手，但已經無法開口講話了。到了 15 日，開始有了劇痛的感覺，之後一切很快結束了。神父死得很安詳，就像睡著了一樣。臉上所有患病的症狀在死後都消失了，痲瘋病在雙手上造成的潰爛創口也變得相當乾爽。說起來很奇怪，按照他的遺願，遺體埋葬在一棵大棕櫚樹下。最初登上摩洛凱島時，神父沒有住處，只好在這棵樹下睡了幾晚，所以他希望能葬在那裡。」

達米盎神父去世時，還不到 50 歲，可是他在最後 16 年中所做的工作，卻是別人用 100 年也無法完成的。他的生命和事業並沒有終結。他所樹立的榜樣已經有了成果，也將得到傳承，其本人也成為那些「從大患難中出來的，曾用羔羊的血把衣裳洗白淨」的人中的一員，「他們不再飢、不再渴，日頭和炎熱也必不傷害他們。因為寶座中的羔羊必牧養他們，領他們到生命水的泉源，神也必擦去他們一切的眼淚 [96]」。

---

[96] 參見《啟示錄》7:14-17。

亞瑟·本森的「大人物」研究：蘇格拉底、米開朗基羅、華盛頓、李文斯頓、戈登將軍……他們沒有冠冕，卻連君主也搶著學！

作　　者：[英] 亞瑟·本森（Arthur Benson）
　　　　　赫伯特·泰特海姆（Herbert Tatham）

翻　　譯：張宏佳，陳海涓

發 行 人：黃振庭

出 版 者：崧燁文化事業有限公司

發 行 者：崧燁文化事業有限公司

E-mail：sonbookservice@gmail.com

粉 絲 頁：https://www.facebook.com/
　　　　　sonbookss/

網　　址：https://sonbook.net/

地　　址：台北市中正區重慶南路一段六十一號八
　　　　　樓 815 室

Rm. 815, 8F., No.61, Sec. 1, Chongqing S. Rd.,
Zhongzheng Dist., Taipei City 100, Taiwan

電　　話：(02)2370-3310

傳　　真：(02)2388-1990

印　　刷：京峯彩色印刷有限公司（京峰數位）

法律顧問：廣華律師事務所　張佩琦律師

定　　價：320 元

發行日期：2023 年 05 月第一版

◎本書以 POD 印製

國家圖書館出版品預行編目資料

亞瑟·本森的「大人物」研究：蘇
格拉底、米開朗基羅、華盛頓、李
文斯頓、戈登將軍……他們沒有冠
冕，卻連君主也搶著學！/ [英] 亞
瑟·本森 (Arthur Benson), 赫伯特·
泰特海姆（Herbert Tatham）著，
張宏佳，陳海涓 譯 -- 第一版 . --
臺北市：崧燁文化事業有限公司，
2023.05
　面；　公分
POD 版
譯 自：Men of might, studies of
great characters.
ISBN 978-626-357-310-9(平裝)
1.CST: 世界傳記
781　　112005277

官網

臉書